SCHELLE / RABENSTEIN / REH

UNTERRICHT ALS INTERAKTION

UNTERRICHT ALS INTERAKTION
Ein Fallbuch für die Lehrerbildung

von
Carla Schelle, Kerstin Rabenstein
und Sabine Reh

VERLAG
JULIUS KLINKHARDT
BAD HEILBRUNN • 2010

In Erinnerung an Fritz-Ulrich Kolbe, dessen Engagement für eine kasuistische Lehrerbildung unserer Arbeit einen Rahmen geboten hat.

Bibliografische Information der Deutschen Nationalbibliothek
Die Deutsche Nationalbibliothek verzeichnet diese Publikation in der Deutschen Nationalbibliografie; detaillierte bibliografische Daten sind im Internet abrufbar über http://dnb.d-nb.de.

Titelfoto: © Thomas Krupski / PIXELIO.
Druck und Bindung: AZ Druck und Datentechnik, Kempten.
Printed in Germany 2010.
Gedruckt auf chlorfrei gebleichtem alterungsbeständigem Papier.

ISBN 978-3-7815-1742-4

Inhaltsverzeichnis

Vorwort

Wir werden immer wieder einmal von Kollegen und Kolleginnen gefragt, ob wir denn nicht für Lehrveranstaltungen einen „schönen" Fall hätten, den wir zur Verfügung stellen könnten. Gemeint ist damit in der Regel ein Text, an dem mit Studierenden die eine oder andere Einsicht in die Struktur des Unterrichts als einer spezifischen Interaktionsform, in die Denkweisen der Schüler und Schülerinnen, die Handlungsweisen oder den Habitus der Lehrer und Lehrerinnen oder auch die Institution Schule gewonnen werden kann. Gefragt werden wir als Wissenschaftlerinnen, die an Fällen forschen und von denen man annimmt, dass sie ein Archiv angelegt haben, ein Archiv von Dokumenten der Praxis, ein Archiv von „Protokollen", wie man es unter einer bestimmten theoretischen Perspektive auch nennen kann.
Tatsächlich haben wir eine Sammlung von Protokollen angelegt, mit denen wir in Seminaren zu uns exemplarisch scheinenden Problemlagen pädagogischer Praxis arbeiten. Zu diesen Texten gehört etwa – man kann sagen ein „Klassiker" – das Protokoll eines Schulanfangs von Combe/ Helsper, mittlerweile mehrfach re-interpretiert, an dem unter anderem die Einweisung von Schülerinnen und Schülern in das, was strukturell unterrichtliche Interaktion ausmacht, gesehen werden kann (siehe Kapitel 4 *Unterricht als Interaktion*). Zu ihnen gehört auch ein Protokoll, an dem rekonstruiert werden kann, wie die Vermittlung von Lehrer- und Schülerperspektiven auf die Unterrichtsgegenstände nie die Potentiale einer Kommunikationssituation ausschöpfen kann und es gehört auch das Protokoll eines im Grunde scheiternden Unterrichts dazu, in dem sich beobachten lässt, wie permanent Erwartungen, die aufgrund der Situation „Unterricht" bestehen, unterlaufen werden (siehe Kapitel 5 *Ko-Konstruktion und schwierige Verständigungsprozesse*). Gesammelt haben wir auch Texte, in denen über Unterricht gesprochen wird, wie zum Beispiel die Erzählung einer Lehrerin über einen Schüler, anhand der beobachtet werden kann, wie der „Fall" eines störenden Schülers konstruiert wird, das Protokoll einer Teamsitzung oder ein Gespräch unter Schülern, in dem der stattgefundene Unterricht thematisiert und didaktische Entscheidungen des Lehrers kritisiert werden (siehe Kapitel 6 *Gespräche über Unterricht*).

In diesen Protokollen wird fast all das thematisch, was gegenwärtig als Haupttätigkeitsbereiche der Lehrer und Lehrerinnen in den Versuchen, Curricula bzw. Standards für die Lehrerausbildung zu entwerfen und umzusetzen, ausgemacht wird: Unterrichten als Initiierung und Unterstützung von Lernprozessen und die bewertende Reaktion auf Schüleräußerungen, auch und gerade auf solche, die für falsch gehalten werden, die Wahrnehmung von Erziehungsaufgaben in der Institution Schule und die kollegiale Kooperation u.a. zur Gestaltung und Entwicklung der Organisation, des Arbeitsrahmens, d.h. das Gespräch und die Reflexion über die eigene Berufstätigkeit.

In einem Archiv können Dokumente unterschiedlicher Art und unterschiedlichen Umfanges in von den Archivaren zunächst nicht weiter bearbeiteter Form gesammelt werden. Sie müssen allerdings in gewisser Weise – und wenn auch nur ganz rudimentär – geordnet, systematisiert werden. So macht das online-Fallarchiv der Universität in Frankfurt (Archiv für pädagogische Kasuistik, Apaek), das viele transkribierte Unterrichtsstunden gesammelt hat, diese zugänglich, indem es Informationen zu Schulart, Klassenstufe, Fach und Thema der Unterrichtstranskripte bietet und entsprechend gesucht werden kann. Die Veröffentlichung von „Fällen“ in einem Lehr- und Arbeitsbuch, wie wir es hier tun – in dem Fälle für den Einsatz in Seminaren aufbereitet, in gewisser Weise zugeschnitten werden sollen – erfordert hingegen, kurze Ausschnitte aus umfassenderen Dokumenten auszuwählen und als „Fall von etwas“ auszuweisen.

Die von uns hier vorgelegte Sammlung von Protokollen, die „Fälle von etwas“ zeigt, sollte dennoch nicht missverstanden werden. An eine Pädagogische Kasuistik im Sinne der Anwendung einer Regel auf den Einzelfall bzw. als Sammlung fallbezogener Anwendungen einer Regel oder überhaupt von Regeln, wie man es etwa aus der Rechtswissenschaft kennt, ist nicht zu denken, sie gibt es im Feld pädagogischen Handelns nicht. Auch eine Sammlung von Fällen der best-practice, wie immer wieder gefordert, ist an dieser Stelle nicht unser Interesse. Vielmehr wollen wir (Struktur-)Merkmale pädagogischer Interaktion im Unterricht beobachtbar und diskutierbar machen. Wir versuchen so, die Protokollausschnitte zwar als „Fälle von etwas“ zu lesen zu geben und sie dennoch, indem wir die Systematisierung offen legen, kritisierbar zu machen und sie, die Protokollausschnitte auch als verstehbar unter anderen Fragestellungen zu zeigen. Wir gehen davon aus, damit nur einen ersten Schritt der Analyse und Interpretation der Texte, der Interaktionsprotokolle als pädagogischer Diskurse, gegangen zu sein; wir wollen damit zu weiteren Interpretationen und Diskussionen anregen. Über die Beobachtung und die Konstruktion der Fälle, das heißt die angenommene „Latenz“ als Kontingenz zu reflektieren, also über die blinden Flecken der Beobachtung der Fälle nachzudenken, ist ein nächster Schritt.

Dieses Buch wäre nicht zustande gekommen ohne Lehrerinnen, Lehrer, Schülerinnen und Schüler, die Beobachtungen ihres Unterrichtsalltags gegenüber aufgeschlossen sind und auch nicht ohne diejenigen, die beobachtet und dokumentiert haben, die Mitarbeiterinnen und Mitarbeiter, die Studierenden. Ihnen allen sei Dank. Und in besonderer Weise gilt dieser für die inhaltliche Mitwirkung Tilman Drope und für die inhaltliche Mitwirkung sowie die Erstellung der Manuskriptvorlagen Mareike Ansorge und Oliver Hollstein.

Carla Schelle, Kerstin Rabenstein, Sabine Reh
Mainz/Berlin im Februar 2010

Sabine Reh und Carla Schelle

1 Der Fall im Lehrerstudium – Kasuistik und Reflexion

Defizitdiagnosen im Bildungswesen sind nicht neu. Einigkeit besteht derzeit darüber, dass die Qualität der Lehrerarbeit, die Professionalität der Lehrerinnen und Lehrer zu steigern sei. Wie dieses geschehen soll, ist umstritten. Während die einen behaupten, professionelles Handeln der Lehrer sei nicht standardisierbar (Helsper 2001; Combe/ Kolbe 2004), setzen die anderen auf die Vermittlung von Unterrichtstechnologien (Baumert/ Kunter 2006). Auf den ersten Blick scheint der Streit erbittert, auf den zweiten zeigen sich aber doch auch Gemeinsamkeiten in der Einschätzung der Problemlage (Helsper 2007): Erfolgreiches Lehrerhandeln, dem Skripts und Routinen zur Verfügung stehen, basiere offensichtlich aber auch „auf einer intuitiven Interpretation der Situation“ (Baumert/ Kunter 2006, 484) – und es stellt sich die Frage, wo sich auf welche Weise Muster bilden, mit deren Hilfe solche „intuitiven Interpretationen“ pädagogischer Situationen vorgenommen werden.
Vor diesem Hintergrund fassen in pädagogischen Ausbildungen Verfahren eines „fallorientierten Arbeitens“ (vgl. die ausführliche Darstellung bei Steiner 2004) auf neue Weise Fuß. Im Anschluss an die in der amerikanischen Lehrerbildung schon länger praktizierten „case-based“ genannten Lehrertrainings finden wir derzeit im deutschsprachigen Raum verschiedene Formen eines Umgangs mit Fällen – z.B. im „situierten“ oder „problem based learning“ mit Videos (Reusser 2005). In Österreich hat die Arbeit an Fällen, mit Fallgeschichten und Fallstudien einen besonderen Stellenwert, wie die Arbeiten von Altrichter/ Posch (1998), aber auch Schratz/ Thonhauser (1996) und Neuweg (2002) verdeutlichen. Erkennbar sind frühe Reformbestrebungen in der schweizerischen Lehrerausbildung, wie sie z.B. in der Zeitschrift „Beiträge zur Lehrerbildung“ immer wieder dokumentiert sind und sich etwa in dem Modell „Reflexiver Praktika“ von Herzog (1995) bzw. v. Felten/ Herzog (2001) zeigen und an die amerikanische Tradition des „reflektierenden Prak-

tikers“ (Schön 1983) anknüpfen. Aber auch in Deutschland haben Versuche einer Lancierung kasuistischer oder fallrekonstruktiver Arbeit in der pädagogischen Ausbildung der Lehrer und Lehrerinnen zugenommen. Darauf weisen mehr und mehr Veröffentlichungen seit zehn Jahren hin. Zu nennen sind hier die frühen Arbeiten, etwa der von Ohlhaver/ Wernet 1999 herausgegebene Band „Schulforschung – Fallanalyse – Lehrerbildung“, die unter dem Titel „Fallarbeit in der universitären LehrerInnenbildung“ im Jahr 2000 von Beck/ Helsper/ Heuer/ Stelmaszyk/ Ullrich veröffentlichte Dokumentation der Mainzer Versuche, „Fallarbeit“ zu verankern und diese zu evaluieren, und die Projekte von Dirks, beschrieben etwa in dem von ihr und Hansmann 1999 herausgegebenen Band „Reflexive Lehrerbildung. Fallstudien und Konzepte im Kontext berufsspezifischer Kernprobleme“. In Wernets Einführung „Hermeneutik – Kasuistik – Fallverstehen“ wird die Kasuistik wissenschaftstheoretisch und methodologisch sowohl als eine besondere Art qualitativer Forschung wie auch in ihrem Potential für erziehungswissenschaftliche Ausbildungen vorgeführt und reflektiert (Wernet 2006). Dokumentiert sind Arbeiten mit Studierenden in Lehr-Forschungsprojekten (Reh/ Schelle 2004) oder in der universitären Betreuung von Praxiskontakten (Heinzel/ Garlichs/ Pietsch 2007), die als „Fallarbeit“ zu betrachten sind. Ähnlich wie in den Ausbildungen für soziale und medizinische Berufe (für die Pflegeausbildung Hundenborn 2006, für die Mediziner-Ausbildung Gommel/ Glück/ Keller 2005) finden sich fallorientierte Ansätze für die Lehrerausbildung inzwischen ausdifferenziert auch in verschiedenen Fachdidaktiken. Veröffentlichungen in der Sportdidaktik (z.B. Schierz/ Thiele 2002; Wolters 2006), die nach der „Narrativen Didaktik“ von Schierz (1997), also nach den ausdrücklich gegen die großen systematischen didaktischen Entwürfe gestellten „kleinen Fallgeschichten“, eine Konjunktur erlebten, dokumentieren diesen Trend ebenso wie Studien im Bereich der Didaktik des Sachunterrichts (Hempel 2006). Fallmaterial für die Lehrerausbildung wird in Fallarchiven bereitgestellt, z.B. an der TU Berlin, aber vor allem in den online-Fallarchiven an den Universitäten in Frankfurt (www.apaek.uni-frankfurt.de) und Kassel (www.fallarchiv.uni-kassel.de). Es existiert inzwischen eine Buchreihe, „Pädagogische Fallanthologie“ von Andreas Gruschka, Sabine Reh und Andreas Wernet herausgegeben, in der Fallbeschreibungen zu verschiedenen Bereichen – Unterricht, Schule, Schüler und Lehrer – veröffentlicht werden.

Dieses Buch, in dem Fälle, Fälle von Unterrichtsinteraktionen, präsentiert und beispielhaft interpretiert werden, steht also in einer Reihe von Bemühungen und praktischen Reformversuchen der Lehrerbildung, die im Entwurf spezifischer Lernarrangements, besonderer didaktischer Seminarangebote und spezieller kommunikativer Settings bestehen und in denen methodisch geleitet „fallverstehende Reflexivität“ ihren Ort finden kann.

Wir wollen im Folgenden in einem kurzen Rückblick auf die Geschichte der Diskussionen um eine pädagogische Kasuistik zwei unterschiedliche Begründungs- und Argumentationsrichtungen und damit auch zwei unterschiedliche Ausprägungen der Fallarbeit in der Ausbildung von Pädagogen und Pädagoginnen skizzieren. Danach werden wir kurz die Ergebnisse der Professionalisierungsforschung und der Forschungen zu den Strukturen pädagogischen Wissens, Könnens, des in besonderer Weise risikobehafteten pädagogischen Handelns und des Verhältnisses dieser zueinander in Erinnerungen rufen, um deutlich zu machen, was die Grundlagen und die Prinzipien eines fallverstehenden Vorgehens in der Lehrer- und Lehrerinnenausbildung sind.

1 Ein kurzer Rückblick: Pädagogische Kasuistik in der Diskussion

Flitner und Scheuerl konstatieren im Nachwort ihrer erstmals 1967 herausgegebenen Textsammlung „Einführung in pädagogisches Sehen und Denken" einen eher geringen Stellenwert der pädagogischen Kasuistik und charakterisieren deren entscheidende Anliegen: „In der Lehrtradition der deutschen Pädagogik sind die einfachen Fallbeschreibungen, das Beobachten von Ereignissen und Zusammenhängen, aus denen das pädagogisch Wichtige herausgehoben wird, wenig geübt worden. So gibt es bei uns, wenn man von der psychologischen Erziehungsberatung einmal absieht, auch kaum eine kasuistische Literatur. Man möchte denken lernen, aber man fürchtet die Rezepte; der einzelne Fall geht in der pädagogischen Maxime ohnehin nicht auf. Und doch lässt sich gerade an Fällen und Unfällen des Erziehungsalltags das pädagogische Sehen lernen und auch das historisch-systematische Denken auf die Probe stellen" (Flitner/ Scheuerl 1993, 241). In typischen Fällen und Situationen veranschaulichen sich „pädagogische Phänomene". Zu diesen gehören 1. die pädagogische Beziehung zwischen Erwachsenem und Kind, 2. die sozialen Ordnungen der Erziehung, etwa der Schule, und schließlich 3. die Denk- und Erlebnisformen der Kinder. Versammelt sind in dem Band Texte, die durchaus unterschiedlichen Textsorten angehören und längst nicht alle als Darstellungen, als Beobachtungen und Erzählungen einzelner „Fälle" gelten können, aber auch autobiographische Berichte, Beschreibungen einzelner Szenen und Situationen wie etwa der fiktiven Situation „Peter stört" (Henningsen 1993), in deren Konstruktion und Interpretation Henningsen, wie er schreibt, „erziehungswissenschaftliche Reflexion" vorführt.
Offensichtlich erhält die Diskussion um eine pädagogische Kasuistik in den 70er/Anfang der 80er Jahre Auftrieb – etwa bei Gamm (1967), Binneberg (1979; 1985), Günther (1978), Hastenteufel (1980), Ertle/ Möckel (1981), Kaiser (1983) oder Brügelmann (1982). Angesichts einer „realistischen Wen-

de" der Pädagogik, einer stärkeren Ausrichtung an empirisch-analytischen Verfahren in der Erziehungswissenschaft wird die Kasuistik als ein Versuch der „Wiedergewinnung des Pädagogischen" verstanden. Gleichzeitig wird aber ihr wissenschaftlicher Status angezweifelt oder muss eigens bewiesen werden. So versucht Binneberg, die Wissenschaftlichkeit der Kasuistik, deren Grundbegriff die „analoge Methode" sei, als „methodische Kunst" zu begründen, in der die Fallbeobachtung in eine Falldarstellung und diese in eine Fallanalyse überführt wird (Binneberg 1985, 775); er stellt Gütekriterien eines „widerlegungsdefiniten Verfahrens" auf. Baacke/ Schulze entwerfen 1979 das Programm „Aus Geschichten lernen" ausdrücklich nicht „als Kampfansage an empirisch-analytische Wissenschaft" oder „als Rückkehr zur geisteswissenschaftlichen Hermeneutik", mit der die Pädagogik zu ihren Ursprüngen als interpretierende Textwissenschaft zurückkehren würde (Baacke 1984, 44). Die Alternative stellt eine sozialwissenschaftliche Hermeneutik dar, die es dennoch erlauben könnte, das „Eigene" der Pädagogik im Narrativen, in den Geschichten zu sehen, die es erlauben könnte, den Zusammenhang von Erkennen und Handeln zu rekonstruieren. Baacke schreibt: „Erzählende Texte weisen uns wieder hin auf den Wert häufig umstrittener pädagogischer Kasuistik (...) Es darf als unbestritten gelten, dass erzählende Texte hervorragende Fall-Dokumente darstellen, eine pädagogisch bisher kaum ausgeschöpfte Materialsammlung von eminent theoriekritischem und zugleich praxisanleitendem Wert!" (Baacke 1984, 21/22).

Günther und Kaiser rücken die Möglichkeiten kasuistischer Arbeit deutlicher noch in den Kontext von Lehrerausbildung, einer komplexen Vermittlungsproblematik, der „Theorie-Praxis-Vermittlung als Ausbildungsproblem" (Günther 1978, 166). Fälle werden betrachtet als „Schnittpunkte von Theorie und Praxis", hier sei die Theorie immer schon auf Praxis verwiesen (Günther 1978, 168). Allerdings stellt Günther fest: „Das Zurechtkommen in Situationen kann nur in Situationen gelernt werden" (Günther 1978, 170) und die Simulation könne den Ernstfall nicht ersetzen (Günther 1978, 172). Die Ausbildung inszeniert eine vom Zugzwang entlastete Situation, in der Argumentationsräume eröffnet werden, für Unvorhergesehenes sensibilisiert wird und die „Möglichkeiten des Denkens in sozialen Prozessen, der Problemzerlegung und der Entwicklung von Handlungsstrategien eröffnet" sind (Günther 1978, 171). Damit werde einer vordergründig-rezeptologisch am ‚Richtig-Falsch'-Schema orientierten Sichtweise entgegengewirkt.

Anfang der 80er Jahre beschäftigen sich zwei Tagungen mit der Frage wissenschaftlicher Dignität von Fallstudien (Fischer 1982; vgl. auch Brügelmann 1982) und deren Bedeutung für die Ausbildung (Fischer 1983); sie konzentrieren noch einmal die vorangegangene Diskussion. Einerseits wird die besondere Aussagekraft von pädagogischen Fallstudien – Lerngeschichten von

einzelnen, auffälligen Kindern, „Sozialgeschichten und Situationsanalysen", Fälle von Organisationen und Institutionen und Fälle von Programmen und Entwicklungen – gegenüber empirisch-analytischer Forschung hervorgehoben: Die Abbildungsgenauigkeit von Beschreibungen sei höher, Verständlichkeit, Erklärungskraft und Verlässlichkeit von Deutungen scheinen ebenso gesteigert wie die Übertragbarkeit auf neue Situationen. Die Kategorie des Verstehens bilde das Zentrum der Methodologie der Einzelfallstudie – auch wenn diese nicht auf qualitative Methoden beschränkt ist (Lehmann/ Vogel 1984, 353); charakteristisch für sie sind vor allem die Methode der teilnehmenden Beobachtung und des narrativen Interviews. Die Einzelfallstudie sei stärker kontextbezogen, komplexitäts- und prozessorientiert angelegt und weist von daher eine besondere Nähe zu Erzählungen als einer entscheidenden Form zur Darstellung von Prozessen auf.
Gleichzeitig wird der Nutzen der Fallarbeit für die Aus- und Fortbildung vor allem darin gesehen, dass nicht einfach Wissen, sondern stellvertretend Erfahrungen vermittelt werden könnten, die Wiedergewinnung von Fülle und Sinnlichkeit in der Falldarstellung, Mehrperspektivität und die Erkundung von Handlungs- und Deutungsspielräumen erlaube und zu guter Letzt würden Lehrer und Lehrerinnen zu eigenen Forschungen angeregt.
Wir können Folgendes zusammenfassen:

1. Die Arbeit mit Fällen wird als Arbeit an Fallstudien im Sinne eines wissenschaftlichen Verfahrens und als Ausbildungspraxis, als didaktisches Prinzip, diskutiert.
2. Dabei bleibt letztlich, wie Binneberg schreibt, „notorisch" ungeklärt, was der Fall ist, wie er dokumentiert ist, welchen Status welche Texte als Fälle haben und wie, mit welchen Methoden Fälle zu analysieren oder zu interpretieren seien.
3. Prinzipiell kann man unterscheiden zwischen einer Betrachtung der Fälle als „Fälle von", in denen hervorgehoben wird, was an ihnen als Allgemeines erkennbar ist, wo die Fälle erscheinen als Veranschaulichung, als Exempel für etwas anderes, für eine allgemeine Struktur etwa, und einer Betrachtung, die das Besondere der Fälle als einzelne, die gerade nicht aufgehen in der Allgemeinheit der Struktur, herausstellt.
4. Im Kontext von Ausbildung erscheinen die Fälle oder die Fallstudien dann einerseits als Beispiele für eine gute Praxis oder auch eine schlechte, jedenfalls für eine gut interpretierte Praxis oder aber andererseits als Material, an dem eine bestimmte Art zu sehen und zu deuten, zu reflektieren als Spezifikum pädagogischer Arbeit geschult werden kann, „Fallarbeit" erscheint quasi als eine zu lernende Methode und eine „Lehrmethode".

2 Szenen, Analogisierungen und Reflexion – Noch einmal: Warum Fallarbeit?

In der erneuten Konjunktur einer Diskussion über „fallverstehende Reflexivität" und über „fallrekonstruktives Arbeiten" seit den späten 90er Jahren gelingt es bei gleicher Problemstellung einige Fragen zu präzisieren.
Immer wieder wird eine reflexive Haltung der eigenen Berufstätigkeit gegenüber zum Charakteristikum von Profession bzw. Professionalität erklärt. Diese trotz unterschiedlicher Ansätze vergleichsweise große Einigkeit der Professionalisierungsforschung kann in der Formel „Professionalität durch Reflexivität", die als Selbstthematisierung und Prozessreflexion der beruflichen Arbeit unentbehrlich geworden sei (Bastian/ Combe/ Reh 2001; Reh 2004), zusammengefasst werden. So etwa gehen an Oevermann (1996) orientierte Ansätze davon aus, dass für das Handeln des Professionellen der doppelte Habitus eines praktischen Könnens und wissenschaftlicher Reflexivität notwendig sei – im Hinblick auf nachträgliche Handlungsbegründungen und im Hinblick auf die Bewältigung von Handlungskrisen, die aufgrund der Struktur professioneller Handlungsprobleme der Normalfall sind und immer neue Lösungen erfordern (Helsper 2001; 2002).
Davon ausgehend scheint die Einübung fallverstehender Reflexivität in universitären Seminaren von großer Bedeutung. Sie diene nicht dem „Aufbau von Erfahrungsmustern", erlaube aber eine Einübung des notwendigen wissenschaftlich-reflexiven Habitus. Rekonstruktive Fallarbeit mit Lehramtsstudierenden zu betreiben sei sinnvoll, weil hier geschieht, was der Professionelle immer auch zu tun habe: Fälle deutend zu verstehen.
Parallel zu dieser Position ist in verschiedenen psychologischen und soziologischen Forschungsbereichen, der Wissensverwendungsforschung etwa, der Abschied vom Modell der einfachen Anwendung wissenschaftlichen Wissens im Handeln des Professionellen zu erkennen (Combe/ Kolbe 2004); das Konstrukt eines handlungsleitenden Wissens hinter einem Können wird fragwürdig, vielmehr scheint in der situativen Komplexität und der Prozesshaftigkeit des Unterrichts intuitiv gehandelt zu werden. Es wird eine grundlegende Differenz von Wissen und Können angenommen. Können, auch „implizites Wissen" genannt, sei durch Vorbilder und Musterbeispiele, durch Übung und persönliche Erfahrung entstanden. Können ist als Wissen kaum zu explizieren und durch dieses Wissen jedenfalls nicht zu instruieren, schreibt Neuweg (Neuweg 2002, 17). Wichtig sei dementsprechend das nicht vom Funktionsfeld getrennte Lernen in Expertenkulturen. Aber auch wenn professionelles Können fallbasiert sei, ist – so Neuweg – keinesfalls ausgemacht, ob es über „flächendeckende Fallstudiencurricula" erworben werden kann.

Etwas zuversichtlicher zeigen sich andere Autoren. „Durchreflektierte Interpretationsmuster“ seien „Basis eines abkürzenden professionellen Verständnisses“ in komplexen Kommunikationssituationen, betont Kolbe (1998, 332). Worin nun genau besteht dieses „abkürzende Verstehen“? Es bedarf einer besonderen Form der Wahrnehmung, einer besonderen „Urteilskraft“, eines Vermögens, Situationen, Situationskonstellationen, Szenen gestalthaft als typisch wahrzunehmen. Combes Vermutung ist, „dass sich das sogenannte Praxiswissen über den kumulativen Aufbau von Fallerfahrungen“ herstellt, „indem wir Situationen in analogisierender und szenisch-gestalthafter Weise erfassen. Diese gestaltförmige analogisierende, szenisch-figürliche Übertragung von prototypischen Beispielen könnte u.U. ein durch die Fallarbeit zu entwickelnder Bereich gerade in solchen Handlungsfeldern darstellen, in denen wir uns unter den Bedingungen praktischer Handlungs- und Entscheidungszwänge und ohne viel Besinnungszeit orientieren müssen“ (Combe 2001, 26). Combe geht also davon aus, dass auch in der universitären Ausbildung eine professionelle Urteilskraft, die Fähigkeit, das Besondere als enthalten in dem Allgemeinen zu sehen, im Blick auf konkrete pädagogische Problemlagen eines Falles angebahnt werden könne. In der gedankenexperimentellen Arbeit mit „Fällen“, im Entwurf von Lesarten, in der Simulation „praktischer Erfahrungskrisen“ entstehen unter Rückgriff auf Vorstellungen, innere Bilder, notwendige „Referenzbeispiele“. Operiert wird in professionellen Handlungssituationen mit zu variierenden Bildern der Einbildungskraft, also holistisch, phantasievoll und in gewisser Weise ästhetisch. „Bedeutungsvolle Verwandtschaften“, „Familienähnlichkeiten“ – so beschreiben es Neuweg, Herzog oder auch Combe – werden erkannt, indem Analogisierungen vorgenommen werden.

In der Lehrerausbildung könnte es – folgt man diesem Ansatz – nun darum gehen, für diese Operationen „Referenzobjekte“, Bilder und Szenen bereit zu stellen und die wenig beachtete kulturelle Fähigkeit zum „szenischen Verstehen“, zur analogisierenden Übertragung von Mustern und Bildern, einem Abgleichen und phantasievollen Neuentdecken der Besonderheit der jeweiligen Situation auszubilden – also auch die Phantasie zu üben.

Die empirische Erforschung von Professionalisierungsprozessen (Baumert/ Kunter 2006) konnte bisher nicht zeigen, wie „praktisches Wissen und Können, das an Fälle, Episoden und Skripts gebunden ist, Routinen integriert, aber dennoch so flexibel sich erweist, dass es die erfolgreiche intuitive Feinabstimmung im Handlungsvollzug erlaubt“ eigentlich entsteht (Baumert/ Kunter 2006, 484). In welcher Weise die Lektüre und die hermeneutische Umgangsweise mit Texten, die in der Regel die pädagogische Fallarbeit an der Universität kennzeichnet, einen Beitrag leisten kann, eine Provokation für den Um- und Neubau von Verstehensmustern und für die Anbahnung der

Fähigkeit zum szenischen Verstehen sein kann oder aber eine kognitivistische Verengung darstellt, muss zunächst offen bleiben.

3 Fazit: Unterricht als Fall – Fallarbeit an Unterrichtstranskripten

Fallarbeit ist inzwischen in vielen Studienorten ein wichtiger Bestandteil der Ausbildung geworden. Hier soll Interesse an wissenschaftlichen Theorien erzeugt und Wissen produziert werden, das nicht nur träge als abprüfbares Examenswissen erscheinen kann. Es soll einer instrumentellen Haltung Studierender vorgebeugt und es sollen Techniken, Methoden eingeübt werden, die für spätere Reflexivität, für eine bestimmte Art des Lernens aus Erfahrung in der kollegialen Kooperation von großer Bedeutung sind. Ein Habitus der Distanz, der Skepsis und auch der Neugier gegenüber den Situationen und den Konstruktionen, die in der Beobachtung und Beschreibung, im Erzählen von Geschichten als solche zugänglich sind, soll auf diese Weise geschaffen werden.

Aber die Arbeit mit Fällen in der pädagogischen Ausbildung macht anderes nicht verzichtbar. Es muss gleichzeitig auf den systematischen Aufbau von Theoriewissen geachtet werden. Beobachtet werden zudem Probleme im Umgang mit Fällen in fallorientierten Seminaren, etwa aufgrund einer typischen Rezeptionshaltung gegenüber Texten, mit der die intensive, Zeit kostende Lektüre einzelner Texte nur schwer vereinbar ist, oder Schwierigkeiten des Bezuges auf Theorien, weil es etwa nicht gelingt, ein einzelnes, theoretisches Problem im Fall zu isolieren (Rabenstein/ Reh 2005, 51/52). Daher ist im Sinne einer klaren Strukturierung der Stellenwert des Fallbezuges in der Gesamtausbildung und im didaktischen Rahmen einzelner Veranstaltungen zu klären: Was wird von den Studierenden an welchem Ort ihrer Ausbildung erwartet? Was soll in welchem Seminar oder welchem Modul und Teil der Ausbildung mit dem Fallbezug oder der Fallarbeit erreicht werden? Geht es um „Erhebungsmethoden“ oder um das Erlernen der Interpretationsmethode, geht es um die Dekonstruktion internalisierter Deutungen oder um die Illustration von systematischem Wissen und dessen Unterstützung?

Die im Folgenden abgedruckten und exemplarisch interpretierten Unterichtstranskripte bieten die Möglichkeit ganz unterschiedlichen Einsatzes in einer fallorientierten Lehrerbildung: Selbstverständlich können die Transkipte als Material genutzt werden, um Interpretationsverfahren zu üben, sie können aber auch eingesetzt werden, um systematischen Fragen der Struktureigenschaften unterrichtlicher Interaktion nachzugehen, die auch in anderen Theoriekontexten, als Fragen etwa des Classroommanagements oder der Bearbeitung der Differenz zwischen Lehren und Lernen erforscht und diskutiert werden.

Literatur

Altrichter, H./ Posch, P. (1998): Lehrer erforschen ihren Unterricht. Bad Heilbrunn

Baacke, D. (1984). Ausschnitt und Ganzes – Theoretische und methodologische Probleme bei der Erschließung von Geschichten. In: Baacke, D./ Schulze, Th. (Hrsg.): Aus Geschichten lernen: Zur Einübung pädagogischen Verstehens. München, 11-50

Baacke, D./ Schulze, Th. (Hrsg.) (1984): Aus Geschichten lernen: Zur Einübung pädagogischen Verstehens. München

Baumert, J./ Kunter, M. (2006): Stichwort: Professionelle Kompetenz von Lehrkräften. In: Zeitschrift für Erziehungswissenschaft, 2006 (10), 469-520

Bastian, J./ Combe, A./ Reh, S. (2001): Professionalisierung und Schulentwicklung. In: Zeitschrift für Erziehungswissenschaft, 2001 (5), 417-435

Beck, Ch./ Helsper, W./ Heuer, B./ Stelmaszyk, B./ Ullrich, H. (2000): Fallarbeit in der universitären Lehrerausbildung. Opladen

Binneberg, K. (1979): Pädagogische Fallstudien. Ein Plädoyer für das Verfahren der Kasuistik in der Pädagogik. In: Zeitschrift für Pädagogik, 25 (3), 395-402

Binneberg, K. (1985): Grundlagen der pädagogischen Kasuistik. Überlegungen zur Logik der Kasuistischen Forschung. In: Zeitschrift für Pädagogik, 31 (6), 773-788

Brügelmann, H. (1982): Fallstudien in der Pädagogik. In: Zeitschrift für Pädagogik, 28 (4), 609-623

Combe, A. (2001): Fallgeschichten in der universitären Lehrerbildung und die Rolle der Einbildungskraft. In: Hericks, U./ Keuffer, J./ Kräft, H. Ch./ Kunze, I. (Hrsg.): Bildungsgangdidaktik – Perspektiven für Fachunterricht und Lehrerbildung. Opladen, 19-32

Combe, A./ Kolbe, F.-U. (2004): Lehrerprofessionalität: Wissen, Können, Handeln. In: Helsper, W./ Böhme, J. (Hrsg.): Handbuch der Schulforschung. Wiesbaden, 833-853

Dirks, U./ Hansmann, W. (Hrsg.) (1999): Reflexive Lehrerbildung. Fallstudien und Konzepte im Kontext berufsspezifischer Kernprobleme. Weinheim

Ertle, Ch./ Möckel, A. (Hrsg.) (1981): Fälle und Unfälle der Erziehung. Stuttgart

Felten, R. v./ Herzog, W. (2001): Von der Erfahrung zum Experiment. Angehende Lehrerinnen und Lehrer im reflexiven Praktikum. In: Beiträge zur Lehrerbildung, 19 (1), 29-42

Fischer, D. (Hrsg.) (1982): Fallstudien in der Pädagogik. Aufgaben, Methoden, Wirkungen. Konstanz-Litzelstetten

Fischer, D. (Hrsg.) (1983): Lernen am Fall. Zur Interpretation und Verwendung von Fallstudien in der Pädagogik. Konstanz-Litzelstetten

Flitner, A./ Scheuerl, H. (Hrsg.) (1993): Einführung in pädagogisches Sehen und Denken. Texte. 12. Aufl., überarb. Neuausg. 1984. München u.a.

Gamm, H.-J. (1967): Zur Frage einer pädagogischen Kasuistik. In: Bildung und Erziehung, 20 (4), 321-329

Gommel, M./ Glück, B./ Keller, F. (2005): Didaktische und pädagogische Grundlagen eines fallorientierten Seminar-Lehrkonzepts für das Fach Medizinische Ethik. In: GMS Zeitschrift für Medizinische Ausbildung, 22 (3) [internet: http://www.egms.de/en/journals/zma/2005-22/zma000058.shtml]

Günther, K. H. (1978): Pädagogische Kasuistik in der Lehrerausbildung. Vorbemerkungen zum Diskussionsstand. In: Zeitschrift für Pädagogik, 15. Beiheft, 165-174

Hastenteufel, P. (1980): Fallstudien aus dem Erziehungsalltag. Bad Heilbrunn

Heinzel, F./ Garlichs, A./ Pietsch, S. (Hrsg.) (2007): Lernbegleitung und Patenschaften. Reflexive Fallarbeit in der universitären Lehrerausbildung. Bad Heilbrunn

Helsper, W. (1996): Antinomien des Lehrerhandelns in modernisierten pädagogischen Kulturen. Paradoxe Verwendungsweisen von Autonomie und Selbstverantwortlichkeit. In: Combe, A./ Helsper, W. (Hrsg.) (1996): Pädagogisch Professionalität. Untersuchungen zum Typus pädagogischen Handelns. Frankfurt/ Main, 521-569

Helsper, W. (2001): Praxis und Reflexion. Die Notwendigkeit einer „doppelten Professionalisierung" des Lehrers. In: journal für lehrerInnenbildung, 1 (3), 7-15

Helsper, W. (2004): Antinomien, Widersprüche, Paradoxien: Lehrerarbeit – ein unmögliches Geschäft? In: Kolbe, F.-U./ Koch-Priewe, B./ Wildt, J. (Hrsg.): Grundlagenforschung und mikrodidaktische Reformansätze zur Lehrerbildung. Bad Heilbrunn, 49-98

Helsper, W. (2007): Eine Antwort auf Jürgen Baumerts und Mareike Kunters Kritik am strukturtheoretischen Professionsansatz. In: Zeitschrift für Erziehungswissenschaft, 10 (4), 567-579

Hempel, M. (Hrsg.) (2006): Zur Anwendung der Kasuistik in Fachdidaktischen Lehr-Lernprozessen. Vechta

Henningsen, J. (1993): Peter stört. In: Flitner, A./ Scheuerl, H. (Hrsg.): Einführung in pädagogisches Sehen und Denken. Texte. 12. Aufl., überarbeitete Neuausgabe von 1984. München u.a., 46-66

Herzog, W. (1995): Reflexive Praktika in der Lehrerinnen und Lehrerbildung. In: Beiträge zur Lehrerbildung, 13, 253-273

Hundenborn, G. (2006): Fallorientierte Didaktik in der Pflege. Grundlagen und Beispiele für Ausbildung und Prüfung. München

Kaiser, F.-J. (Hrsg.) (1983): Die Fallstudie. Theorie und Praxis der Fallstudiendidaktik. Bad Heilbrunn

Kolbe, F.-U. (1998): Handlungsstruktur und Reflexivität. Untersuchungen zur Vorbereitungstätigkeit Unterrichtender. Heidelberg (Habilitation)

Lehmann, R./ Vogel, D. (1984): Einzelfallstudie. In: Lenzen, D./ Haft, H./ Kordes, H. (Hrsg.): Enzyklopädie Erziehungswissenschaft. Band 2. Methoden der Erziehungs- und Bildungsforschung. Stuttgart, 349-355

Neuweg, G. H. (2002): Lehrerhandeln und Lehrerbildung im Lichte des Konzepts des impliziten Wissens. In: Zeitschrift für Pädagogik, 48 (1), 10-29

Oevermann, U. (1996): Theoretische Skizze einer revidierten Theorie professionellen Handelns. In: Combe, A./ Helsper, W. (Hrsg.) (1996): Pädagogisch Professionalität. Untersuchungen zum Typus pädagogischen Handelns. Frankfurt/ Main, 70-183

Ohlhaver, F./ Wernet, A. (Hrsg.) (1999): Schulforschung – Fallanalyse – Lehrerbildung. Diskussionen am Fall. Opladen

Reh, S./ Rabenstein, K. (2005): Fälle in der Lehrerausbildung – Schwierigkeiten und Grenzen ihres Einsatzes. In: journal für lehrerInnenbildung, 5 (2), 47-54

Reh, S. (2004): Abschied von der Profession, von Professionalität oder vom Professionellen? Theorien und Forschungen zur Lehrerprofessionalität. In: Zeitschrift für Pädagogik, 50 (3), 358-372

Reh, S./ Schelle, C. (2004): Arbeit an Fällen in einem „Lehr-Forschungs-Projekt". In: Kolbe, F.-U./ Koch-Priewe, B./ Wildt, J. (Hrsg.): Grundlagenforschung und mikrodidaktische Reformansätze zur Lehrerbildung. Bad Heilbrunn, 197-211

Reusser, K. (2005): Situiertes Lernen mit Unterrichtsvideos. Unterrichtsvideographie als Medium des situierten beruflichen Lernens. In: journal für lehrerInnenbildung. 5 (2), 8-18

Schierz, M. (1997): Narrative Didaktik. Von den großen Entwürfen zu den kleinen Geschichten im Sportunterricht. Weinheim und Basel

Schierz, M./ Thiele, J. (2002): Hermeneutische Kompetenz durch Fallarbeit. Überlegungen zum Stellenwert kasuistischer Forschung und Lehre an Beispielen antinomischen Handelns in sportpädagogischen Berufsfeldern. In: Zeitschrift für Pädagogik, 48 (1), 30-47

Schön, D.A. (1983): The Reflecive Practitioner. How Professionals Think in Action. Basic Books. New York

Schratz, M./ Thonhauser, J. (Hrsg.) (1996): Arbeit mit pädagogischen Fallgeschichten. Anregungen und Beispiele für Aus- und Fortbildung. Innsbruck u.a.

Steiner, E. (2004): Erkenntnisentwicklung durch Arbeiten am Fall: Ein Beitrag zur Theorie fallbezogenen Lehrens und Lernens in Professionsausbildungen mit besonderer Berücksichtigung des Semiotischen Pragmatismus von Charles Sanders Peirce. Zürich (Dissertation)

Wernet, A. (2006): Hermeneutik – Kasuistik – Fallverstehen. Eine Einführung. Stuttgart

Wolters, P. (2006): Bewegung unterrichten: Fallstudien zur Bewegungsvermittlung in der Institution Schule. Hamburg

Kerstin Rabenstein

2 Was ist Unterricht? Modelle im Vergleich

Was ist Unterricht? Diese Frage zu stellen, irritiert zunächst, weiß doch jeder nicht zuletzt deshalb, weil er oder sie selbst lange Zeit Teilnehmer von Unterrichtsprozessen war, dass Unterricht in der Schule stattfindet, immer mindestens ein Unterrichtender und ein Unterrichteter an ihm beteiligt sind und es um eine Sache geht. Anders formuliert: Unterricht ist ein Interaktionsgeschehen, in dem es um einen bestimmten Gegenstand geht, über den der eine unterrichtet und der andere unterrichtet wird. Da diese Definition auch auf alltägliche Formen der Unterrichtung zutrifft, wie etwa wenn Auskunft über den kürzesten Weg zum Bahnhof gegeben wird, bedarf es einer genaueren Bestimmung der für schulischen Unterricht charakteristischen Merkmale.

Terhart (1994, 134) definiert im Anschluss an diese Vorüberlegung solche Situationen als Unterricht, in denen „(1) mit pädagogischer Absicht und in (2) planmäßiger Weise sowie (3) innerhalb eines bestimmten institutionellen Rahmens und (4) in Form von Berufstätigkeit eine Erweiterung des Wissens- und Fähigkeitsstandes einer Personengruppe angestrebt wird." Neben der Interaktion und Inhaltlichkeit von Unterricht hebt Terhart also die pädagogische Zielsetzung von Unterricht hervor (1). Der Lehrende sucht, die Kenntnisse, Fähigkeiten und Fertigkeiten von anderen – der Schüler und Schülerinnen – absichtsvoll zu verändern. Die Rollen von Unterrichtenden und Unterrichteten, Organisatoren und Adressaten von Unterricht sind je spezifisch. Zu der Interaktion, Inhaltlichkeit und Intentionalität im Unterricht kommt als weiteres Merkmal seine Planmäßigkeit hinzu (2). Unterricht verläuft systematisch und geplant, das heißt in methodisch strukturierter Weise, durch die ein bestimmtes Ziel erreicht werden soll. Zu der Planmäßigkeit des unterrichtlichen Handelns gehört auch die Kontrolle der Zielerreichung, wodurch die Effektivität von Unterricht im Vergleich zu alltäglichen Formen der Unterrichtung erhöht wird. Des Weiteren ist die Institutionalisierung für Unterricht charakteristisch (3). Von Unterricht ist erst dann die Rede, wenn das Zustandekommen von Unterricht durch äußere, gesetzliche und organisatorische Vorgaben geregelt ist. Im Zuge einer weitergehenden Institutionalisierung von Schule und Unterricht im 18. Jahrhundert vollzieht sich die Trennung des Unterrichts vom alltäglichen Lebenszusammenhang der Beteiligten (vgl. Diederich/ Tenorth 1997). Institutionalisierung heißt, dass der Personenkreis, der am Unterricht teilnimmt, definiert ist und dass die Eingänge in sowie die Übergänge und Ausgänge aus der Institution geregelt sind. Mit dem größeren Grad an Verbindlichkeit und Strukturiertheit erhält Unterricht dabei zugleich „den Charakter des Künstlichen und Inszenierten“ (Terhart 1994, 136). Die Institutionalisierung und Methodisierung von Unterricht bringt außerdem die Verberuflichung der Unterrichtstätigkeit mit sich (4): Lehrersein wird sukzessive zu einer spezialisierten und hochbezahlten Berufstätigkeit, die an Ausbildung und Linzensierung gebunden ist. Indem Lehrer zu Experten werden, wird ebenfalls hervorgehoben, dass für Unterricht eine von Alltagskommunikation zu unterscheidende eigene Form der Kommunikation charakteristisch ist.

Diese Definition von Unterricht leistet zunächst einmal die Abgrenzung des Begriffs von alltäglichen Formen der Belehrung und zeigt dabei zentrale Momente der in modernen Gesellschaften gegenwärtig realisierten Form schulischen Unterrichts auf. Darüber hinaus wird jedoch noch nichts Genaueres darüber gesagt, wie Unterricht theoretisch zu fassen sei. In der Erziehungswissenschaft wird gegenwärtig über Unterricht innerhalb verschiedener wissenschaftlicher Traditionslinien und Paradigmen nachgedacht. Das, was jeweils unter Unterricht verstanden wird, die zugrunde gelegten, wenn auch selten explizierten und reflektierten theoretischen Begriffe von Unterricht, unterscheiden sich dabei teilweise erheblich (vgl. Lüders 2003).

Im Folgenden sollen unterschiedliche Perspektiven auf Unterricht diskutiert werden, die im Rahmen unterschiedlicher Denktraditionen und Paradigmen innerhalb der Erziehungswissenschaft entstanden sind, um die Perspektive auf Unterricht als „Interaktionssystem“, die diesem Arbeitsbuch zugrunde liegt, begründeterweise von anderen Vorstellungen von Unterricht abzugrenzen. Begonnen wird im ersten Abschnitt (2.1) mit der Diskussion eines Verständnisses von Unterricht als eines „Systems von Handlungen zur Ermöglichung von Lernen“ (Lüders 2003, 18), wie es im Rahmen didaktischer Theorien und empirisch-quantitativer Unterrichtsforschung zu finden ist. Gegenstand des zweiten Abschnitts (2.2) ist ein Verständnis von Unterricht als „Sprachverhältnis“, wie es sich in den Forschungen zur Unterrichtssprache sowie der empirisch-rekonstruktiven Unterrichtsforschung findet und an das dieses Arbeitsbuch anknüpft.

1 Unterricht als System von Handlungen

Vorgestellt werden im Folgenden zunächst – mit Absicht typisierend – die spezifischen Perspektiven didaktischer Theorien auf Unterricht einerseits (Abschnitt 2.1.1) und der empirisch-quantitativen Lehr-Lernforschung andererseits (Abschnitt 2.1.2). Im Fazit (Abschnitt 2.1.3) werden die Affinitäten beider Perspektiven thematisiert, indem das zugrunde liegende Verständnis von Unterricht als „System von Handlungen zur Ermöglichung von Lernen" (Lüders 2003, 18) bezeichnet und hinsichtlich seiner Potentiale und blinden Flecke diskutiert wird.

1.1 Lehrer- und Schüleraktivitäten planen und durchführen

Didaktische Theorien – verstanden als Lehre vom Unterricht – sind seit ihren Anfängen, die man im Abendland in das 17. Jahrhundert mit Wolfgang Ratkes Programm einer „Lehrartlehre" (1632) oder Amos Comenius „didactica magna" (1657) setzen kann, mit dem doppelten Anspruch verbunden, Theorie und Anleitung für die Praxis zu sein (vgl. Blankertz 1982). Sie versuchen, die Elemente zu benennen und in einen Zusammenhang zu setzen, die bei der Planung und Durchführung von erfolgreichem Unterricht bedacht werden müssen. Sie beschäftigen sich mit Zielen, Inhalten, Methoden bzw. dem Ablauf von Unterricht sowie der Gestaltung von Lehrplänen. Obwohl sie ihren Anspruch, Anleitung für die Praxis zu sein, nie ganz erfüllen konnten, u.a. weil aus ihnen keine übereinstimmenden, eindeutigen Handlungsanweisungen abgeleitet werden können, wird ihnen bis in die Gegenwart hinein eine Orientierungsfunktion für die Planung und Durchführung von Unterricht zugesprochen. Das zeigt sich u.a. darin, dass die so genannten „klassischen Ansätze" – wie der bildungstheoretische Ansatz nach Wolfgang Klafki, der lehrtheoretische nach Paul Heimann und Wolfgang Schulz bzw. der kritisch-kommunikative nach Rainer Winkel – nach wie vor ebenso in den Seminaren der ersten und zweiten Phase der Lehrerausbildung als auch in den meisten Lehrbüchern zur Unterrichtsgestaltung zu finden sind (vgl. Tulodziecki/ Herzig/ Blömeke 2004).

Unumstritten ist, dass didaktisches Denken über Unterricht zum einen durch normative Vorstellungen von Unterricht gekennzeichnet ist – schließlich geht es immer darum, Vorentscheidungen zu treffen, die einen in irgendeiner Weise ‚guten' oder ‚sinnvollen' Unterricht ermöglichen. Zum zweiten gehen didaktische Theorien von der Planbarkeit des Unterrichtsgeschehens aus.[1] Ohne

---

[1] Auch wenn dem kritisch-kommunikativen Ansatz nach Rainer Winkel die Hinwendung zum kommunikativen Verlauf von Unterrichtsprozessen zuzuschreiben ist, fokussiert er ebenso wie die anderen didaktischen Ansätze auf die bessere Planbarkeit von Unterricht.

die Annahme, durch bestimmte Vorentscheidungen und die daran ausgerichteten Handlungen des Lehrers im Unterricht eine bestimmte Wirkung auf Seiten der Lernenden erzielen zu können, würden sie mit ihrem Anliegen, Hilfen für die Planung und Durchführung von Unterricht zu bieten, ins Leere laufen. Sowohl die Normativität didaktischer Modelle als auch die Vorstellung der Planbarkeit von Unterricht sollen im Folgenden exemplarisch an zwei didaktischen Ansätzen verdeutlicht werden.

Kern des bildungstheoretischen Ansatzes ist der Bildungsbegriff von Klafki (1963), dem bis heute große Bedeutung zugeschrieben wird. Didaktisches Denken in dieser Tradition geht primär von der Frage des Bildungsgehalts des Bildungsinhalts aus, stellt also die Auswahl und Begründung der Inhalte des Unterrichts ins Zentrum. Erst im zweiten Schritt und davon abgeleitet werden dann Überlegungen zum Verlauf und der methodischen Strukturierung von Unterricht angestellt. Die fünf zentralen Kriterien zur Erschließung des Bildungsgehalts von Bildungsinhalten sind nach Klafki die exemplarische Bedeutung des Themas, seine Gegenwarts- und Zukunftsbedeutung, seine Struktur und seine Zugänglichkeit (ebd.). Entworfen wird also eine normative Vorstellung davon, welche Kriterien ein Gegenstand erfüllen muss, um für Schüler und Schülerinnen bildungsrelevant zu sein. Diese Kriterien hat Klafki mit Blick auf den noch heranwachsenden jungen Menschen sowie seine zukünftige verantwortliche Teilhabe als Gesellschaftsmitglied entworfen. In späteren Arbeiten hat er (1990) dann versucht „epochaltypische Schlüsselprobleme“, wie etwa die Friedensfrage und das Umweltproblem als Medium von Allgemeinbildung zu bestimmen.

Eine zweite bis heute als zentral angesehene Tradition didaktischen Denkens ist die, die mit dem so genannten „Berliner Modell“ begann (vgl. Heimann/ Otto/ Schulz 1965) und im so genannten „Hamburger Modell“ von Schulz (1980) fortgeführt wurde. Im Unterschied zu Klafkis didaktischer Analyse steht hier nicht primär die Frage des Bildungsgehalts im Zentrum, sondern die Analyse der für die unterrichtliche Kommunikation zwischen Lehrer und Schülern relevanten Bedingungen, die der Lehrperson ermöglicht, im Vorfeld Entscheidungen über Ziele, Inhalte, Methoden und Medien des Unterrichts in ihren Wechselbezügen zueinander zu treffen. Anders formuliert: In der Unterrichtsplanung ist zu entscheiden, „welche Absichten an welchen Inhalten unter Verwendung welcher Methoden und Medien verwirklicht werden sollen“, bzw. nachträglich ist zu analysieren, welche verwirklicht worden sind (Heimann 1962, 416). Diese Entscheidungen müssen unter Berücksichtigung der spezifischen Bedingungen unterrichtlichen Handelns getroffen werden, unter denen erstens die anthropogenen Voraussetzungen bzw. Persönlichkeitsmerkmale von Lehrenden und Lernenden sowie zweitens die sozial-kulturellen Bedingungen verstanden werden, wie der Klassenzusammensetzung, der Schulform, der Ausstattung der Schule. Heimann (1962, 412) formuliert, dass er „Unterrichts-, Lehr-, Lern-, und ‚Bildungs'-Vorgänge als sehr dynamische Interaktionsprozesse von strenger gegenseitiger Bezogenheit, betonter Singularität und Augenblicks-Gebundenheit betrachtet, die trotzdem einer bestimmten Strukturgesetzlichkeit gehorchen und deswegen auch manipulierbar sind."

Trotz der sich schon in diesen zwei Beispielen didaktischer Theorien andeutenden unterschiedlichen Schwerpunktsetzungen in der Planung und Analyse von Unterricht zielen didaktische Theorien insgesamt darauf ab, unabhängig von einem bestimmten Fach allgemeine Merkmale von Unterricht und deren Zusammenwirken vor dem Hintergrund normativer Anforderungen an schulisches Lernen präskriptiv herauszuarbeiten und für die Planung von Unterricht verfügbar zu machen (vgl. auch Blömeke/ Herzig/ Tulodziecki 2007). Auch wenn die didaktischen Modelle nicht nur für die Planung und Durchführung, sondern auch für die Auswertung und Analyse von Unterricht entwickelt wurden, wird innerhalb dieser Denktradition kaum an die empirische Untersuchung von Unterrichtsprozessen angeschlossen.

1.2 Lernaktivitäten durch Lehraktivitäten effektiv steuern

Die empirisch-quantitative Lehr-Lernforschung beansprucht, zunehmend genauer die Merkmale von Unterricht zu erfassen, die ‚guten' von ‚schlechtem' Unterricht unterscheiden (vgl. z.B. Seidel/ Prenzel 2004; Reusser/ Pauli 2003; Helmke/ Jäger 2002; Klieme/ Schümer/ Knoll 2001; Baumert u.a. 1997). Bei der Charakterisierung von ‚gutem' Unterricht spielt vor allem das produktbezogene Kriterium des Lernerfolgs eine zentrale Rolle. In der Verknüpfung von zu beobachtenden Merkmalen des Unterrichts und seinem Ergebnis, den Schülerleistungen, die über Leistungstests erhoben werden, werden quantifizierbare Merkmale von Unterricht hervorgehoben und Annahmen über deren kausale Zusammenhänge formuliert. Die Ergebnisse verschiedener Untersuchungen zusammenfassend, die insgesamt hohe Übereinstimmungen aufweisen, kommen Tulodziecki, Herzig und Blömeke (2004, 179) auf folgende sieben Merkmale guten Unterrichts, denen ein Einfluss auf die Schülerleistungen zugeschrieben wird: kognitiv aktivierende Aufgabenkultur, Moivierung der Schülerinnen und Schüler, Schülerorientierung im Sinne der Differenzierung der Aufgabenstellungen, durchschaubare, deutliche Strukturierung der Unterrichtsstunden, hohe Leistungserwartungen, Effizienz (time on task) und Diagnosefähigkeit von Lehrpersonen.

Clausen, Reusser und Klieme (2003) unterscheiden vier Merkmalsbereiche von Unterrichtsqualität, denen jeweils einzelne Indikatoren zugeordnet werden: Das Merkmal Instruktionseffizienz kommt beispielsweise zustande durch eine gute Klassenführung mit störungsfreiem Unterrichtsverlauf sowie einem hohem Ausmaß an Regelklarheit und genutzter Unterrichtszeit (time on task). Innerhalb des Merkmals Schülerorientierung wird unterschieden u.a. zwischen der Individualisierung des Unterrichts, einer positiven Fehlerkultur, einem positiven Bezug auf die Schüler und der individuellen Lernunterstützung. Zur kognitiven Aktivierung, dem dritten Merkmalsbereich, werden Indikatoren gerechnet wie anspruchsvolles Üben und die Motivierungsfähigkeit des Lehrers. Der vierte Merkmalsbereich betrifft die Klarheit und Strukturiertheit des Unterrichtsgangs, die etwa an gegebenen Strukturierungshilfen (Zusammenfassungen etc.) und Fokussierungen auf wichtige Aspekte des Unterrichts beobachtbar wird. Klieme und Rakoczy (2008, 222) entwickeln eine „Theorie der Grunddimensionen guten Unterrichts [...], die je nach Fach spezifisch ausgelegt werden kann", und in die als Basisdimensionen ebenfalls die strukturierte Unterrichtsführung, ein unterstützendes Sozialklima und die kognitive Aktivierung einfließen (ebd., 228).

Den empirisch-quantitativen Untersuchungen liegt eine Vorstellung von Unterricht als „Angebots-Nutzungs-Modell" zugrunde (Helmke 2003; Fend 2002; Klieme/ Rakoczy 2008, 226). Unterricht wird demnach nicht mehr – wie im Sinne der mittlerweile als überholt geltenden sozialtechnologischen Vorstellung – als ein lehrergesteuerter Prozess der Informationsverarbeitung auf Seiten der Schüler gedacht. Vielmehr wird er konzeptionalisiert als eine „Gelegenheitsstruktur, deren Angebote von den Schülerinnen und Schülern unterschiedlich wahrgenommen, verarbeitet und im eigenen Handeln genutzt werden müssen, um wirksam zu werden" (Klieme/ Rakoczy 2008, 226). Im Blick ist also nicht mehr nur die Instruktionstätigkeit des Lehrers, sondern auch die Aneignungstätigkeit der Schüler. Unterschieden wird dafür zwischen den Sichtstrukturen von Unterricht, das heißt den sichtbaren Aktivitäten von Schülern und Lehrern im Unterricht einerseits, und den Tiefenstrukturen des Lernens der Schüler, das heißt ihrer Lern- und Verarbeitungsprozesse andererseits. Wie die Lernenden das Angebot nutzen können, hängt dabei einerseits von der Qualität des Angebots ab und andererseits von den Kompetenzvoraussetzungen, dem Vorwissen und den vorhandenen Lernstrategien auf Schülerseite. Insbesondere die Berücksichtigung der Lern- und Verarbeitungsprozesse der Schüler, die nicht zwangsläufig aus den Instruktionshandlungen des Lehrers ableitbar sind und denen somit in Bezug auf die Unterrichtsqualität eine Rolle als Mediatoren zufällt (vgl. Hugener 2008, 69), wird innerhalb der empirisch-quantitativen Lehr-Lernforschung als eine Erweiterung früherer Modellierungen von Unterricht verstanden.

Zusammenfassend kann für das Verständnis von Unterricht als „Angebot-Nutzungs-Modell" Folgendes gesagt werden: Es gilt als unbestreitbar, dass Unterricht planbar ist. Zudem werden Aussagen über Wahrscheinlichkeiten gemacht, unter welchen Bedingungen Schüler effektiv lernen können. Her-

ausgearbeitet werden immer mehr Variablen, mit Hilfe derer immer genauer Merkmale ‚guten' Unterrichts beschrieben werden können. Verfolgt wird die Frage: „Welches Set von Instruktionsangeboten führt unter welchen Bedingungen zu welchen Lernleistungen von welchen Schülern?" (Proske 2006, 143) Angenommen wird dabei, dass sich die „Kluft zwischen unterrichtlichen Sichtstrukturen und mentalen Lernoperationen" der Schüler (ebd., 142) durch die Instruktionsaktivitäten des Lehrenden schließen lässt.
Wie diese Strukturen genau zusammen wirken, wird jedoch nur andeutungsweise beschrieben, wenn etwa von „komplexen und mehr-dimensionalen, durch Moderatoren vermittelten Zusammenhängen" (Reusser 2008, 231) gesprochen wird und in der Bestimmung des Zusammenspiels beider Ebenen ein Forschungsdesiderat der „modernen Allgemeinen Didaktik auf pädagogisch-psychologischer Grundlage" (ebd., 232) gesehen wird. Das zugrunde liegende Lern- und Unterrichtsverständnis stellt insofern eine unzulässige Vereinfachung dar, als die Differenz von Unterricht und Lernen – von Instruktionstätigkeiten der Lehrenden einerseits und Lern- und Aneignungsaktivitäten der Lernenden andererseits – aufgelöst wird (vgl. Proske 2006, 142). Gelingen die Lernprozesse nicht so, wie in der Planung des Unterrichts vorgesehen, werden individuelle Kompetenzdefizite auf Seiten der planenden und unterrichtenden Lehrenden dafür verantwortlich gemacht. In der Konsequenz heißt dies, dass die mit dem Angebots-Nutzungs-Modell theoretisch beabsichtigte Unterscheidung von Unterricht und Lernen in der Anwendung des Modells in der empirischen Forschung wieder aufgehoben wird.

1.3 Zur Kritik: Unterricht ist mehr als ein Bedingungsgefüge

Auch wenn der zugrunde gelegte theoretische Begriff von Unterricht im Rahmen didaktischer Theorien bzw. der Unterrichtsqualitätsforschung nicht oder kaum expliziert wird und die Weiterentwicklung sowohl der didaktischen Theorien als auch der Modelle, mit denen Unterricht untersucht wird, in Rechnung gestellt werden muss, lässt sich in beiden Perspektiven ein Verständnis von Unterricht als einem „System von Handlungen zur Ermöglichung von Lernen" ausmachen (vgl. Lüders 2003, 18). Die jeweiligen Lehrerhandlungen bzw. Angebote des Lehrenden werden unter je spezifischen Bedingungen als Ursache für eine bestimmte Wirkung auf die Schüleraktivitäten bzw. ihre Lernleistungen verstanden. Die trotz divergierender wissenschaftshistorischer Entstehungskontexte und der lange Zeit vorherrschenden gegenseitigen Abgrenzungsbemühungen zwischen didaktischen Theorien einerseits und empirisch-quantitativer Lehr-Lernforschung andererseits in jüngster Zeit vermehrt zu beobachtenden Bezugnahmen aufeinander lassen sich mit den Affinitäten zwischen beiden Denkweisen erklären, die auf wenn nicht gleichen, doch zumindest anschlussfähigen Vorstellungen von Unterricht be-

ruhen (vgl. Blömeke/ Müller 2008; Arnold/ Koch-Priewe 2008; Reusser 2008).
Will man nun den diesen beiden Denkrichtungen zugrunde gelegten theoretischen Unterrichtsbegriff genauer fassen, bedarf es eines ‚Kunstgriffs' (vgl. Lüders 2003): Im Rückgriff auf den handlungstheoretisch fundierten Begriff der Erziehung von Brezinka (1990) fasst Lüders (2003) Unterricht als einen Fall von Erziehung. Erzieherisch zu handeln heißt nach Brezinka (1990) erstens, sozial zu handeln, also in Bezug auf mindest eine andere Person, zweitens intentional, also mit einer bestimmten Absicht zu handeln wie etwa der, die psychischen Dispositionen der anderen Person zu beeinflussen, drittens versuchsweise zu handeln, also immer auch mit anderen als den gewünschten Folgen zu rechnen, und viertens dabei eine positive Wirkung vollziehen zu wollen, also auf der Basis impliziter Wertvorstellungen zu handeln. Erzieherisches Handeln unterscheidet sich vom übrigen Verhalten des Menschen durch seine Intentionalität und Reflexivität.
Unterricht lässt sich nun als ein Fall von erzieherischem Handeln verstehen, insofern im Unterricht erzieherische Handlungen durch die Bereitstellung von Lerngelegenheiten versuchsweise darauf zielen, die Persönlichkeit des Menschen zu fördern (vgl. Lüders 2003, 26). Mit diesem Begriff von Unterricht lässt sich ein bestimmter Ausschnitt sozialer Wirklichkeit als Unterricht bestimmen und empirisch-quantitativ untersuchen, um ihn in Beobachtungssätzen darstellen und unter allgemeine Gesetzeshypothesen subsumieren zu können. Als Ergebnis können ‚wenn-dann' Aussagen über Handlungen im Unterricht formuliert werden, wie zum Beispiel: ‚Wenn der Lehrer die Unterrichtszeit vollständig nutzt, dann können die Schüler besser lernen.' Wie ist diese Vorstellung nun zu beurteilen?
Ungeeignet erscheint es, Unterricht in dieser Weise zu fassen, wenn man berücksichtigt, dass sich der mit einer Handlung einhergehende subjektive Sinn, also die Intention des Handelnden nicht beobachten lässt, da Sinn nur durch Verstehen identifiziert werden kann (vgl. Lüders 2003, 27). Das unterrichtliche Handeln und das Verstehen des damit verbundenen Sinns, das dieses Handeln für die Schüler anschlussfähig macht, kann im Rahmen des empirisch-quantitativen Forschungsparadigmas nicht untersucht werden, da Unterricht auf beobachtbare bzw. messbare Merkmalskombinationen reduziert wird. Offen bleibt die Frage, wie Sinnerzeugung und Verstehen im Rahmen von Unterricht zustande kommen, eine Frage, die aber für die Erklärung von Unterricht als eines sozialen Verhältnisses zwischen Schülern und Lehrern beantwortet werden muss. Um zu erklären, wie Sinn und Verstehen überhaupt möglich sind, ist nun nach Lüders (2003) der Wechsel vom handlungstheoretischen zu einem auf Sinn und Kommunikation basierenden theoretischen Paradigma notwendig.

2 Unterricht als intersubjektive Herstellung von Bedeutungen

Im Folgenden wird zunächst ein Verständnis von „Unterricht als Sprachspiel“ (Lüders 2003) ausgeführt, wie es anhand der Forschung zur Unterrichtssprache näher bestimmt werden kann, die die Regelhaftigkeit der Kommunikation im Unterricht aufzeigt (siehe 2.2.1). Die besondere „Interaktionsdynamik“ von Unterricht (Combe 1997), wie sie im Rahmen der qualitativ-rekonstruktiven Unterrichtsforschung[2] als zentrales Merkmal von Unterricht angesehen wird, ist Thema des darauffolgenden Abschnitts (2.2.2). Im Fazit wird als Kern beider Perspektiven auf Unterricht herausgearbeitet, dass Unterricht auf Interaktion und Kommunikation und damit auf die intersubjektive Aushandlung von Bedeutungen angewiesen ist. Gemeinsam ist beiden Perspektiven ein Verständnis von sozialer Verfasstheit und Sinnstrukturierung unterrichtlicher Prozesse. Die Frage, wie mit dem für Interaktion und Kommunikation konstitutiven Problem der Kontingenz, der Unsicherheit und Ungewissheit von Verstehensprozessen (vgl. Proske 2006), je verfahren wird, eröffnet sodann den Blick auch für die Differenzen zwischen beiden Perspektiven (siehe 2.2.3).

2.1 Lehrer und Schüler erzeugen nach bestimmten Regeln anschlussfähige Äußerungen

Lüders definiert Unterricht zunächst als „ein soziales Verhältnis zwischen mindestens zwei Personen, das sich dadurch auszeichnet, dass zwischen diesen Personen eine Wissens- oder Fähigkeitsdifferenz besteht, auf deren Grundlage etwas gelernt werden kann oder soll“ (Lüders 2003, 15). Das Verhältnis, das Lehrende und Lernende eingehen, wird also dadurch bestimmt, dass Unterricht zu dem Zwecke abgehalten wird, dass die eine Person etwas durch dic andere Person lernt. Weitergehend fasst Lüders dann im Anschluss an verschiedene Entwürfe pragmatischer Sprachphilosophie[3] ‚Unterricht als

---

[2] Nicht berücksichtigt werden im Folgenden jene Stränge qualitativ-rekonstruktiver Unterrichtsforschung, die den Blick nicht auf fachliches Lernen, sondern auf Erziehungs- bzw. Sozialisationsprozesse richten (vgl. z.B. Combe/ Helsper 1994) oder ungeachtet des Zweckes der Institution Schule, Lernen zu ermöglichen, Schule und Unterricht vorrangig als „soziale Lebenswelt“ von Schülerinnen und Schülern beschreiben (vgl. für einen Überblick Zinnecker 2000).

[3] Lüders (2003, 92ff.) bezieht sich dabei auf die späte Sprachphilosophie Ludwig Wittgensteins, die Sprechakttheorie John R. Searles und die Universalpragmatik Jürgen Habermas’, die er in ihrer Unterschiedlichkeit würdigt und einzig in Bezug auf seine These, dass eine angemessene Unterrichtstheorie eine Theorie der Unterrichtssprache zu sein hat, an dieser Stelle zusammenführt.

Sprachspiel'[4]. Sprachspiel heißt dabei zweierlei: „1. Das soziale Verhältnis, das Lehrer und Schüler im Unterricht eingehen und unterhalten, ist ein Sprachverhältnis. 2. Unterricht kommt dadurch zustande, dass Lehrer und Schüler füreinander anschlussfähige sprachliche Äußerungen nach bestimmten Regeln erzeugen" (ebd., 10). Im Folgenden soll diese Definition erläutert und es sollen die Grundrisse einer Theorie der Unterrichtssprache skizziert werden.

Ausgangspunkt der Definition von ‚Unterricht als Sprachspiel' ist die Annahme der Regelhaftigkeit der sprachlichen Kommunikation. Wenn auch Wittgenstein, Searle und Habermas in ihren sprachphilosophischen Überlegungen die Frage, wie sprachliche Verständigung möglich ist, je unterschiedlich beantworten und die Regelhaftigkeit von Sprache unterschiedlich begründen, stimmen sie nach Lüders Analyse darin überein, dass sprachliche Verständigung eine sich intersubjektiv konstituierende Praxis ist (vgl. ebd., 117). Die Regeln des Sprechens werden dadurch zu Regeln, dass sie intersubjektiv anerkannt werden, indem sie beim Sprechen laufend bestätigt und reproduziert werden. Dass eine sprachliche Äußerung verstanden wird, ist demnach nicht auf ein unbeobachtbares mentales Ereignis zurückzuführen, sondern lässt sich nach Wittgenstein daraus erkennen, dass an die Äußerung sprachlich angeschlossen wird (vgl. ebd., 98). Geprüft werden muss insbesondere der zweite Teil der Definition, nämlich dass Unterricht ein regelgeleitetes soziales Geschehen sei, das durch anschlussfähige sprachliche Äußerungen zustande kommt.

Um das Sprachverhältnis, das Lehrer und Schüler im Unterricht eingehen, näher zu beschreiben und die These der Anschlussfähigkeit ihrer sprachlichen Äußerungen im Unterricht zu prüfen, wertet Lüders die Ergebnisse empirischer Forschung zur Unterrichtssprache aus. In der Forschung zur Unterrichtssprache wird nach typischen Strukturen und Funktionen der Sprache im Unterricht und der sprachlichen Erzeugung der unterrichts-relevanten Lerngegenstände gefragt. Schulischer Unterricht stellt sich aus dieser Perspektive zum einen dar als ein sprachlicher Prozess mit typischen Merkmalen (vgl. ebd., 202), ein Befund, der die These der Regelhaftigkeit der Kommunikation im Unterricht untermauert. Die Funktion der Unterrichtssprache besteht zum Zweiten in der Hervorbringung eines von Lehrern und Schülern gemeinsam geteilten Bedeutungsverstehens, das heißt in der sprachlichen Verständigung (vgl. ebd., 202). Gegenstände dieses Prozesses sind die Inhalte des Curricu-

---

[4] Lüders (2003) unterstreicht, dass seine Verwendung des Ausdrucks ‚Sprachspiel' nicht unerheblich von der Verwendung Ludwig Wittgensteins abweicht: Während Wittgenstein ihn als ein methodisches Konzept der Sprachanalyse einführt, verwendet Lüders ihn auf der Suche nach einer Theorie des Unterrichts dazu, „bestimmte Merkmale von Unterricht als Gegenstand empirischer Forschung anzugeben" (ebd., 93).

lums, die Normen des Schullebens und der Schulkultur. „Unterricht wird nicht als ein von kausalen oder statistischen Gesetzmäßigkeiten quasi-natürliches Geschehen, sondern als eine sprachlich konstituierte soziale Wirklichkeit konzipiert“ (ebd., 125). Die Kommunikation zwischen Schülern und Lehrern im Unterricht weist demnach typische, sich von der Kommunikation in anderen sozialen Situationen unterscheidende Merkmale auf. In Form eines „Standardmodells“ von Unterricht (ebd., 200ff.), des „Grundrisses einer deskriptiven Unterrichtstheorie“ versucht Lüders (ebd., 204) die Merkmale der Unterrichtskommunikation, die empirisch herausgearbeitet wurden, zusammenzufassen. Charakteristisch für Unterricht ist vor allem ein „phasentypischer Gebrauch bestimmter Sprechhandlungen“ (ebd., 202):

1. In der Eröffnungs-, Instruktions- und Abschlussphase des Unterrichts dominieren je bestimmte Äußerungen. Die Eröffnungs- und Abschlussphase sind z.B. durch direktive, erläuternde, zusammenfassende und strukturierende Äußerungen geprägt, während die Instruktionsphase durch unterschiedliche Fassungen des von Mehan (1979) herausgearbeiteten Initiation-Response-Feedback-Musters (IRF) gekennzeichnet ist. Variationen bzw. Abweichungen von diesen Mustern lassen sich für die höheren Klassenstufen der Sekundarstufe I im Unterschied zu den typischen Sprachmerkmalen im Grundschulunterricht und den unteren Klassen der Sekundarstufe I feststellen; so bleibt in den höheren Klassenstufen z.B. die Eröffnungsphase häufig aus.
2. Insbesondere die Instruktionsphase ist durch das Initiation-Response-Feedback-Muster (IRF) und seiner Modifikationen strukturiert, durch das von Lehrern und Schülern sprachlich die Unterrichtsgegenstände hervorgebracht und lernrelevantes Wissen in Abgrenzung von subjektiven Vorstellungen und Konzepten der Welt markiert wird. In der Forschung ist strittig, inwieweit der Steuerungsanteil des Lehrers oder Interaktionsroutinen für die Herstellung dieses Musters verantwortlich gemacht werden können. Auch wird das Vorkommen des IRF unterschiedlich – teilweise als autoritär oder als funktional – bewertet (vgl. Lüders 2003, 203). Die Dominanz des IRF gilt auch für höhere Klassen der Sekundarstufe I und zwar selbst dann, wenn in den Instruktionsphasen häufig Einzel-, Partner- und Gruppenarbeit stattfindet. Unverzichtbar erscheint also das Unterrichtsgespräch, das durch das IRF charakterisiert ist, für die Themenentwicklung und die Hervorbringung eines gemeinsam geteilten Sinnverstehens in der Klassenöffentlichkeit (vgl. ebd., 263).
3. Die Partizipation der Schüler am Unterrichtsgespräch beschränkt sich weitgehend auf das Befolgen von Anweisungen, Beantworten von Lehrerfragen und die Erkundigung nach Arbeitsaufträgen und Aufgaben (vgl. Lüders 2003, 211). Dies gilt auch dann, wenn in den höheren Klassen der Sekundarstufe I ein relativ großer Anteil von „freien Schüleräußerungen“ zu beobachten ist,

die sich größtenteils jedoch nur partiell oder gar nicht auf das Unterrichtsthema beziehen. Die älteren Schüler zeigen sich in diesen Zwischenrufen und Kommentaren in der Lage, Sprache hochgradig reflexiv und strategisch zu gebrauchen: Sie benutzen Sprache um untereinander und mit dem Lehrenden zwischen den Zeilen zu kommunizieren (vgl. ebd., 263).
Zusammenfassend kommt Lüders zu dem Schluss, dass mit den empirischen Ergebnissen zur Unterrichtssprache die Funktion einzelner sprachlicher Äußerungen, ihre Anschlussfähigkeit und damit auch die Kontinuität des Unterrichtsgesprächs gezeigt und ansatzweise erklärt werden können. Wahrscheinlich sind vielfältige Faktoren hierfür verantwortlich, wie gemeinsame Zielsetzungen von Lehrern und Schülern, die Autorität des Lehrers, das IRF und die Unterrichtsinhalte (vgl. Lüders 2003, 207). Allerdings wird in den Untersuchungen der Unterrichtssprache die Komplexität des Unterrichtsgeschehens häufig reduziert. Insbesondere zwei Kritikpunkte sind im Zusammenhang mit der Frage nach einem angemessenen theoretischen Begriff von Unterricht hervorzuheben (vgl. ebd., 205).
Erstens können die sprachlichen Äußerungen, die in dem „Standardmodell" von Unterricht als Elemente der einzelnen Muster auftauchen, stets mehrere Funktionen erfüllen; eine Lehrerfrage kann z.B. eine Aufforderung zum Sprechen sein, eine Ermahnung oder eine Prüfungsfrage. Welche der möglichen Funktionen einer Äußerung nun im Gespräch relevant ist, kann nicht anhand übergeordneter Muster entschieden werden, sondern nur mit Bezug auf den konkreten Fortgang der Kommunikation, also abhängig davon, wie die anderen Gesprächsteilnehmer an die Aussage anschließen. Es ist also zwischen den potentiellen Funktionen sprachlicher Äußerungen und den im Einzelfall in der Interaktion realisierten Funktionen zu unterscheiden. Ein Beispiel: Als Hilfeangebot kann die Äußerung eines Lehrers, die an einen Schüler gerichtet ist, erst dann verstanden werden, wenn der Schüler auf die Äußerung des Lehrers als Hilfeangebot reagiert, das er dann annehmen oder ablehnen kann. Versteht er die Äußerung des Lehrers nicht als Hilfeangebot, sondern als Kritik oder Zurechtweisung, wird er anders auf sie reagieren und die Kommunikation auch im Weiteren einen anderen Verlauf nehmen.
Zweitens werden in der Forschung zur Unterrichtssprache pädagogische und fachdidaktische Fragen außer Acht gelassen. Im Unterricht geschieht weit mehr als die Kommunikation nach den dargestellten Mustern und Regeln. Insbesondere tätigen Lehrer und Schüler inhaltliche Aussagen und haben dabei auch – wie Ergebnisse empirisch-rekonstruktiver fachdidaktischer Unterrichtsforschung zeigen – oft divergierende Wahrnehmung des Unterrichtsgegenstandes oder unterschiedliche Ziele. Das Anschließen – oder auch Nicht-Anschließen – an inhaltliche Äußerungen, die Entstehung eines gemeinsamen Bedeutungsverstehens in Bezug auf einen Lerngegenstand, kann mit der

Kenntnis der dargestellten Regeln und Routinen der Gesprächsführung nicht erklärt werden, sondern muss im Einzelfall hermeneutisch-rekonstruktiv erschlossen werden.

2.2 Lehrer und Schüler erzeugen gegenstandsbezogen Sinn und Verstehen

In der empirisch-rekonstruktiven fachdidaktisch orientierten Unterrichtsforschung wird untersucht, wie Bedeutungsaushandlungen zwischen Lehrern und Schülern mit Blick auf die fachlichen Lernprozesse der Schüler verlaufen. Diese Interaktionsanalysen zeichnen sich dadurch aus, dass sie an der thematischen Entwicklung in der Unterrichtsinteraktion, der Generierung gemeinsam geteilten fachbezogenen Wissens, interessiert sind.[5] Rekonstruktiv (oder auch interpretativ vgl. Krummheuer/ Naujok 1999) nennt sich dieser Ansatz der Unterrichtsforschung, da es sein Ziel ist, den Sinn, der von den Beteiligten in der Kommunikation erzeugt wird, Schritt für Schritt anhand von Protokollen der Unterrichtsinteraktionen zu rekonstruieren, nachzuvollziehen und zu erschließen (vgl. dazu auch Wernet 2006, 49). Unterricht wird hier also als eine in der Interaktion von Lehrern und Schülern sinnhaft konstituierte soziale Wirklichkeit begriffen, in der Bedeutungen in Bezug auf Lerngegenstände hergestellt werden.
Entscheidend für die der empirisch-rekonstruktiven Unterrichtsforschung zugrunde liegende Vorstellung ist, dass Unterricht – wie auch andere soziale Situationen – einerseits durch die kommunikativen Handlungen von den Anwesenden erzeugt wird und andererseits als Rahmung deren Handlungen immer auch erwartungsbezogen strukturiert (vgl. Wernet 2006, 49). Unterricht weist „ein gewisses Maß an Eigendynamik, Eigenständigkeit und Beständigkeit auf“ (Krummheuer 2002, 42). Er ist weder ein abgeleitetes und vorhersagbares Geschehen im Rahmen der Institution Schule noch nur Folge der seitens der Anwesenden mehr oder weniger erfolgreich realisierten Intentionen, die etwa im Fall der Lehrenden darin bestehen können, mit einer bestimmten Aufgabe in einer bestimmten Zeit die Kompetenz für eine bestimmte Rechenoperation auf Seiten der Schüler entwickeln zu wollen. Sicherlich gibt es Faktoren, die den Unterrichtsverlauf beeinflussen, wie die zur Verfügung stehenden Materialen, Zeiten und Räume etc.. Angemessen zu konzeptionieren ist Unterricht aber nur, wenn „man ihn in seiner Besonderheit als einen weitgehend in seiner Entwicklung offenen, ‚situationell' emergierenden sozialen Prozess zu analysieren versucht“ (Krummheuer 2002, 42). Das Anliegen qua-

---

[5] Vgl. z.B. für Mathematik Krummheuer/ Naujok 1999, Krummheuer 2002; für den Politikunterricht Koring 1989, Schelle 2003, Richter/ Schelle 2006; für den Geschichtsunterricht Meseth/ Proske/ Radtke 2004; Meseth/ Proske 2006, Meseth 2008, Gruschka 2008; für einen Überblick Breidenstein 2002.

litativ-rekonstruktiver Unterrichtsforschung ist es also, zu beschreiben, wie im alltäglichen Unterricht die Bedeutung von Wissen unter den jeweiligen Bedingungen und von den jeweils Anwesenden situativ hervorgebracht wird (vgl. Krummheuer/ Naujok 1999; Krummheuer 2002).

Deutlich werden in den Fallanalysen immer wieder die Bemühungen von Lehrpersonen, Schülerinnen und Schülern, anschlussfähige Aussagen zu produzieren und an Aussagen anderer Anschluss zu nehmen. Dabei geschieht es im Unterricht immer wieder, dass auch solche Anschlussoptionen vom Gegenüber realisiert werden, die für den Anderen – oder einen Teil der Anderen – als problematisch empfunden werden, da sie für ihn oder sie bestimmte Schwierigkeiten aufwerfen. Beschrieben wird dies in empirisch-rekonstruktiven Studien häufig als das Problem, dass Lehrende nicht an die Bedeutungen, die Schüler in Bezug auf die Sache herstellen, anschließen und so ein gemeinsames Bedeutungsverstehen von Schülern und Lehrern (oder auch unter Schülern) zumindest teilweise scheitert. Das heißt, es werden Äußerungen von Schülern übergangen oder zurückgewiesen, ohne dass für die Betroffenen verständlich wird, warum dies geschieht (vgl. Schelle 2003; Schelle 2000).

Dass die Lehrenden auf diese Weise Aneignungschancen der Schülerinnen und Schüler in der Unterrichtskommunikation häufig nicht erkennen, wird oft auf die im Unterricht eingeschränkten Partizipationsmöglichkeiten der Schüler und Schülerinnen zurückgeführt (vgl. z.B. Schelle 2003). Aber es können auch unterschiedliche Muster der Interaktions- und Argumentationsstruktur im Unterricht, der „interaktionale Gleichfluss" und die „interaktionale Verdichtung" (Krummheuer 2002), als Erklärung angeführt werden: Während der interaktionale Gleichfluss, der das dominante Muster im Unterricht ist, sich im Wesentlichen durch Argumentationen auf relativ niedrigem Niveau sowie durch relativ geringe Partizipationsmöglichkeiten der Schüler auszeichnet und einen routinierten Kommunikationsfluss auf Schüler- und Lehrerseite ermöglicht, besteht das Muster der interaktionalen Verdichtung aus Argumentationen auf höherem Niveau und mit höheren Partizipationsgraden der Schüler. Es erfordert allerdings auch von Schülern und Lehrern einen höheren Grad an Aufmerksamkeit, Konzentration und Engagement und lässt sich dementsprechend auch seltener im Unterrichtsalltag beobachten (vgl. Krummheuer/ Naujok 1999; Krummheuer 2002).

2.3 Zur Kritik: Unterricht ist mehr als ein Sprachverhältnis

Gemeinsamer Ausgangspunkt der beiden vorgestellten theoretischen Perspektiven auf Unterricht ist, dass Unterricht als eine soziale Situation aufgefasst wird, die durch Interaktion und Kommunikation gekennzeichnet ist, das heißt durch sprachliche Handlungen und Symbole, mittels derer eine Bedeutungsaushandlung zwischen Lehrern und Schülern sowohl im Hinblick auf fachliches Lernen als auch auf Erziehung stattfindet. Diederich (1988, 93) beschreibt im Sinne dieses Verständnisses Unterricht so: Der Lehrer hat „es nicht mit *einem* relevanten Referenten zu tun [...], sondern mit einer Vielzahl von Schülern, ihren unterschiedlichen Auffassungen davon, was in der Situation zum Thema gehört, und ihren vielfältigen und wechselnden Möglichkeiten, Engagements einzugehen. Und bei alledem hat der Lehrer *im* Unterricht nur ein einziges Mittel, *seine* Intention hervorzukehren und durchzusetzen: Kommunikation". Kommunikation ist kein linearer, vorhersagbarer Prozess, in dem der Sprechende immer schon weiß, wie sein Gesprächspartner auf seine Intentionen reagieren wird. Unterricht als Interaktion und Kommunikation zu verstehen, beinhaltet demnach eine für unterrichtliche Kommunikation grundlegende Kontingenz, eine Ungewissheit und Eigendynamik der Interaktion, anzunehmen (vgl. Proske 2006).

Führt man sich die dargestellten Ergebnisse der Forschung zur Unterrichtssprache einerseits und der empirisch-rekonstruktiven Unterrichtsforschung fachlicher Prozesse im Unterricht andererseits vor Augen, wird deutlich: Wiederkehrende Phasen mit je typischen sprachlichen Routinen sorgen offensichtlich für die Aufrechterhaltung der sozialen Situation ‚Unterricht', innerhalb derer die gemeinsame Herstellung von Bedeutungen und das gemeinsame Generieren von Wissen durch die Beteiligten gelingen oder auch scheitern kann. Auch dann, wenn Schüler und Lehrer in Bezug auf den Lerngegenstand kein gemeinsames Verständnis entwickeln, also keine füreinander anschlussfähige Äußerungen in Bezug auf die Sache formulieren, bricht Unterricht nicht ab, wenngleich die Unterrichtskommunikation im Sinne didaktischer Intentionen als nicht gelungen beurteilt werden könnte.

Auffällig ist nun, dass in beiden Perspektiven Unterricht als ein ‚Sprachverhältnis' gedacht wird, also nur Sprechhandlungen, aber nicht die Materialität und die Körperlichkeit der unterrichtlichen Praktiken in den Analysen berücksichtigt werden (vgl. Alkemeyer 2006; Alkemeyer/ Pille 2008). Im Unterricht wird jedoch nicht nur kommuniziert: Zum einen gibt es Situationen, wie z.B. die Stillarbeit der Schüler, in denen Kommunikation – zumindest für die Schüler – untersagt ist. Zum anderen aber bewegen Schüler und Lehrer ihre Körper im Unterricht und hantieren mit Materialien und Artefakten (wie z.B. mit Stühlen und Tischen, Heften und Computern). Sprechen selbst stellt einen körperlichen Akt dar. Das Sprechen wird zudem begleitet von Gestik und Mimik. Artefakte sind der Kommunikation nicht äußerlich, sondern Bestandteile sozialer Praktiken. So macht das Arbeiten am Computer beispielsweise bestimmte Sprechhandlungen, Körperbewegungen und Gesten überhaupt erst möglich und notwendig. Im Kern heißt das: Es gibt keinen Unterricht, ohne dass gesprochen wird. Gerade auch im Zusammenhang mit Prozessen der Wissensvermittlung in Schule spielt die symbolische Ebene der Sprache eine zentrale Rolle. Es gibt aber auch keinen Unterricht, ohne dass sich jemand bewegt, ohne dass mit Material und Artefakten, in Raum und Zeit agiert wird. Sprechen und Handeln können dabei in unterschiedlicher Beziehung zueinander stehen, ihre Bedeutungen können ineinander aufgehen, sich widersprechen, verstärken oder abschwächen, das Gesagte kann durch die Bewegungen, durch Gestik und Mimik unterstützt, bekräftigt, modifiziert, zurückgenommen oder ihm kann widersprochen werden. Die diesem Arbeitsbuch zugrunde liegende Konzeptualisierung von Unterricht als Interaktion und Kommunikation kann also in Zukunft durch die materielle und körperliche Dimension sozialer Praktiken erweitert werden (vgl. Kolbe/ Reh/ Fritzsche/ Idel/ Rabenstein 2008; Rabenstein/ Reh 2008; Rabenstein 2010). Da jedoch mit der Analyse von Sprechhandlungen in jedem Fall ein zentraler Bestandteil von Unterricht als sozialer Wirklichkeit erfasst wird, lohnt es, sich in diesem Arbeitsbuch darauf zu konzentrieren und an anderer Stelle den Blick auf die Körperlichkeit unterrichtlicher Prozesse zu werfen und diese differenziert zu analysieren.

Literatur

Alkemeyer, Th. (2006): Lernen und seine Körper. Habitusformungen und -umformungen in Bildungspraktiken. In: Friebertshäuser, B./ Rieger-Ladich, M./ Wigger, L. (Hrsg.): Reflexive Erziehungswissenschaft Forschungsperspektiven im Anschluss an Pierre Bourdieu. Wiesbaden, 119-142.

Alkemeyer, Th./ Pille, Th. (2008): Schule und ihre Lehrkörper. Das Referendariat als Trainingsprozess. In: Zeitschrift für Soziologie der Erziehung und Sozialisation, 28 (2), 137-154

Arnold, K.-H./ Koch-Priewe, B. (2008): Allgemein und fachlich bildender Unterricht: Die integrative Perspektive der kritisch-konstruktiven Didaktik. In: Meyer, M./ Prenzel, M./ Hellekamps, S. (Hrsg.): Perspektiven der Didaktik. Zeitschrift für Erziehungswissenschaft, 2008 (Sonderheft 9) , 87-100

Baumert, J./ Lehmann, R./ Lehrke, M. u.a. (1997): TIMSS – Mathematisch-naturwissenschaftlicher Unterricht im internationalen Vergleich. Deskriptive Befunde. Opladen

Blankertz, H. (1982): Die Geschichte der Pädagogik. Von der Aufklärung bis zur Gegenwart. Wetzlar

Blömeke, S./ Herzig, B./ Tulodziecki, G. (2007): Zum Stellenwert empirischer Forschung für die Allgemeine Didaktik. In: Unterrichtswissenschaft, 35 (4), 355-381

Blömeke, S./ Müller, Ch. (2008): Zum Zusammenhang von Allgemeiner Didaktik und Lehr-Lernforschung im Unterrichtsgeschehen. In: Zeitschrift für Erziehungswissenschaft, 2008 (Sonderheft 9), 239-257

Breidenstein, G. (2002): Interpretative Unterrichtsforschung – eine Zwischenbilanz und einige Zwischenfragen. In: Breidenstein, G./ Combe, A./ Helsper, W./ Stelmaszyk, B. (Hrsg.): Forum Qualitative Schulforschung 2. Interpretative Unterrichts- und Schulbegleitforschung. Opladen, 11-28

Brezinka, W. (1990): Grundbegriffe der Erziehungswissenschaft. München/Basel

Clausen, M./ Reusser, K./ Klieme, E. (2003): Unterrichtsqualität auf der Basis hoch-interferenter Unterrichtsbeurteilungen. Ein Vergleich zwischen Deutschland und der deutschsprachigen Schweiz. In: Unterrichtswissenschaft, 31 (2), 122-141

Combe, A. (1997): Interaktionsdynamik und professionelles Handeln von Lehrern. In: Buchen, S. u.a. (Hrsg.): Jahrbuch für Lehrerfortbildung. Bd. 1. Weinheim/München. 165-177

Combe, A./ Helsper, W. (1994): Was geschieht im Klassenzimmer? Perspektiven einer hermeneutischen Schul- und Unterrichtsforschung. Zur Konzeptualisierung der Pädagogik als Handlungstheorie. Weinheim/München.

Diederich, J. (1988): Didaktisches Denken. Eine Einführung in Anspruch und Aufgabe, Möglichkeiten und Grenzen der Allgemeinen Didaktik. Weinheim/München

Diederich, J./ Tenorth, H.-E. (1997): Theorie der Schule. Ein Studienbuch zu Geschichte, Funktionen und Gestaltung. Berlin

Fend, H. (2002): Mikro- und Makrofaktoren eines Angebots-Nutzungsmodells von Schulleistungen. Zum Stellenwert der Pädagogischen Psychologie bei der Erklärung von Schulleistungsunterschieden verschiedener Länder. In: Zeitschrift für Pädagogische Psychologie, 16 (3-4) , 141-149

Gruschka, A. (2008): Präsentieren als neue Unterrichtsform. Die pädagogische Eigenlogik der Methode. Pädagogische Fallanthologie, Band 1. Opladen & Farmington Hills

Heimann, P. (1962): Didaktik als Theorie und Lehre. In: Die Deutsche Schule, 54 (9), 407-427

Heimann, P./ Otto, G./ Schulz,. W. (1965): Unterricht – Analyse und Planung. Hannover

Helmke, A. (2003): Unterrichtsqualität. Erfassen, Bewerten, Verbessern. Seelze

Helmke, A./ Jäger, R. (Hrsg.) (2002): Das Projekt MARKUS. Mathematik-Gesamterhebung Rheinland-Pfalz. Kompetenzen, Unterrichtsmerkmale, Schulkontext. Landau

Hugener, I. (2008): Inszenierungsmuster im Unterricht und Lernqualität. Sichtstrukturen schweizerischen und deutschen Mathematikunterrichts in ihrer Beziehung zu Schülerwahrnehmung und Lernleistung. Eine Videoanalyse. Münster

Klafki, W. (1963): Studien zur Bildungstheorie und Didaktik. Weinheim

Klafki, W. (1990): Abschied von der Aufklärung? Grundzüge eines bildungstheoretischen Gegenentwurfs. In: Krüger, H.-H. (Hrsg.): Abschied von der Aufklärung. Perspektiven der Erziehungswissenschaft. Opladen, 91-102

Klieme, E./ Rakoczy, K. (2008): Empirische Unterrichtsforschung und Fachdidaktik. Outcome-orientierte Messung und Prozessqualität des Unterrichts. In: Zeitschrift für Pädagogik, 54 (2), 222-237

Klieme, E./ Schümer, G./ Knoll, S. (2001): Mathematikunterricht in der Sekundarstufe I: „Aufgabenkultur“ und Unterrichtsgestaltung. In: Bundesministerium für Bildung und Forschung (BMBF) (Ed.): TIMSS – Impulse für Schule und Unterricht. Bonn

Kolbe, F.-U./ Reh, S./ Fritzsche, B./ Idel, T.-S./ Rabenstein, K. (2008): Theorie der Lernkultur. Überlegungen zu einer kulturwissenschaftlichen Grundlegung qualitativer Unterrichtsforschung. In: Zeitschrift für Erziehungswissenschaft, 11 (1), 125-143

Koring, B. (1989): Eine Theorie pädagogischen Handelns. Theoretische und empirisch-hermeneutische Untersuchungen zur Professionalität pädagogischen Handelns. Weinheim

Krummheuer, G. (2002): Eine interaktionistische Modellierung des Unterrichtsalltags – entwickelt in interpretativen Studien zum mathematischen Grundschulunterricht. In: Breidenstein, G./ Combe, A./ Helsper, W./ Stelmaszyk, B. (Hrsg.): Forum Qualitative Schulforschung 2. Interpretative Unterrichts- und Schulbegleitforschung. Opladen, 41-60

Krummheuer, G./ Naujok, N. (1999): Grundlagen und Beispiele Interpretativer Unterrichtsforschung. Opladen

Lüders, M. (2003): Unterricht als Sprachspiel. Eine systematische und empirische Studie zum Unterrichtsbegriff und zur Unterrichtssprache. Bad Heilbrunn

Mehan, H. (1979): Learning Lessons. Cambridge (Mass.): Harvard University Press

Meseth, W./ Proske, M./ Radtke, F.-O. (Hrsg.) 2004): Schule und Nationalsozialismus. Anspruch und Grenzen des Geschichtsunterrichts. Frankfurt/Main

Meseth, W./ Proske, M. (2006): Nationalsozialismus und Holocaust als Thema des Geschichtsunterrichts. Erziehungswissenschaftliche Beobachtungen zum Umgang mit Kontingenz. In: Günther-Arndt, H./ Sauer, M. (Hrsg.): Geschichtsdidaktik empirisch. Untersuchungen zum historischen Denken und Lernen. Münster, 127-154

Meseth, W. (2008): Schulisches und außerschulisches Lernen im Vergleich. Eine empirische Untersuchung über die Vermittlung der Geschichte des Nationalsozialismus im Unterricht, in außerschulischen Bildungseinrichtungen und in Gedenkstätten. In: kursiv. Journal für politische Bildung, 11 (1), 74-83

Proske, M. (2006): Die Innovierung der empirischen Unterrichtsforschung und das Problem der Kontingenz: Zur Reichweite neuerer theoretischer und methodologischer Ansätze. In: Rahm, S./ Mammes, I./ Schratz, M. (Hrsg.): Schulpädagogische Forschung, Unterrichtsforschung, Perspektiven innovativer Ansätze. Innsbruck, 139-152

Rabenstein, K. (2010): Individuelle Förderung in unterrichtsergänzenden Angeboten an Ganztagsschulen: ein Fallvergleich. In: Appel, S. u.a. (Hrsg.): Jahrbuch Ganztagsschule 2010, Leitthema Förderung. Bad Schwalbach, 23-31

Rabenstein, K./ Reh, S. (2008): Über die Emergenz von Sinn in pädagogischen Praktiken. Möglichkeiten der Videographie im ‚Offenen Unterricht'. In: Koller, Ch (Hrsg.): Sinnkonstruktion und Bildungsgang. Opladen/Farmington Hills, 137-156

Reusser, K. (2008): Empirisch fundierte Didaktik – didaktisch fundierte Unterrichtsforschung. In: Zeitschrift für Erziehungswissenschaft, 2008 (Sonderheft 9), 219-237

Reusser, K./ Pauli, Ch. (Hrsg.) (2003): Mathematikunterricht in der Schweiz und in weiteren sechs Ländern. Bericht über die Ergebnisse einer internationalen und schweizerischen Video-Unterrichtsstudie. Doppel CD-Rom (Schlussbericht mit Videodokumentation). Universität Zürich

Richter, D./ Schelle, C. (2006): Politikunterricht evaluieren. Ein Leitfaden zur fachdidaktischen Unterrichtsanalyse. Baltmannsweiler

Schelle, C. (2003): Politisch-historischer Unterricht hermeneutisch rekonstruiert. Von den Ansprüchen Jugendlicher sich selbst und die Welt zu verstehen. Bad Heibrunn

Schelle, C. (2000): Privatheit in einem halböffentlichen Diskurs – Sozialität im Austausch von Lehrer-Schüler-Lebenswelten. In: Richter, Dagmar (Hrsg.): Methoden der Unterrichtsinterpretation. Qualitative Analysen einer Sachunterrichtsstunde im Vergleich. Weinheim, 185-210

Schulz, W. (1980): Unterrichtsplanung. München

Seidel, T./ Prenzel, M. (2004): Muster unterrichtlicher Aktivitäten im Mathematikunterricht. In: Doll, J./ Prenzel, M. (Hrsg.): Bildungsqualität von Schule. Lehrerprofessionalisierung, Unterrichtsentwicklung und Schülerförderung als Strategien der Qualitätsverbesserung. Münster, 177-194

Terhart, E. (1994): Unterricht. In: Lenzen. D. (Hrsg.): Erziehungswissenschaft. Ein Grundkurs. Reinbek bei Hamburg, 133-158

Tulodziecki, G./ Herzig, B./ Blömeke, S. (2004): Gestaltung von Unterricht. Eine Einführung in die Didaktik. Bad Heilbrunn

Wernet, A. (2006): Hermeneutik – Kasuistik – Fallverstehen. Stuttgart

Zinnecker, J. (2000): Soziale Welten von Schülerinnen und Schüler. Über populare, pädagogische und szientifische Ethnographen. In: Zeitschrift für Pädagogik, 46 (5), 667-690

Carla Schelle

3 Wie sind Unterrichtstranskripte zu interpretieren? Methodische Ansätze und Hinweise für das Interpretieren in Seminaren

Fallarbeit ist angewiesen auf die Beobachtung und letztlich auf die Dokumentation von Fällen aus der Schul- und Unterrichtspraxis. Unabdingbare Voraussetzung für den Zugang zu dieser sind Kontakte zu Schulen, zu Lehrpersonen und zu Schulklassen. Die Anwesenheit im Feld ermöglicht die Aufzeichnung von Beobachtungen des Unterrichts, die Protokollierung von Gesprächen.

Die Situationen und Gespräche, die in den nachfolgenden Kapiteln dokumentiert und interpretiert sind, lassen sich in gewisser Weise als Resultate sogenannter Teilnehmender Beobachtung verstehen. Zu deren Merkmalen gehört, dass Lernende und Lehrperson von den Beobachtenden im „Feld" (Unterricht) aufgesucht werden, die Beobachtenden im Unterricht anwesend sind, aber nicht am Unterricht teilnehmen, die Beobachtenden nicht in den Unterrichtsablauf eingreifen, sich deren Anwesenheit dennoch auswirkt (z.B. Blickwechsel), die Beobachtenden das „Erlebnis" des Unterrichts mit den anderen Beteiligten teilen, trotz alledem von den Beobachtenden vermieden wird, besondere Aufmerksamkeit auf sich zu ziehen, die Beobachtung nicht theorielos stattfindet, vielmehr prinzipiell von Vorwissen geleitet ist und schon deshalb selektiv ist und schließlich die Ergebnisformulierung auf der Ebene der Beobachtung noch offen bleibt.

Die meisten Beobachtungen im Bereich von Schule und Unterricht finden allerdings unter ausgewählten Fragestellungen statt, häufig gibt es ein bestimmtes (Erkenntnis-)Interesse. Situationen können den Beobachtern und Beobachterinnen auch deshalb ins Auge fallen, weil sie einschneidend sind, einen Phasenwechsel markieren, irgendwie aus dem Rahmen fallen, es kontrastierende Vor-Erfahrungen gibt, sie an Erwartungen rückgebunden werden,

die bereits vor der Beobachtungssituation aufgebaut wurden oder weil sie eine unmittelbare, mehr und weniger bewusste Reaktion auslösen (Empörung, Freude usf.).
Alles in allem handelt es sich bei den aufgezeichneten Beobachtungen um Konstruktionen der sozialen Wirklichkeit (vgl. Reh/ Rabenstein 2005, 51). Das heißt, beobachtende Personen „unterstellen dem sozialen Handeln der beobachteten Individuen aus ihrer Perspektive einen sozialen Sinn: Sie bilden Konstruktionen über die Konstruktionen der Handelnden aus" (Merkens 1989, 14; vgl. Merkens 2007). Gertrud Beck und Gerold Scholz „nennen dies: Wahrnehmungseinstellung. Eine bestimmte Einstellung fördert bestimmte Wahrnehmungen und diese wiederum bestimmte Einstellungen. (...) Wir (…) haben zu zweit zur selben Zeit in derselben Klasse gesessen, beobachtet und mitgeschrieben. Bei manchen Protokollen könnte eine Leserin meinen, wir würden zwei verschiedene Klassen beschreiben" (Beck/ Scholz 1995, 19). Es müsste also eine Beobachtung der Beobachtung geben.
Unser Vorgehen hier ist bescheidener an den Erfordernissen der schulischen Praxis orientiert und sucht den Weg über möglichst technisch dokumentierte Handlungen und Abläufe. Es sollen dabei die beschriebenen „blinden" Flecken nicht ignoriert werden, sondern die Grenzen der Beobachtung immer präsent bleiben und fortlaufend reflektiert werden.
Grundsätzlich kann Unterricht mit unterschiedlichen „Techniken" tatsächlich aufgezeichnet werden: (a) handschriftlich mit Stift und Papier, sinngemäß und/oder wortwörtlich einem vergänglichen Höreindruck nach, einer bestimmten Wahrnehmung folgend, in so genannten (Feld)Protokollen; (b) technisch mit Tonband (audio) sowie audio-visuell mit Kamera, „wieder"-holbar, mit der Möglichkeit wörtlich genaue Protokolle, verschiedene Formen von Transkripten anzufertigen und zu revidieren (vgl. Schelle 2003a).
Von besonderem Vorteil bei der videographischen Aufzeichnung im Unterschied zu handschriftlich festgehaltenen Beobachtungen ist die Möglichkeit, die Unterrichtsabläufe in Echtzeit zu „wieder"holen; die Dynamik und die Geschwindigkeit des ursprünglichen Geschehens sind konserviert. So kann die „Lebendigkeit" einer Szene, eines Gesprächs, also der Sequenz, die analysiert wird, immer wieder zum Vorschein gebracht werden. Interpretierende, die im Feld anwesend waren, können sich die Dramaturgie des Geschehens sowie Mimik, Gestik und Körpersprache der Akteure und Akteurinnen erneut vor Augen führen und sich ergänzend zu der Transkription das Bild der äußeren Bedingungen, etwa von der Ausstattung des Raumes, in dem der aufgezeichnete Unterricht stattfand, zurück rufen. Natürlich können die Aufzeichnungen keineswegs Vollständigkeit beanspruchen, auch ein Kameraauge

kann nicht alle Handlungen innerhalb eines Klassenzimmers erfassen. Das Transkript einer Audioaufnahme enthält ebenfalls nur die für die transkribierende Person akustisch verständlichen sprachlichen Äußerungen.

Wir gehen bei allen genannten Formen des Aufzeichnens davon aus, dass Selektivität nicht völlig kontrolliert werden kann. Das menschliche Auge und auch die Kamera – schließlich geführt durch eine beobachtende Person, die sich für eine bestimmte Perspektive, eine bestimmte Einstellung entscheidet – fokussiert bloß Ausschnitte. Momente, die für das Auge vergänglich sind, kann die Kamera dokumentieren und fixieren. In beiden Fällen wird es die bereits thematisierten „blinden" Flecken geben. Beobachtungen sind also keineswegs objektiv.

Da wir zunächst davon ausgehen, „dass sich die sinnstrukturierte Welt durch Sprache konstituiert und in Texten materialisiert", stellt für die Rekonstruktion einer Handlung, einer Fallstruktur, ein schriftlich fixierter Text eine durchaus zentrale Datengrundlage dar. „Der Gegenstand der sinnverstehenden Wissenschaften bildet sich erst durch die Sprache und tritt in Texten in Erscheinung. Die soziale Wirklichkeit ist textförmig. (...) Eine verstehende, methodisch kontrollierte Wirklichkeitserforschung *ist* Texterforschung" (Wernet 2000, 11f.)[1], kann man aus der Sicht der Objektiven Hermeneutik formulieren. In diesem Sinne beschränken wir uns in dieser Veröffentlichung auf die Interpretation von Gesprächstranskripten. Sequentielle Analysen von Videos oder Standbildern, die Mimik, Gestik, Körpersprache, kurz pädagogische Praktiken im Raum rekonstruieren, müssen einer nachfolgenden Veröffentlichung vorbehalten bleiben.

In den nachstehenden Kapiteln dieses Buches werden exemplarisch Fälle präsentiert, die aus unterschiedlichen Kontexten hervorgegangen sind (Forschung, universitäre Lehrveranstaltungen, Schulpraktika) und unterschiedlich transkribiert sind. Die Fälle, die aus eigenen Studien- und Forschungsprojekten stammen, folgen jeweils einheitlichen Regeln. Da uns insgesamt an einer Reichhaltigkeit und Verschiedenartigkeit der Szenen – Unterricht aus verschiedenen Schultypen, verschiedener Jahrgangsstufen und Fächer – gelegen ist, haben wir in den letzten Semestern damit begonnen, auch Material aus der Seminararbeit mit Studierenden zu sammeln und zu archivieren. So liegen außerdem eine Reihe von Protokollen vor, die aus handschriftlichen Mitschriften von Unterrichtsverläufen zumeist mehrerer Studierender entstanden sind. Hier lässt sich von einem Typus von Protokollen sprechen, die an den

---

[1] Zur methodologischen Positionierung auch im Verhältnis zu angrenzenden Verfahren siehe Wernet 2006.

Bedingungen von Unterrichtshospitationen durch Studierende zu Ausbildungszwecken pragmatisch ausgerichtet sind (z.B. keine langen Wege der Genehmigungen, kein technischer Aufwand). Diese Protokolle sind uns bei der Sichtung der Archive aufgefallen, weil sie einen besonderen thematischen Bezug zu der hier bearbeiteten Fragestellung nach der Kommunikation im Unterricht aufweisen. Auch wenn damit keine „wieder“holbaren audio-visuellen Aufzeichnungen vorliegen, so halten wir doch die Passagen für so interessant, dass wir sie hier wiedergeben möchten. Es sind – wenn man so will – Protokolle zweiten Grades. Gerade für diese gilt, dass sie unter einfachen Bedingungen und gewissermaßen ressourcenarm entstandenen sind. Wir haben uns bemüht, deren Lesbarkeit durch Anpassung zu optimieren (s.u. Aufbau und Umgang mit den Fallkapiteln).

1 Methodisches Vorgehen bei der Interpretation

Im Folgenden wollen wir kurz skizzieren, was sequentielle Verfahren zur Analyse von Unterrichtsszenen und von Lehrer- sowie Schülergesprächen über Unterricht, die einer „fallorientierten Praxisforschung“ (Combe/ Reh 2000) zugeordnet werden können, ausmachen. Angelehnt an die Methode der Objektiven Hermeneutik stellen wir unsere Vorgehensweise, ein pragmatisches, in der Seminararbeit handhabbares Verfahren, vor und diskutieren davon ausgehend, in welcher Weise einige ausgewählte andere methodische Verfahren, die aus unterschiedlichen sozialwissenschaftlichen Kontexten entwickelt wurden, dieser ähneln oder sich von ihr unterscheiden (siehe hierzu Wernet 2006).

1.1 Ursprung und grundlegende Begriffe sequentieller Verfahren

Mit dem hier gewählten sequenzanalytischen Verfahren ist eine Vorgehensweise gewählt, die in wirklich kleinen Schritten, nämlich zunächst von Wort zu Wort über die Bildung so genannter „Lesarten“ zu einer Rekonstruktion des Sinnes, der Struktur einer Sequenz, also zu einer Interpretation gelangt. Warum tut man so etwas?

Einige Bemerkungen zu den Ursprüngen und zur Genese der Objektiven Hermeneutik sollen versuchen, diese Frage zu beantworten.

Mit dem von Ulrich Oevermann entwickelten Ansatz können Sprache und Handeln im wahrsten Sinne des Wortes unter die Lupe genommen werden. Gewissermaßen detektivisch machen wir uns auf die Spurensuchen nach verschütteten Strukturen (Oevermann 1970). Es geht in diesem Sinne darum, soziales Handeln zu verstehen und zu durchschauen, das sich in einem bestimmten Gebrauch von Sprache abbildet. Betrachtet man Unterricht als ein Interaktions- und Kommunikationssystem (vgl. 2. Kapitel), so stellt dieser struktural-hermeneutische Ansatz für eine fallorientierte Lehrerbildung ein wichtiges methodisches Instrumentarium dar. Unterricht wird konzeptualisiert als Lebenspraxis, die selektiv Anschlussoptionen wählend und verwerfend voranschreitet. Sie ist durchzogen von bewusstem und unbewusstem Regelwissen der Akteure und von Strukturen.

Zentrales Ziel der Objektiven – oder auch als struktural bezeichneten – Hermeneutik, die ihren Ausgangspunkt in der frühen Sozialisationsforschung nimmt (Oevermann 1970; 1971), sind sogenannte latente Sinnstrukturen oder objektive Bedeutungsstrukturen, die unabhängig von subjektiven Interpretationen gelten. So wird beim Interpretieren oder, wie es in der Sprache dieses Verfahrens heißt, beim Bilden von Lesarten gerade nicht versucht, den subjektiven Niederschlag im Bewusstsein der Handelnden nachzuvollziehen. Ausgegangen wird vielmehr davon, dass jede subjektive Disposition (Erwartung, Meinung, Wertvorstellung, Vorstellung, usf.) nur über Ausdrucksgestalten, über Spuren vermittelt zum Tragen kommt und so methodisch greifbar bzw. überprüfbar ist (vgl. Oevermann 1996; überarbeitet 2002).

Um mit Andreas Wernet zu sprechen: „Dass die Objektive Hermeneutik sich als Verfahren der Rekonstruktion latenter Sinnstrukturen versteht, heißt zunächst, dass die Interpretation den Text *nicht* aus der Perspektive der Motive und Intentionen der Handelnden deutet“ (Wernet 2000, 18). Es schlägt sich die „methodologische Grundausrichtung der Objektiven Hermeneutik als Verfahren der Rekonstruktion *latenter Sinnstrukturen* vor allem in Abgrenzung zu einer inhaltsparaphrasierenden und auf Aussage- und Sprecherintention orientierten Text- und Sinninterpretation“ nieder (Wernet 2000, 26).

„Latente Sinnstrukturen und objektive Bedeutungsstrukturen sind also jene abstrakten, d.h. selbst sinnlich nicht wahrnehmbaren Konfigurationen und Zusammenhänge, die wir alle mehr oder weniger gut und genau ‚verstehen' und ‚lesen', wenn wir uns verständigen, Texte lesen […] und alle denkbaren Begleitumstände menschlicher Praxis wahrnehmen, die in ihrem objektiven Sinn durch bedeutungsgenerierende Regeln erzeugt werden und unabhängig von unserer je subjektiven Interpretation objektiv gelten“ (Oevermann 2002, 2).

Die überindividuelle Strukturiertheit der Lebenspraxis ist, und darum bemüht sich die objektive bzw. strukturale Hermeneutik, von ihrer subjektiven Repräsentanz zu unterscheiden (Combe/ Helsper 1991, 250).

Objektivität und Geltungsüberprüfung kann deshalb beansprucht werden, „weil jene zu rekonstruierenden Sinnstrukturen durch prinzipiell angebbare

Regeln und Mechanismen algorithmischer Grundstruktur präzise überprüfbar und lückenlos am jederzeit wieder einsehbaren Protokoll erschlossen werden können“ (Oevermann 1996, 4). Erst dann sind in einem nächsten Schritt Rückschlüsse auf die innere psychische Realität der beteiligten Subjekte zulässig.

Das Verfahren der Analyse folgt der Sequentialität einer Äußerung oder einer Handlung. Unter Sequentialität ist „die mit jeder Einzelhandlung als Sequenzstelle sich von neuem vollziehende, durch Erzeugungsregeln generierte Schließung vorausgehend eröffneter Möglichkeiten und Öffnung neuer Optionen in eine offene Zukunft“ (Oevermann 2002, 7) zu verstehen.

Krise und Routine sind wesentliche Grundbegriffe dieses Verfahrens. Handlungen können eine besondere Form annehmen, indem etwa Druck entsteht oder erzeugt wird, ein Zustand in die Schwebe gerät, entschieden bzw. umentschieden werden muss. Wenn auch nur für den Bruchteil von Sekunden und von außen kaum wahrnehmbar, so entsteht doch kurzfristig eine Offenheit, die bewältigt wird, die dazu führt, dass eine Handlung fortschreiten kann. Unter dieser Betrachtungsweise sind Sequenzstellen Momente potentieller Krisen und daher für die Analyse interessant.

Erst in manifesten Krisensituationen transformiert eine konkrete Lebenspraxis ihre Ablaufgesetzlichkeit und verändert ihre Struktur. Entscheidungszwang und Begründungsverpflichtung sind dabei konstitutiv, wobei die Fallstrukturgesetzlichkeit (siehe unten 3.1.2) jenseits des bewusstseinsfähigen Selbstbildes entwickelt wird, also den Handelnden zumeist nicht bewusst ist.

Was den Zusammenhang von Daten und Theorie(bildung) anbelangt, so heißt es bei Oevermann: „Die Daten sind nicht dazu da, die Theorie, sondern die Wirklichkeit selbst *authentisch* zum Ausdruck zu bringen“ (Oevermann 1996, 26). Es geht um die unverstellte Wirklichkeit – um die „‚Sprache des Falls'“ – operiert wird dabei „ausschließlich mit Bezug auf die lesbaren, hörbaren und sichtbaren Zeichen und Markierungen des je zu rekonstruierenden Protokolls“ (ebd.). Die Interpreten vergegenwärtigen sich „die innere Struktur der Wirklichkeit selbst als abstrakte Sinnkonfigurationen (...), die dann schon als reale Strukturen den Gehalt von theoretischen Begriffen und Modellen ausmacht“ (ebd., 26f.). Theorien sind also die geronnenen Fallrekonstruktionen. Es ist dem Interpreten nicht daran gelegen, vorhandene, theoretische Begriffe am Material zu erläutern; dies wäre subsumtiv. Andererseits ist es bei der Produktion von Lesarten „geradezu aberwitzig, wenn der objektive Hermeneut dabei sein ebenfalls zu seinem Leben gehörendes Wissen über Theorien als eine Erfahrungsquelle unter vielen anderen künstlich nicht anzapfen würde“ (ebd., 32).

Die Rekonstruktion eines Textes, seines Sinnes bzw. seiner sinnhaften Strukturiertheit, die sich in der Folge der Sequenzen ergibt, muss bestimmte Voraussetzungen und Bedingungen berücksichtigen. Angestrebt wird, einen Text wörtlich in seiner Folge zu deuten und möglichst extensiv auszulegen, also möglichst viele erdenkliche Lesarten in Betracht zu ziehen. Dazu ist die gemeinsame Interpretation von Texten in möglichst heterogenen Gruppen ein geeignetes Verfahren. Die Auslegungen bzw. die Rekonstruktion erfolgt ohne Handlungsdruck, denn die Zeit ist gewissermaßen mit der Textvorlage zum Stillstand gebracht, sie ist in Protokolltexten fixiert. Den einzelnen Textelementen werden Sinn und Rationalität unterstellt, sie werden nicht als zufällig betrachtet.
Das Analyseverfahren ermöglicht, anhand genauer Protokolle, Abläufe und Handlungen sequenziell, das heißt Wort für Wort, Satz für Satz, usf. zu rekonstruieren, Lesarten zu bilden und (Struktur-)Thesen aufzustellen und unter Hinzuziehung weiterer Textpassagen zu prüfen, auszuscheiden, aufrechtzuerhalten, bis zu dem Zeitpunkt, an dem eine Fallstruktur bzw. eine Fallstrukturgesetzlichkeit, das heißt die Struktur der Auswahl aus den zu wählenden Anschlussmöglichkeiten, formuliert werden kann.
Dieses Herangehen – verbunden mit dem Anspruch die Schritte der Analyse transparent darzulegen und nachvollziehen zu können – macht deutlich, dass es der strukturalen bzw. Objektiven Hermeneutik um das Aufdecken von (Interaktions-)Zusammenhängen geht, die den jeweils Handelnden nicht ohne Weiteres zugänglich sind.

1.2 Fallrekonstruktionen zu Schule und Unterricht

Mit Horst Rumpf, einem Schulpädagogen, kann die besondere Leistung, der Zugewinn der Objektiven Hermeneutik auf die Formel einer „Detektivarbeit gegen schnelles Bescheidwissen" gebracht werden (vgl. Rumpf 1991). Als „Klassiker" einer solchermaßen verlangsamten Betrachtung des Unterrichts lassen sich hier beispielgebend zwei Studien nennen, die über den aufgezeigten methodischen Zugang einen Beitrag zur Professionalisierung von Lehrerhandeln zu leisten vermögen. Eine Studie von Bernhard Koring interpretiert die Sequenz einer Sozialkundestunde aus den unterschiedlichen Perspektiven der am Unterricht und im wissenschaftlichen Diskurs Beteiligten (Koring 1989). Arno Combe und Werner Helsper formulieren in ihrer erstmals 1994 publizierten Studie „Was geschieht im Klassenzimmer?" den Anspruch, „einen bestimmten Zugang der Schul- und Unterrichtsforschung vorzuführen, von dem" die Autoren „annehmen, daß er eine Professionalisierungsperspektive für das pädagogische Handeln enthält, bei der hermeneutische Methode

und handlungstheoretische Konzeptualisierung der Pädagogik im übrigen zwingend aufeinander angewiesen sind“ (Combe/ Helsper 1994, 10).
Wir haben uns für das Analyseverfahren der Objektiven Hermeneutik entschieden, weil dieses unseres Erachtens nach besonders geeignet ist, Interaktionen als Produktionen von sozialem Habitus und verschiedenen Kulturen zu rekonstruieren. Es ist uns daran gelegen, in den dokumentierten Äußerungen und damit immer auch in den Handlungen Strukturen der Bedeutungsgenerierung zu entdecken und nicht etwa herauszufinden, welchen Intentionen die einzelnen Personen, etwa ein Lehrer oder eine Lehrerin, folgen (vgl. Oevermann u.a. 1979). Die Objektive Hermeneutik reklamiert zwar, Subjektivität methodisch kontrolliert zu analysieren und gerade nicht zu unterschlagen, aber sie tut dieses über die Rekonstruktion von einzelfalllogischen Sinnstrukturen. Sie zielt nicht verkürzt und spekulativ auf das ab, was jemand meint und denkt. „Die objektive Hermeneutik führt das Eigenschaftswort ‚objektiv‘ [...] notwendig im Titel, weil sie sich grundsätzlich von Operationen des auf die Psyche oder Seele des anderen gerichteten Fremd-Verstehens, aber auch von den Operationen der Introspektion frei macht“ (Oevermann 1993, 141).
Das gewählte Analyseverfahren für die vorliegenden Protokolle des Unterrichts erlaubt uns, die Handlungen und Entscheidungen, die ihn konstituieren, deutend zu erschließen, indem Möglichkeiten bzw. Optionen Schritt für Schritt expliziert und rekonstruiert werden. Gefragt wird danach, welche Handlung sich einer vorangehenden anschließt und welche Handlungen alternativ möglich gewesen wären. Hier wird gleichsam ein reflexives Verhältnis zum späteren Berufshandeln – wenn auch zunächst bloß projektiv – entwickelt. Ziel universitärer Fallarbeit „ist die Förderung und Schärfung von Wahrnehmungs-, Interpretations- und Reflexionskompetenz für das Schulehalten, die bei der späteren Berufstätigkeit ein angemesseneres, mehrperspektivisch differenziertes und rascheres Erfassen der Strukturen, Handlungsprobleme und Lösungsmöglichkeiten erlauben“ (Beck u.a. 2000, 27).
In der universitären Ausbildungssituation wird auf diese Art den künftigen Lehrerinnen und Lehrern ermöglicht, sich in Ruhe und distanziert – ohne Handlungsdruck – einer Situation, einer Szene zu zuwenden und sie zu interpretieren. In Interpretationen können verschiedene Deutungen und Lesarten entwickelt, gedanklich durchgespielt und Hypothesen generiert werden. Erfahrungen mit Seminaren zur hermeneutischen Analyse von Unterrichtsmitschnitten und -szenen zeigen, dass Studierende in einem solchen qualitativen Verfahren zur Unterrichtsanalyse einen Zugang sehen, um textbezogen und systematisch über fachdidaktisches und pädagogisches Handeln zu reflektieren – auch um für sich daraus etwa Entwicklungsaufgaben abzuleiten.

Es geht bei diesem Verfahren nicht um die Bewertung von Unterricht, sondern zunächst darum zu eruieren, was geschieht und was die Logik des Unterrichtsgeschehens ist. Um Aussagen darüber machen zu können, wie im Unterricht kommuniziert wird, muss man etwa fragen, an welchen Stellen Lehrpersonen, Schülerinnen und Schüler sich äußern, inwiefern diese Äußerungen aufgegriffen, weitergeführt werden oder auch unberücksichtigt bleiben. Wesentliches kann also über den Unterricht und das Handeln der am Unterricht Beteiligten in Erfahrung gebracht und erörtert werden, wenn man zusätzlich zu Hospitation und Beobachtungsberichten wörtliche Protokolle der Äußerungen, der Interaktionen vorliegen hat. Damit nämlich besteht die Möglichkeit, erste Eindrücke und Empfindungen zu prüfen. Die eigenen subjektiven Sichtweisen des Interpreten sind so als Teil der Beobachtungssituation zu reflektieren und dabei sollte nicht aus dem Auge verloren werden, dass die beobachteten Lehrerinnen und Lehrer und die Schülerinnen und Schüler ihrerseits sinngeleitet und rational handeln.

1.3 Die Durchführung einer Sequenzanalyse: Schritt für Schritt

Anhand einer kleinen Szene, bei der es sich um das handschriftliche Protokoll einer Studentin handelt, soll an dieser Stelle exemplarisch und abgekürzt skizziert werden, wie wörtliche Protokolle in Seminarsituationen oder auch im Selbststudium Zug um Zug interpretiert werden können. Ausführliche Interpretationsbeispiele finden sich nachfolgend jeweils zu Beginn einzelner Kapitel.

Der Protokollausschnitt:
Schülerin: Was haben sie in der Hand?
Lehrerin: Ich habe eine Überraschung für euch.
[*die Kinder reden wieder wild durcheinander*]
Lehrerin: Wollt ihr nicht wissen, welche?
Klasse: Doch.

In Anlehnung an Andreas Wernet lassen sich für die Auswertungsmethode der Objektiven Hermeneutik fünf Prinzipen unterscheiden (Wernet 2000, 21ff.), die sich unseren Erfahrungen nach als sehr gut handhabbar erweisen. Zunächst einmal gilt es, den Text, der vorliegt, „wörtlich“ zu nehmen. Interpretiert wird genau und nur das, was das Protokoll verzeichnet. Was sagt der Text aus, lautet die Frage, nicht, was könnte gemeint gewesen sein von demjenigen, der spricht. „Interpretationsbeiträge wie: ‚er wollte doch nur sagen, dass ...’ oder: ‚das ist vielleicht ganz anders gemeint’ markieren typische Interpretationsfehler“ (Wernet 2000, 93). Auch wenn es kleinlich erscheinen mag, tatsächlich ist damit gemeint, „den Text ‚auf die Goldwaage zu legen’“ (ebd., 24). „Sowenig wie es einem Archäologen einfallen kann, Ausgrabungsstücke wegzuwerfen, sowenig im Rahmen quantitativer Forschung nur die Hälfte der Fragebögen berücksichtigt werden, sowenig kann ein textwissenschaftliches Verfahren Textelemente willkürlich beiseite lassen“ (ebd., 24).

Das zweite Prinzip lautet „Kontextfreiheit“ und „bedeutet nicht, dass der Kontext keine Rolle spielt. Es bedeutet vielmehr, dass die Einbeziehung des Kontextes erst dann eine methodisch kontrollierte Operation darstellt, wenn *zuvor* eine kontextunabhängige Bedeutungsexplikation vorgenommen wurde“ (Wernet 2000, 22).

Es ist gedankenexperimentell durchzuspielen, in welchem Kontext die jeweils erste Äußerung sinnvoll und den Normalformerwartungen entsprechend gemacht werden kann. In unserem Beispiel hier legt der Hinweis „Schülerin“ einen schulischen Kontext nahe. Die Schule muss aber nicht der Ort des Geschehens sein. Es wird direkt jemand angesprochen und gefragt. Möglicherweise ist nicht zu erkennen, was die angesprochene Person in der Hand hat. Welche Situationen sind nun denkbar, in der eine solche Äußerung getätigt worden sein könnte?

Es könnte sich bei der hier getätigten Äußerung etwa um eine handeln, die in einer Kontrollsituation stattfindet: Jemand will ein Bundesligaspiel besuchen und muss sich den Kontrollen am Eingang stellen. Dem Sicherheitspersonal fällt die zur Faust geformte Hand auf und der Besucher wird gefragt: „Was haben sie in der Hand?“ Er ist berechtigt zu fragen; der andere könnte etwas verstecken, was eigentlich nicht mitgenommen werden darf, was öffentlich gezeigt werden muss. Es könnte sich natürlich auch um eine pädagogische/ schulische Situation handeln, eventuell einen Unterrichtsanfang, in der jemand etwas in der Hand hält, das nicht auf Anhieb erkannt, nicht identifiziert werden kann. Es wird jedenfalls sehr direkt, mit einer gewissen Berechtigung, möglicherweise auch mit Neugier gefragt – und gleichzeitig gibt es erwartbar eine Auflösung: Eigentlich muss bzw. wird gezeigt werden, was in der Hand ist – entweder weil der eine nichts verstecken darf oder weil er ohnehin etwas zeigen möchte – und das weiß der andere. Das scheint diese direkte, fast fordernde Frage zu ermöglichen.

An dieser Stelle der Interpretation geht es darum, sich gewissermaßen künstlich naiv dem Text zu nähern und damit erst die Struktur – hier also das berechtigt Fordernde oder das um die Intention des Zeigens Wissende aufzudecken, zu entfalten und eben nicht vorschnell gängige Deutungsmuster von

Unterricht und Schule, womöglich didaktisches Wissen um motivierende Unterrichtsanfänge zu aktivieren und damit die strukturelle Bedeutung aus dem Blick zu verlieren, um also Unabhängigkeit zu wahren und um Zirkularität in der Geltungsbegründung zu vermeiden.
Bezogen auf die vorliegende Sequenz erfordern die Prinzipien der Wörtlichkeit und Kontextfreiheit also, die Sequenz „Was haben Sie …“ genau zu betrachten und nicht zu übersehen, dass eine auf bestimmte Weise strukturierte Rede vorliegt, mit der einer angesprochenen Person sehr direkt im übertragenen Sinne das Messer auf die Brust gesetzt wird, Distanz offenbar nicht gewahrt bleibt. Dies scheint auf den ersten Blick nicht den im öffentlichen Kontext Schule erwartbaren Kommunikations- und Umgangsformen zwischen Schülerinnen und Schülern und Lehrpersonen zu entsprechen, auf den zweiten aber das „didaktische“ Wissen der Schülerin zu enthüllen: Weiß sie doch, dass die Lehrerin ohnehin zeigen muss und zeigen will, was sie mitgebracht hat – und eben, wie sich dann in der sequentiell fortschreitenden Interpretation offenbaren wird – keine wirkliche Überraschung, sondern Unterrichtsgegenstand ist. Und damit hat die Lehrerin auch den Raum für eine durchaus machtvolle, fordernde Äußerung der Schülerin eröffnet.
Das dritte Prinzip lautet „Sequentialität“ und besagt, dass die Interpretation tatsächlich von Sequenz zu Sequenz, also dem Ablauf des Textes folgend, fortschreitet und nicht etwa auf spätere Textstellen vorgegriffen wird, mit denen dann Interpretationen der vorhergehenden begründet werden. „Die interpretatorische Grundhaltung ist wiederum die, den Text als Text ernst zu nehmen, ihn also nicht als Steinbruch der Information oder als Jahrmarkt der Bedeutungsangebote auszuwerten, den Text also nicht ‚auszuschlachten'“ (Wernet 2000, 27). Erst durch die genaue Beachtung der Folge der Worte in den Äußerungen und der Sprechakte aufeinander, kann die Interaktion strukturlogisch rekonstruiert werden. Um nicht vorschnell den Blick auf spätere Sequenzen zu werfen, erweist es sich immer wieder als hilfreich, den weiteren Textverlauf abzudecken; ansonsten muss man sich künstlich unwissend stellen. Es spricht nichts dagegen, sich im Vorgriff eine gesamte Sequenz durchzulesen, aber anschließend ist wieder künstliche Naivität im Umgang mit dem Material zu pflegen. Die beiden Prinzipien Kontextfreiheit und Sequentialität verbieten nicht, über den Text und den Kontext Bescheid zu wissen, sie verbieten aber, „dass Text- und Kontextwissen *zur Begründung von Lesarten* herangezogen werden“ (Wernet 2000, 29). Wenn eine Sequenzanalyse vollständig durchgeführt ist, dann ist es auch möglich, an späterer Stelle im Material mit einer erneuten Sequenzanalyse anzusetzen, unter diesen Umständen also ist ‚Wandern im Text' möglich (ebd., 31).

Das vierte Prinzip lautet „Extensivität". Alle Textelemente sind zu berücksichtigen und es ist wichtig, extensiv, also soviel wie sinnvoll mögliche, Lesarten zu entwickeln. „Extensivität impliziert nicht nur Vollständigkeit hinsichtlich der Textelemente, sondern auch Vollständigkeit hinsichtlich der Lesarten des Textes bzw. seiner Elemente. Die Interpretation beansprucht, sinnlogisch erschöpfend zu sein. Und das heißt wiederum, dass die gedankenexperimentellen Kontexte typologisch vollständig ausgeleuchtet werden müssen" (Wernet 2000, 33). Es geht nicht darum, schnell voranzukommen und Ungeduld sollte vermieden werden, da man sich ansonsten „interpretatorische[s] Flickwerk" einhandelt, das dazu zwingt, wieder von vorne zu beginnen. Allerdings – und dies stellt nun das fünfte Prinzip, die „Sparsamkeit", dar – sind voreilige und unvernünftige, am Text nicht näher nachvollziehbare, Lesarten und Fallstrukturhypothesen fallen zu lassen. Es sind „diejenigen Geschichten auszuschließen, die darauf angewiesen sind, fallspezifische Außergewöhnlichkeiten zu unterstellen" (Wernet 2000, 35). Eine solche Außergewöhnlichkeit könnte im vorliegenden Fallbeispiel etwa die Überlegung sein, es handele sich um eine Schülerfrage, die an den Nikolaus gestellt werde. Die Bezeichnung „Sparsamkeit" legt nahe, dass es sich um eine forschungsökonomische Dimension handelt, tatsächlich ist dieses Prinzip aber forschungslogisch begründet, indem es die Interpretierenden nochmals auf den Text verpflichtet (ebd.). Nicht übersehen lässt sich, dass das fünfte Prinzip zu den Prinzipien Kontextfreiheit, Wörtlichkeit und Extensivität in einem gewissen Spannungsverhältnis steht.

Bislang haben wir bloß die erste Äußerung des oben dargelegten Protokolls einer Studentin betrachtet. Um weiter an dem Material zu arbeiten, wäre nach der erschöpfenden Interpretation eines Satzes bzw. einer Frage, bevor man die Anschlussäußerung heranzieht, zu überlegen: Was geschieht als Nächstes? Welche Möglichkeiten gibt es an der Stelle zu reagieren und warum? Welche Handlungsoption wird ergriffen? Vor diesem Hintergrund erst lassen sich das Ausmaß und die Bedeutung der tatsächlich getroffenen Entscheidung in ihrer besonderen Struktur freilegen.

Es geht also darum, anhand einer Sequenz die Strukturlogik der Bedeutungsgenerierung herauszuarbeiten und als These zu formulieren; anschließend kann geprüft werden, ob diese sich an anderen Stellen des Unterrichtsprotokolls aufrechterhalten lässt. Was die vorliegende Szene anbelangt, so ließe sich z.B. mit Bezug auf den Verlauf der Stunde prüfen, ob der implizite Anspruch, der durch die Lehreräußerung nahe gelegt ist, nämlich eine Überraschung, also etwas Besonderes, etwas Spannung und Freude Verheißendes zu versprechen, anschließend „eingelöst" wird. In diesen Zusammenhängen lie-

ßen sich die besonderen Erfordernisse und Umsetzungsprobleme, z.B. einer Auftaktsituation, markieren. Handelt es sich um eine wirkliche Überraschung oder um bloße Motivationstaktik, darum den Unterricht in Schwung zu bringen?
Die Deutungen und Interpretationen fächern vielschichtige Aspekte und latente Sinnstrukturen auf, die es ermöglichen, das Handeln der Beteiligten aus Blickwinkeln, die wir ansonsten nicht einnehmen, zu reflektieren. Das Verfahren ist aufwendig und zeitintensiv, aber es reichen wenige Fälle, um – auch mit Hilfe von Fallkontrastierungen – zu umfassenden Aussagen (vgl. Oevermann 2002, 32) über Kommunikationsstrukturen bestimmter Unterrichtsformen zu gelangen.

2 Wie machen es andere?

Wir werden nun schauen, wie mit Hilfe anderer Methoden verfahren wird, wie hier Unterrichtsdokumente bzw. Protokolle (2.1) interaktionistisch, (2.2) dokumentarisch und (2.3) tiefenhermeneutisch analysiert und ausgewertet werden. Diese Verfahren können nicht immer trennscharf voneinander abgegrenzt werden und werden durchaus auch kombiniert verwendet.

2.1 Interaktionistische Analyse – Interaktionen und Argumentationen rekonstruieren

Den im Folgenden vorgestellten Interpretationsansatz der Interaktionsanalyse hat Götz Krummheuer (1992) im Anschluss an Bauersfeld u.a. (1983) und Voigt (1984) für die Analyse kollektiven Argumentierens im Mathematikunterricht der Grundschule entwickelt. Zentrale Frage ist dabei, wie „Schüler an der Produktion von Erklärungen, Begründungen und Rechtfertigungen für fachliche Handlungen am Unterricht beteiligt werden“ (Krummheuer 1999). Anders formuliert: In welcher Weise partizipieren die einzelnen Schüler an dem fachlichen Gespräch im Unterricht? Unterricht wird verstanden als ein Interaktionsgeschehen, das „von den Beteiligten sowohl *gestaltet* wie auch *als bereits gestaltet* erfahren“ wird (Krummheuer 2000, 323). Zentral ist, dass die an der Interaktion Beteiligten den Gesprächsgegenstand in der Interaktion erst gemeinsam konstruieren, indem sie in der Interaktion – durch die Art und Weise, wie sie wechselseitig auf die Gesprächsbeiträge der Anderen Bezug nehmen – gemeinsam geteilte Bedeutungen hervorbringen. Anschauliche Darstellungen des Interpretationsansatzes und zentrale Ergebnisse zu Interaktionen im alltäglichen Mathematikunterricht der Grundschule finden sich auch bei Krummheuer/ Fetzer (2005), Naujok (2000) und Brandt (2004).

Zur Beschreibung unterschiedlicher Situationen des Mathematiklernens im alltäglichen Unterricht haben Krummheuer u.a. ein Modell mit fünf Dimensionen entwickelt (vgl. Krummheuer/ Brandt 2001; Krummheuer/ Fetzer 2005):

1. Thematisierung eines mathematischen Inhalts
2. Rationalisierungspraxis
3. Interaktionsstruktur
4. Partizipationsformen für tätig-werdende Schüler und
5. Partizipationsformen für nicht-tätig-werdende Schüler.

Während in der bisherigen mathematikdidaktischen Forschung überwiegend die erste Dimension – die Thematisierung des Fachinhalts –, in schulpädagogischen Untersuchungen hingegen überwiegend nur die dritte Dimension – die Interaktionsstruktur jenseits des Fachinhalts – berücksichtigt wird, schlagen Krummheuer u.a. vor die Analyse von unterrichtlichen Interaktionen um weitere drei Dimensionen zu ergänzen: Um das Unterrichtsgespräch zwischen vielen angemessen beschreiben zu können, unterscheiden Krummheuer u.a. in den Analyseschritten 4 und 5 nicht nur zwischen einem Sprecher und einem Hörer, wie sie in einer dialogischen Gesprächssituation zu finden sind, sondern zwischen unterschiedlichen Positionen, die Sprecher und Hörer mit ihren Beiträgen in Relation zu den Beiträgen der Anderen einnehmen können. So können Sprecher als „Kreatoren“ eines neuen Gedankens, als Paraphrasierer oder als Imitatoren eines bereits geäußerten Gedankens auftreten und Hörer den Status von Zuhörern, Mithörern oder Lauschern einnehmen.
Grundlage der Interpretation sind sehr genaue, teilweise mit „Regieanweisungen“ versehene Worttranskripte, die auf der Basis von Videoaufnahmen erstellt werden. Wenn sich aufgrund des Lehr-Lernarrangements – wie es etwa bei Aufzeichnungen der Wochenplanarbeit verschiedener Schüler an einem Gruppentisch vorkommen kann – auf der Videoaufzeichnung verschiedene Gesprächsfäden überlappen, werden im Zuge eines ersten Interpretationsschritts – der Interaktionsanalyse (s.u.) – die Gesprächsfäden voneinander „getrennt“. Zur genaueren Interpretation liegen sodann Sequenzen – Krummheuer spricht von Episoden – vor, in denen die Gesprächspartner sich – mehr oder weniger – direkt aufeinander beziehen.
Für die Interpretation einzelner Sequenzen schlagen Krummheuer und Fetzer (2005) bzw. Krummheuer (2007) folgende drei Schritte der Interpretation vor:

1. die Interaktions- und Rezeptionsanalyse,
2. die Argumentationsanalyse und
3. das Produktionsdesign.

1. Die Interaktions- und Rezeptionsanalyse

Ziel der Interaktionsanalyse ist es, den thematischen Verlauf des Gesprächs zu erarbeiten. Grundlegende Fragen sind: Wie entwickelt sich das Thema? Worüber wird mit welchem Ergebnis gesprochen? Rekonstruiert werden soll Schritt für Schritt, welches Wissen in der Situation generiert wird und als geteiltes Wissen gelten kann. Die Rezeptionsanalyse macht darüber hinaus deutlich, in welchem Status die Schüler eine im Unterricht gemachte Äußerung rezipieren können. Als *Gesprächspartner* oder *Zuhörer* sind sie – rezipierend – direkt beteiligt an der Äußerung: Der Gesprächspartner wird dabei vom Sprechenden direkt adressiert, der Zuhörer wird vom Sprechenden hingegen mit angesprochen. Als *Mithörer* oder *Lauscher* sind die Zuhörer darüber hinaus als Rezipienten an der Äußerung indirekt beteiligt: Der Mithörer wird vom Sprechenden nur geduldet, während der Lauscher vom Sprechenden aus der Rezeption der Äußerung ausgeschlossen wird. Für die Rezeptionsanalyse ist teilweise eine Videoaufnahme notwendig, um herausfinden zu können, wer mit wem beim Sprechen wie Kontakt oder keinen Kontakt aufnimmt.

2. Die Argumentationsanalyse

Die Argumentationsanalyse dient dazu, die Beiträge der einzelnen Gesprächspartner unabhängig von ihren Intentionen und Sinngebungen im Hinblick auf die Hervorbringung einer Argumentation zu analysieren. Anders formuliert, es geht um die Frage nach den Schlussfolgerungen, die in einer Argumentation auf der Grundlage der zu analysierenden „Daten“ (Garanten und Stützungen) formuliert und begründet werden müssen. Untersucht wird also die Funktion der einzelnen Aussagen für die Argumentation. Hinsichtlich der Funktion können dabei vier verschiedene Kategorien einer Argumentation nach Toulmin unterschieden werden: „data“ („Datum“), „conclusion“ („Konklusion“), „warrant“ („Garant“) und „backing“ („Stützung“) (vgl. Krummheuer/ Naujok 1999, 71f.; vgl. Toulmin 1969): Die Konklusion ist die Schlussfolgerung, die argumentativ belegt werden soll. Ausgangspunkt der Argumentation ist das Datum, also eine unbestrittene Tatsache oder ein unbestrittener Sachverhalt. Die kürzeste Argumentation wäre, Datum, deswegen Konklusion. Garanten sind allgemeine, hypothetische Aussagen, die als „Brücken“ dienen können und die Schlussfolgerung ermöglichen (Antwort auf die Frage: Wie kommst du dahin?). Stützungen sind Überzeugungen, sie stützen die Anwendbarkeit des Garanten (Antwort auf die Frage. Warum soll der Garant allgemein als zulässig akzeptiert werden?).

3. Das Produktionsdesign

Die Frage nach der tätigen Beteiligung der Schüler bei der Mitgestaltung eines unterrichtlichen Interaktionsprozesses, wird im Zuge der Erarbeitung des Produktionsdesigns beantwortet. Damit soll Aufschluss über die Verantwortung und Originalität der einzelnen Interaktionsbeiträge der Schüler gewonnen werden. Unterschieden wird zwischen der Verantwortung für den Inhalt und der Verantwortung für die Formulierung einer Äußerung, so dass vier Typen von Verantwortlichkeiten entstehen: Ein *Kreator* übernimmt die Verantwortung sowohl inhaltlich als auch in der Formulierung für eine Äußerung, während dem *Imitierer* weder für den Inhalt noch für die Formulierung eine eigene Verantwortung zugesprochen werden kann. Der *Traduzierer* greift die Formulierung einer Äußerung auf, übernimmt aber Verantwortung für einen (neuen) Inhalt. Der *Paraphrasierer* hingegen übernimmt keine Verantwortung für den Inhalt, sondern nur für eine weitere Formulierung – Paraphrasierung – des bekannten Inhalts.

Krummheuer schlägt – um es zusammen zu fassen – ein sequentiell vorgehendes Verfahren der Interpretation vor: In einem ersten Schritt wird mittels der Interaktionsanalyse eine Art thematischer Verlauf erstellt, bei dem auch berücksichtigt wird, wer mit welchem Status den einzelnen Beiträgen jeweils zuhört. Der zweite Schritt entspricht der Argumentationsanalyse (im Anschluss an Toulmin), in die fachdidaktische Kenntnisse über die von den Sprechenden vorgeschlagenen oder eingeschlagenen Lernprozesse bzw. die damit verbundenen Schwierigkeiten einfließen. Im dritten Schritt, dem Produktionsdesign, wird dann noch einmal im Einzelnen betrachtet, welchen Status welcher Beitrag hinsichtlich der Originalität etc. besitzt. Auf diese Weise wird es möglich, sowohl den inhaltlichen Verlauf des Gesprächs aus fachdidaktischer Perspektive zu analysieren als auch die Partizipationsstruktur herauszuarbeiten, also die Frage zu beantworten, in welcher Weise welcher Beitrag zum Verlauf und Ergebnis des Gesprächs beiträgt. Ergänzt werden kann diese Rekonstruktion der Interaktion um eine Analyse des Partizipationsstatus einzelner Schüler (vgl. Brand 2004).
Die Analyse von Transkripten ist in dem hier skizzierten Verfahren grundlegend gekennzeichnet von „der Rekonstruktion des eigenen Vorgehens“, mit der die Forscher versuchen, „den Forschungsprozeß transparenter und somit

nachvollziehbarer und kontrollierbarer zu machen“ (Krummheuer/ Naujok 1999, 66f.). Kennzeichnend ist auch die Komparation als „ein gezielt einsetzbares Mittel, um produktive Bedingungen für einen abduktiven Schluß herzustellen“ (ebd., 67). Mit anderen Worten: vergleichende Lesarten und Interpretationen zu verschiedenen Sequenzen einer Unterrichtstunde sollen dazu dienen, insgesamt schlüssige und anschlussfähige theoriebezogene Deutungen zu entwickeln. Damit soll über Einzelfälle hinweg die Möglichkeit zur Genese von Theorie eröffnet werden.

Fragen wir nun abschließend, was dieser Ansatz im Vergleich zu dem von uns vorgeschlagenen Auswertungsverfahren der Objektiven Hermeneutik leistet. Ins Auge fällt: Es gibt Ähnlichkeiten wie das sequentielle Vorgehen, die Lesartenbildung und die Theoriegenerierung. Im Fokus des Erkenntnisinteresses stehen in dem von Krummheuer und Mitarbeiterinnen entwickelten Verfahren die Interaktionen, die sich zwischen den Akteuren abspielen. Es interessieren anders als bei der objektiven Hermeneutik weniger die Regelhaftigkeiten und latenten Sinnstrukturen als vielmehr das konkrete Miteinander innerhalb einer Gruppe. Besonderes Merkmal ist darüber hinaus der fachdidaktische Bezug, der auch Aussagen zur Konstruktion von Themen und Inhalten im Mathematikunterricht zu machen erlaubt, die mit dem Verfahren der Objektiven Hermeneutik nicht erzielt werden (vgl. Wernet 2006, 118ff.). In den Interpretationen der Fälle in Kapitel 5 geht es um die Gestaltung der Sache, die Konstruktion von Unterrichtsthemen, allerdings eher unter (allgemein)didaktischen Gesichtspunkten betrachtet – ohne im Einzelnen eine fachdidaktische Analyse unserer Interaktionsrekonstruktionen leisten zu können.

2.2 Dokumentarische Analyse – Diskurse beschreiben

Die Methode der dokumentarischen Interpretation, wie sie von Ralf Bohnsack in Anlehnung an die Ethnomethodologie Garfinkels und die Wissenssoziologie Karl Mannheims entwickelt und ausdifferenziert wurde, wird vor allem für die Analyse von Gruppendiskussionen angewandt. Forschungsgegenstand waren dabei zunächst vorwiegend jugendkulturelle Lebenswelten (Bohnsack 1991; 1997; Bohnsack/ Nentwig-Gesemann/ Nohl 2001). Eine (ethnomethodologische) Vorannahme, auf der die dokumentarische Methode basiert, ist die, dass Sozialität zwischen Subjekten, die unterschiedliche individuelle Perspektiven haben, einander fremd sind, erst inter-subjektiv hergestellt wird (Bohnsack 1997, 192). Da eine Schulklasse als Gruppe betrachtet werden kann, in der Bedeutungen diskursiv ausgehandelt werden, lässt sich die dokumentarische Methode auch auf Wortprotokolle anwenden, die aus technischen Aufzeichnungen im Klassenzimmer gewonnen werden (vgl. Schelle 2000). Studien, die sich explizit auf das Unterrichtsgeschehen beziehen, sind bislang allerdings rar (vgl. Schelle 2000; Wagner-Willi 2005). Da die Methode insbesondere geeignet ist, diskursive Gruppenprozesse Gleichaltriger zu rekonstruieren, könnte sie durchaus stärker als bislang üblich für die Analyse von Gruppenarbeiten im Unterricht angewandt werden.

Bei der dokumentarischen Analyse von Gruppendiskussionen geht es um den Sinnzusammenhang, der sich über kollektive Vorstellungen und Deutungsmuster rekonstruieren lässt. „Die kollektive Erfahrungsbildung und Orientierung lässt sich in ihrem umfassenden Bedeutungsgehalt nur erschließen, wenn die einzelnen Redebeiträge nicht mehr allein als Äußerungen einzelner wahrgenommen werden, sondern der Interpret durch die interaktive und interpretative wechselseitige Bezugnahme und Steigerung der Beteiligten hindurch den – kollektiven – Bedeutungszusammenhang erschließt“ (Bohnsack 1989, 22). Dabei kommen die kollektiven Orientierungen in zweifacher Hinsicht zum Tragen: einmal, indem eine erlebte Interaktionspraxis beschrieben und erzählt wird, und zum anderen im Diskussionsprozess selber (Bohnsack 1997, 200).

Die Analyse erfolgt in vier Schritten: 1. der Formulierenden und 2. der Reflektierenden Interpretation, 3. der Diskursbeschreibung und 4. der Typenbildung.

1. „Die Grundstruktur der Formulierenden Interpretation ist die thematische Gliederung, die Thematisierung von Themen, die Entschlüsselung der weitgehend impliziten thematischen Struktur“ (Bohnsack 1997, 202). Bei der Formulierenden Interpretation wird das Datenmaterial einer ersten Sichtung unterzogen. Diese erste Stufe der Interpretation untergliedert Bohnsack in die folgenden hier stichwortartig wiedergegebenen Schritte (vgl. Schelle 1995):

a)

Verschaffen eines Überblicks über den gesamten Verlauf der Diskussion,

Gliederung nach Ober- und Unterthemen,

Vermerk, wo die Initiierung des Themas von der Gruppe und wo von der Diskussionsleitung erfolgt,

Erstellen von Inhaltsangaben thematischer Passagen als Ergänzungsmöglichkeit.

b)

Auswahl der Passagen, die interpretiert werden sollen, nach den Kriterien: *thematische Relevanz, thematische Vergleichbarkeit mit Passagen aus anderen Diskussionen, Dichte der Kommunikation.*

c)
detaillierte formulierende Interpretation, Herausarbeiten der thematischen Feingliederung als eine Form schriftlicher Paraphrasierungen thematischer Zusammenhänge.

Im Unterschied zum nächsten Auswertungsschritt bleibt der Interpretierende innerhalb des Rahmens (Erwartungssystems) der Gruppe (immanenter Sinngehalt). Er versetzt sich noch nicht in die Rolle eines Beobachters. Hierbei sind bereits Übersetzungsleistungen von der Sprache der Diskussionsteilnehmerinnen und -teilnehmer in die der Interpretin bzw. des Interpreten tragend.
2. Im nächsten Schritt der Reflektierenden Interpretation geht es um die „Rekonstruktion und Explikation des *Rahmens,* innerhalb dessen das Thema abgehandelt wird“ (Bohnsack 1989, 345). Den Rahmen konstituieren positive und negative Gegenhorizonte (empirisch fundiert und nachvollziehbar) und Enaktierungspotentiale (Umsetzung von Orientierungen in Handeln), die im Verlauf dieses Auswertungsschrittes herausgearbeitet werden. Sie skizzieren den Erfahrungsraum einer Gruppe. Gleichzeitig fließen die Vergleichshorizonte der Interpretin (gedankenexperimentell oder als hypothetische Vorstellungen) in die Auswertung ein. Orientierungen treten vor allem an den Stellen hervor, wo interaktive und metaphorische Dichte besonders ausgeprägt sind. Solche *dramaturgisch herausragenden Textpassagen* werden von Bohnsack als *Focussierungsmetaphern* beschrieben. „Methodisch kontrolliert ist die reflektierende Interpretation nur dann, wenn nicht nur der Gegenstand der Interpretation, also sozusagen der Horizont, sondern auch der Gegenhorizont empirisch fundiert und als solcher intersubjektiv nachvollziehbar ist. So daß hier sogleich deutlich wird, daß Interpretation im Sinne empirisch-methodisch kontrollierter reflektierender Interpretation immer als Relation zwischen mindestens zwei *empirisch fundierten* Gegenhorizonten zu verstehen ist“ (Bohnsack 1989, S. 346). Vor diesem Hintergrund gewinnt die komparative Analyse Bedeutung. Es wird davon ausgegangen, dass bei einer Zunahme der empirischen Vergleiche die Besonderheit des einzelnen Falles als oberster Bezugspunkt deutlicher zu Tage tritt. Gleichzeitig geht es neben dem *fallübergreifenden* Vergleich auch um den *fallinternen* Vergleich, bei dem thematisch unterschiedliche Passagen einer Diskussion miteinander verglichen werden.
Formulierende und Reflektierende Interpretation stellen Vorarbeiten für den nächsten Schritt, die Diskursbeschreibung, dar. Sie werden gewöhnlich nicht im Ergebnisbericht dokumentiert.

3. Die Diskurs- oder auch Fallbeschreibung dient der Darlegung der Ergebnisse zum Zwecke der Veröffentlichung, neue Interpretationen sind dabei nicht vorgesehen. „Die Diskursbeschreibung ist die zusammenfassende Darstellung des Falles, also der einzelnen Gruppe, bzw. ihrer kollektiven Orientierungen, wie sie sich im Diskurs, d. h. in den [...] ausgewählten Passagen des Diskurses dokumentieren. In die Diskursbeschreibung gehen die Ergebnisse aller Interpretationsschritte ein" (Bohnsack 1989, 369). Dem eigentlichen Text wird eine kurze Zusammenfassung des Gesamtverlaufs vorweg gestellt. Die Diskursbeschreibung folgt dem Diskursverlauf.
4. Die Typenbildung nimmt bei Bohnsack eine zentrale Stellung ein. „Im Zuge der Generierung einer Typik werden funktionale Bezüge herausgearbeitet zwischen den Orientierungsmustern, also dem *Rahmen* einer Gruppe einerseits und der *Erfahrungsbasis*, dem Erlebnishintergrund oder *existentiellen Hintergrund* [...], der den Mitgliedern der Gruppe gemeinsam ist, andererseits" (Bohnsack 1989, 372). Die Typiken können aus „unterschiedliche[n], ineinanderverschachtelte[n] Bedeutungsschichten *eines Falles* [...] aus dem Vergleichshintergrund, dem *Gegenhorizont* anderer Fälle" gewonnen werden (Bohnsack 1989, 16). „Der Kontrast in der Gemeinsamkeit ist fundamentales Prinzip der Generierung einzelner Typiken und ist zugleich die Klammer, die eine ganze Typologie zusammenhält" (Bohnsack 1991, 144). So ließen sich etwa im Bereich der schulischen politischen Bildung unterschiedliche Lernertypen rekonstruieren (vgl. Weißeno 1989; Schelle 1995).
Die dokumentarische Interpretation gehört zu den rekonstruktiven Verfahren. Im Unterschied zur Objektiven Hermeneutik zielt sie nicht auf die Analyse der Struktur einer Handlung bzw. Interaktion, sondern auf die Analyse eines Gesprächs über eine Handlung bzw. Handlungsweise. Die empirische Basis des Akteurwissens wird dabei nicht verlassen. „Dies unterscheidet die dokumentarische Methode von objektivistischen Zugängen, die nach Handlungsstrukturen ‚hinter dem Rücken der Akteure' suchen" (Bohnsack/ Nentwig-Gesemann/ Nohl 2001, 9). Anders als bei der Objektiven Hermeneutik wird der Kontext nicht zurückgehalten, sondern das Material wird insgesamt in den Blick genommen, strukturiert und dann interpretierend erschlossen. Die Interpretation findet auch in Gruppen statt, zugrunde gelegt werden dabei ebenfalls Sequenzen aus dem Material.

2.3 Tiefenhermeneutische Analyse – Szenisches Verstehen

Wir beziehen uns hier auf Hans-Dieter König, der Ende der 1990er Jahre damit begonnen hat, das von Alfred Lorenzer (1986) entwickelte Verfahren der Tiefenhermeneutik „in den Dienst einer interpretierenden Schul- und Unterrichtsforschung zu stellen“ (König 1997, 234). Entwickelt wurde die tiefenhermeneutische Methode in Anlehnung an die in der psychoanalytischen Therapie praktizierte Verfahrensweise des „szenischen Verstehens“ (König 1998, 137). Daran orientiert wird Unterricht konzeptualisiert als ein Ereignis dessen Sinn bzw. Sinnstrukturen sich mit Einlassungsbereitschaft und szenischem Hineinversetzen erschließen lassen.

Die Tiefenhermeneutik nutzt das Instrument von Übertragung und Gegenübertragung aus der therapeutischen Praxis der Psychoanalyse, um manifeste und latente Sinnstrukturen als subjektiv Gemeintes zu explizieren. Bei dem tiefenhermeneutischen Verfahren geht es nicht darum, eine Unterrichtsstunde theoretisch einzuordnen oder zu erklären, sondern vielmehr soll die Methode dazu anleiten, „sich emotional auf das szenisch entfaltete Unterrichtsgeschehen einzulassen und es voraussetzungslos auf der Basis eigener Alltagserfahrungen zu verstehen“ (König 2005, o.S.). Im Zentrum steht hierbei ähnlich der Objektiven Hermeneutik die Fallrekonstruktion, allerdings mit der besonderen Wendung, dass „die Bedeutung kultureller Sinnangebote über die Wirkung auf das eigene Erleben“ (ebd.) zu erschließen ist.

Bei der Interpretation geht es also zum Auftakt darum, möglichst assoziativ, „sich dem freien Spiel der eigenen Einfälle“ (ebd.) überlassend, auf den vorliegenden Text zu reagieren, auf Ungereimtheiten, auf Widersprüchliches, auf Irritationen. Diese szenischen Zugänge und Deutungsversuche der verschiedenen Interpreten und Interpretinnen werden überprüft, korrigiert und aufeinander bezogen „bis sie sich zu einer szenischen Konstellation zusammenschließen, von der her sich schrittweise das ‚Rätsel‘ des im Protokoll zutage tretenden Unterrichtsdramas erhellt“ (ebd.).

Zu berücksichtigen ist dabei, dass zur Lebenspraxis der im Unterricht handelnden Lehrpersonen, Schülerinnen und Schüler auf der manifesten Sinnebene durch bewusste Intentionen hervorgebrachte Handlungen gehören. Dazu gehören aber auch und zwar auf der latenten Sinnebene Lebensentwürfe, die sich „auf einer verborgenen Bedeutungsebene Geltung verschaffen“ (ebd.). Im Unterricht treten die unterdrückten Lebensentwürfe als störende Ungereimtheiten, als Brüche auf, irritieren aufmerksame Beobachter und rücken in das Zentrum tiefenhermeneutischer Analyse.

Bei diesem Verfahren sind Gruppeninterpretationen die Regel. Die methodische Zugangs- und Verfahrensweise, das so genannte *Szenische Verstehen,* beruht auch auf der Kompetenz, „die eigenen Vorannahmen durch die lebendige Aneignung des sozialwissenschaftlichen Theoriewissens [...], das durch die Einsichten psychoanalytischer Persönlichkeits-/Kulturtheorie und kritischer Gesellschaftstheorie bestimmt wird“, aufzuklären (König 1997, 229).

Die „durch szenisches Verstehen gewonnene Anschauung" ist „sowohl *lebenspraktisch-konkret zu deuten als auch theoretisch zu begreifen*" (König 1997, 231).
Mit Hilfe der tiefenhermeneutischen Methode können subjektive Reaktionen, Projektionen auf das Material methodisch kontrolliert in den Blick genommen und diskursiv bearbeitet werden. Emotionalität und eigenes Erleben sind damit im Zugang auf das Material geradezu erwünscht und werden berücksichtigt. Die aufkommenden Gefühle werden als Mittel zur Erkenntnis betrachtet und nicht etwa zurückgewiesen, wie bei der Objektiven Hermeneutik, weil der Austausch subjektiver Sichtweisen strukturelle Implikationen, die im Material angelegt sind, überlagere. Mit der szenischen Reaktivierung eigenen Erlebens ist ein hohes Maß an persönlicher Einlassungsbereitschaft verbunden. Dies unterscheidet den Ansatz von den zuvor dargestellten methodischen Zugängen vor allen Dingen von der Methode der Objektiven Hermeneutik (Oevermann 1993), die stärker distanziert vorgeht (vgl. zur Verbindung von objektiv hermeneutischer und tiefenhermeneutischer Analyse Combe/ Helsper 1991, Combe 1992, Combe/ Helsper 1994, Koring 1989).

3 Anregungen zum Umgang mit Schwierigkeiten in der Seminararbeit

Wir gehen davon aus, dass in der Fallarbeit mit Unterrichtstranskripten bzw. -protokollen Verschiedenes geleistet wird, was in der Ausbildung zukünftiger Lehrer und Lehrerinnen von großer Bedeutung ist, nämlich verschiedene Kompetenzen vorzubereiten (vgl. auch Combe 2001): Distanz in der „verlangsamten" Beobachtung zu erzeugen und ein Lernen in Erfahrung, also eine nachträgliche Reflexion auch des eigenen Unterrichts wahrscheinlicher zu machen, pädagogische Alltagsvorstellungen, aber auch Mythen, etwa über die Leistungen bestimmter (reformpädagogischer) Unterrichtsarrangements, zu dekonstruieren, die eine vorurteilsfreie Beobachtung des eigenen Unterrichts erschweren und schließlich das Wissen zu vergrößern über die Strukturlogik von Unterricht, die Potentialität unterschiedlicher pädagogischer Unterrichts-Ordnungen und damit aber auch über das, was sich im unterrichtlichen Handeln als problematisch und was sich als günstig im einen oder anderen Unterrichtsarrangement zeigt.
Allerdings zeigen sich in der Arbeit mit Studierenden bei der Interpretation von Protokollen immer wieder auch Probleme, auf die wir im Folgenden kurz eingehen möchten (vgl. Reh/ Rabenstein 2005):
(1) Ein Problem, das immer wieder auftritt, betrifft die Vernachlässigung des Prinzips der Wörtlichkeit. Emotionales, an eigenen Erfahrungen orientiertes

Reagieren, persönliche Erinnerungen und Schilderungen Studierender treten in den Vordergrund und lassen das Material zweitrangig erscheinen. In solchen Seminarsituationen hat sich durchaus bewährt, die Beiträge der Studierenden nicht vorschnell zurückzuweisen, sondern die Äußerungen systematisch in den Blick nehmen, sie also selbst zum Gegenstand der Analyse zu machen, ohne Einzelne bloßzustellen. Gefragt werden kann nach den in den Äußerungen enthaltenen Vorstellungen über pädagogisches Handeln und deren Begründungen. Dann allerdings muss auch – vielleicht im Vergleich zu den Äußerungen – zum Material zurückgekehrt werden. Die kleinschrittige Interpretation erfordert dabei eine Rezeptionshaltung auf Seiten der Studierenden, die in einem Widerspruch zu den eingeübten, gängigen Rezeptionsweisen steht, angesichts der Informationsflut notwendigerweise Texte nur querzulesen und zu überfliegen. Eine intensive, zeitkostende Lektüre und ein Einlassen auf einzelne Textpassagen, Szenen oder Sequenzen ist somit nicht mehr geläufig. Die Anforderungen, den Wortlaut der Sequenz „wörtlich" zu nehmen, sich auf einen kleinen Textausschnitt zu konzentrieren und dessen Bedeutung in einem längeren, Bedeutungsmöglichkeiten erprobenden und verwerfenden Verfahren herauszuarbeiten, rufen also selbst schon Irritationen hervor.

(2) Häufig treten Abwehrreaktionen in Anbetracht eines kleinschrittigen Vorgehens auf, noch bevor sich das Potential der methodischen Schritte im Sinne neuer Sichtweisen auf den Text entfalten konnte. Studierende erwarten von Veranstaltungen, in denen praxisnah an Fällen gearbeitet wird, den Erwerb „sicheren" Wissens, mindestens „richtiger" Interpretationen, wenn nicht gar „richtiger" Handlungsvorschläge. Diese Erwartungen werden aber gründlich enttäuscht. Allerdings ahnen Studierende auch, dass es keine einfachen Rezepte, keine Technologien für das Unterrichten geben kann. Für das Lehrerhandeln ist Interaktionssensibilität, die Art und Weise der Kommunikation wichtig, die Qualität des Umgangs mit Einzelnen, mit konkreten Situationen. Das situationssensible, fallspezifische Verstehen der Schülerinnen und Schüler ist konstitutiv für die Gestaltung und Initiierung von Lernprozessen. Bei den Fallanalysen kann es allerdings nicht bloß darum gehen, zu rekonstruieren und theoretische Bezüge herzustellen im Sinne von: was geschieht und wie lässt sich dies verstehen? Es muss auch um Antworten gehen auf Fragen, die die Studierenden immer wieder stellen: Welche Kompetenzen brauche ich? Was muss ich als künftiger Lehrer wissen? Was kann ich aus dem Fall für mein Handeln als Lehrerin oder Lehrer lernen?

In dem hier angedeuteten Verständnis einer Lehrerbildung, die zur Professionalisierung von Lehrerhandeln beitragen will, wollen wir an unterschiedlichen Fällen verschiedene strukturell- und entwicklungsbedeutsame Themen und Aspekte schulischer Kommunikation und Interaktion aufzeigen bzw. zur weiterführenden Arbeit daran anregen.

4 Aufbau und Umgang mit den Fallkapiteln

Für die eilige Leserschaft und um sich möglichst rasch beim Zugriff auf die Fallkapitel orientieren zu können folgen noch einige Hinweise:
Jedes der drei Fallkapitel enthält ein bzw. mehrere ausführliche Interpretationsbeispiele. Den größeren Anteil macht jeweils eine Sammlung von Fällen aus, die kommentiert sind und Fragen zur weiteren Bearbeitung enthalten. Selbstverständlich können alle Fälle zunächst auch ohne Kontextinformation, ohne Interpretation und Kommentar in der Seminararbeit eingesetzt werden, etwa um sie möglichst extensiv zu deuten oder um die eigenen Deutungen mit der abgedruckten Interpretation zu kontrastieren.
Die Fälle sind aus unterschiedlichen Situationen der Beobachtung (teils in wissenschaftlichen Erhebungssituationen) und der Hospitation (z.B. als Seminararbeit Studierender) hervorgegangen. Wir unterscheiden zwischen:

(a) Transkript, das auf der Grundlage einer Audioaufnahme entstanden ist;
(b) Beobachtungsprotokoll, das, z.T. zusätzlich zu Audioaufnahmen bzw. zu transkribierten Passagen Beschreibungen enthält;
(c) Protokoll, das der Form nach bzw. teilweise wie ein Transkript aussieht, aber ohne technisches Aufnahmegerät erstellt wurde

Wir haben uns (wie bereits an anderer Stelle bemerkt) darum bemüht, die Dokumente möglichst in ihrer ursprünglichen Form zu belassen. Zum Zwecke der Leserfreundlichkeit und im Rahmen der Druckvorgaben wurden kleine redaktionelle Änderungen vorgenommen. Die Vielfalt an präsentierten Formen der Dokumentation ermöglicht es auch, diese in den Blick zu nehmen und zu überlegen, welche Vorteile oder auch Nachteile die eine oder andere Form der Transkription und des Protokollierens hat.
Die Fallkapitel sind jeweils von unterschiedlichen Autorinnen, einzeln oder zu zweit, entstanden und tragen damit auch eigene Handschriften. So wurde über die Länge des abgedruckten Transkripts von den jeweiligen Autorinnen entschieden und die Arbeitsfragen sind nicht alle nach ein und demselben Schema angeordnet.
Die abgedruckten Transkripte und Protokolle lassen sich nicht ausschließlich unter den von uns hier gewählten Gesichtspunkten, etwa als Fall eines Unterrichtsanfanges, sondern jeweils auch unter anderen Fragestellungen, als Fall

eines anderen Phänomens, betrachten. Wir haben uns für eine Systematik, wie sie sich in den Kapitelüberschriften zeigt, aufgrund der von uns dargelegten theoretischen Überlegungen zu dem, was Unterricht kennzeichnet, entschieden. Für jedes der drei Fallkapitel gibt es in diesem Sinne thematisch und inhaltlich auf ein bis zwei Seiten eine Einleitung. Selbstverständlich können Studierende auch andere thematische Schwerpunkte aus den Fällen generieren.

Literatur

Bauersfeld, H./ Bussmann, H./ Krummheuer, G. u.a. (Hrsg.) (1983): Lernen und Lehren von Mathematik. Köln

Beck, C./ Helsper, W./ Heuer, B./ Stelmaszyk, B./ Ullrich, H. (2000): Fallarbeit in der universitären LehrerInnenbildung. Professionalisierung durch fallrekonstruktive Seminare? Eine Evaluation. Opladen

Beck, G. /Scholz, G. (1995): Beobachten im Schulalltag. Studien- und Praxisbuch. Frankfurt/ Main

Bohnsack, R. (1989): Generation, Milieu und Geschlecht. Ergebnisse aus Gruppendiskussionen mit Jugendlichen. Opladen

Bohnsack, R. (1991): Rekonstruktive Sozialforschung. Einführung in Methodologie und Praxis qualitativer Forschung. Opladen [gibt auch spätere Auflage 1993]

Bohnsack, R (1997): Dokumentarische Methode. In: Hitzler, R./ Honer, A. (Hrsg.): Sozialwissenschaftliche Hermeneutik. Eine Einführung. Opladen, 191-212

Bohnsack, R./ Nentwig-Gesemann, I./ Nohl, A.-M. (Hrsg.) (2001): Die dokumentarische Methode und ihre Forschungspraxis. Grundlagen qualitativer Sozialforschung. Opladen

Brandt, B. (2004): Kinder als Lernende. Partizipationsspielräume und -profile im Klassenzimmer. Frankfurt/Main u.a. O.

Combe, A./ Helsper, W. (Hrsg.) (1991): Hermeneutische Jugendforschung. Theoretische Konzepte und methodologische Ansätze. Opladen

Combe, A. (1992): Bilder des Fremden: romantische Kunst und Erziehungskultur. Zur Genese der Struktureigenschaft künstlerischen und pädagogischen Handelns. Opladen

Combe, A./ Helsper, W. (1994): Was geschieht im Klassenzimmer? Perspektiven einer hermeneutischen Schul- und Unterrichtsforschung. Zur Konzeptualisierung der Pädagogik als Handlungstheorie. Weinheim

Combe, A./ Reh, S. (2000): Zur Neubestimmung der Schulforschung im Zuge der Schulentwicklungsforschung und zum methodischen Vorgehen unserer Untersuchung. In: Arnold, E./ Bastian, J./ Combe, A./ Schelle, C./ Reh, S.: Schulentwicklung und Wandel der pädagogischen Arbeit. Hamburg, 23-34

Combe, A. (2001): Fallgeschichten in der universitären Lehrerbildung und die Rolle der Einbildungskraft. In: Hericks, U./ Keuffer, J./ Kräft, H. C./ Kunze, I. (Hrsg.): Bildungsgangdidaktik. Perspektiven für Fachunterricht und Lehrerbildung. Opladen, 19-32

Henkenborg, P. / Kuhn, H.-W (Hrsg.) (1998): Der alltägliche Politikunterricht. Opladen

König, H.-D. (1997): Tiefenhermeneutik. In: Hitzler, R./ Honer, A. (Hrsg.): Sozialwissenschaftliche Hermeneutik. Opladen, 213-241

König, H.-D. (1998): Pädagogisches Moralisieren nach Auschwitz. Tiefenhermeneutische Rekonstruktion der in einer Sozialkundestunde mit einer Zeitzeugin zutage tretenden Professionalisierungsdefizite. In: Henkenborg, P./ Kuhn, H.-W.: a.a.O., 135-149

König, H.-D. (2005): Politischer Unterricht als absurdes Drama. sowi-online

Koring, B. (1989): Eine Theorie pädagogischen Handelns. Theoretische und empirisch-hermeneutische Untersuchungen zur Professionalisierung der Pädagogik. Weinheim

Krummheuer, G. (1992): Lernen mit „Format". Elemente einer interaktionistischen Lerntheorie. Diskutiert an Beispielen mathematischen Unterrichts. Weinheim

Krummheuer, G. (1999): Die Analyse von Unterrichtsepisoden im Rahmen der Grundschullehrerausbildung. In: Ohlhaver, F./ Wernet, A. (Hrsg.): Schulforschung. Fallanalyse. Lehrerbildung. Diskussionen am Fall. Opladen, 99-119

Krummheuer, G. (2000): Kinder im Unterricht. Ein Blick auf den Unterrichtsalltag aus der Sicht der interpretativen Unterrichtsforschung. In: Heinzel, F. (Hrsg.): Methoden der Kindheitsforschung. Weinheim und München, 323-336

Krummheuer, G. (2007): Kooperatives Lernen in der Gruppenarbeit im Mathematikunterricht. In: Rabenstein, K./ Reh, S. (Hrsg.): Kooperatives und selbstständiges Lernen von Schülern. Zur Qualitätsverbesserung von Unterricht. Wiesbaden, 61-84

Krummheuer, G./ Brandt, B. (2001): Paraphrase und Traduktion. Partizipationstheoretische Elemente einer Interaktionstheorie des Mathematiklernens in der Grundschule. Weinheim

Krummheuer, G./ Fetzer, M. (2005): Der Alltag des Mathematikunterricht. Beobachten, Verstehen, Gestalten. Heidelberg

Krummheuer, G./ Naujok, N. (1999): Grundlagen und Beispiele Interpretativer Unterrichtsforschung. Opladen

Lorenzer, Alfred (1986): Tiefenhermeneutische Kulturanalyse. In König, H.-D./Lorenzer, A./ Lüdde, H./ Nagbol, S./ Prokop, U./ Schmidt Noerr, G./ Eggert, A. (Hrsg.): Kultur-Analyse. Psychoanalytische Studien zur Kultur. Frankfurt/Main, 11-98

Merkens, H. (1989): Einleitung. In: Aster, R./ Merkens, H./ Repp, M. (Hg.): Teilnehmende Beobachtung. Werkstattberichte und methodologische Reflexionen. Frankfurt/New York, 9-17

Merkens, H. (2007): Teilnehmende Beobachtung: Grundlagen, Methoden, Anwendung. In: Weigand, G./ Hess, R. (Hrsg): Teilnehmende Beobachtung in interkulturellen Situationen. Frankfurt/Main, 23-38

Naujok, N. (2000): Schülerkooperationen im Rahmen von Wochenplanunterricht. Weinheim

Oevermann, U. (1970): Sprache und soziale Herkunft. Ein Beitrag zur Analyse schichtenspezifischer Sozialisationsprozesse und ihrer Bedeutung für den Schulerfolg. Studien und Berichte des Instituts für Bildungsforschung in der Max-Planck-Gesellschaft (18). Berlin

Oevermann, U. (1971): Schichtenspezifische Formen des Sprachverhaltens und ihr Einfluß auf die kognitiven Prozesse. In: Roth, Heinrich (Hrsg.): Begabung und Lernen. Ergebnisse und Folgerungen neuer Forschungen. 6. Auflage. Stuttgart , 297-356

Oevermann, U./ Allert, T./ Konau, E./ Krambeck, J. (1979): Die Methodologie einer „objektiven Hermeneutik" und ihre allgemeine forschungslogische Bedeutung in den Sozialwissenschaften. In: Soeffner, H.-G. (Hrsg.): Interpretative Verfahren in den Sozial- und Textwissenschaften. Stuttgart, 352-434

Oevermann, U. (1993): Die objektive Hermeneutik als unverzichtbare methodologische Grundlage für die Analyse von Subjektivität. Zugleich Kritik der Tiefenhermeneutik. In: Jung, T./ Müller-Doohm, S. (Hrsg.): „Wirklichkeit" im Deutungsprozeß. Verstehen und Methoden in den Kultur- und Sozialwissenschaften. Frankfurt/Main, 106-189

Oevermann, U. (1996): Konzeptualisierung von Anwendungsmöglichkeiten und praktischen Arbeitsfeldern der objektiven Hermeneutik. (Manifest der objektiv hermeneutischen Sozialforschung). Frankfurt/Main [Unveröffentlichtes Manuskript]

Oevermann, U. (2002): Klinische Soziologie auf der Basis der Methodologie der objektiven Hermeneutik – Manifest der objektiv hermeneutischen Sozialforschung [internet: http://www.objektivehermeneutik.de] [überarbeitete Fassung von 1996]

Reh, S./ Rabenstein, K. (2005): „Fälle" in der Lehrerausbildung. Schwierigkeiten und Grenzen ihres Einsatzes. In: journal für lehrerinnen- und lehrerbildung, Jg. (4), 47-54

Rumpf, H. (1991): Didaktische Interpretationen. Weinheim, Basel

Schelle, C. (1995): Schülerdiskurse über Gesellschaft. „Wenn Du ein Ausländer wärst". Untersuchung zur Neuorientierung schulisch-politischer Bildungsprozesse. Schwalbach/Ts

Schelle, C. (2000): Privatheit in einem halböffentlichen Diskurs – Sozialität im Austausch von Lehrer-Schüler-Lebenswelten. In: Richter, D. (Hrsg.): Methoden der Unterrichtsinterpretation. Qualitative Analysen einer Sachunterrichtsstunde im Vergleich. Weinheim/München, 185-210

Schelle, C. (2003): Politisch-historischer Unterricht hermeneutisch rekonstruiert. Von den Ansprüchen Jugendlicher, sich selbst und die Welt zu verstehen. Bad Heilbrunn

Schelle, C. (2003a): Wie lassen sich politische Lernprozesse in der Grundschule beobachten? Vorschläge zur Dokumentation und Auswertung von Lernsituationen im sozialwissenschaftlichen Sachunterricht. In: Kuhn, H.-W. (Hrsg.): Sozialwissenschaftlicher Sachunterricht. Herbolzheim, 175-190

Toulmin, S. E. (1969): The use of the argument. Cambridge

Voigt, J. (1984): Interaktionsmuster und Routinen im Mathematikunterricht. Weinheim.

Wagner-Willi, M. (2005): Kinder-Rituale zwischen Vorder- und Hinterbühne. Der Übergang von der Pause zum Unterricht. Wiesbaden

Weißeno, G. (1989): Lernertypen und Lernerdidaktiken im Politikunterricht. Ergebnisse einer fachdidaktisch motivierten Unterrichtsforschung. Frankfurt/Main

Wernet, A. (2000): Einführung in die Interpretationstechnik der Objektiven Hermeneutik. Opladen

Wernet, A. (2006): Hermeneutik-Kasuistik-Fallverstehen. Stuttgart

Kerstin Rabenstein und Sabine Reh

4 Unterricht als Interaktion: Unterrichtsanfänge oder das Setting der Institution und die Ordnung des Unterrichts

Anfänge von Unterrichtsstunden werden im Folgenden dokumentiert und interpretiert unter der Fragestellung, wie in der Interaktion von Lehrenden und Lernenden im Übergang zum Unterricht dessen Ordnung hergestellt und etabliert wird. Unter Ordnung kann ein besonderes Zusammenspiel verstanden werden, ein Zusammenhang von Aktivitäten oder Praktiken der Pädagoginnen und der Schüler und Schülerinnen in besonderen Räumen und mit bestimmten Artefakten, der sich in einem gewissen zeitlichen Rahmen entfaltet (vgl. Reh/ Labede 2009, Reh/ Rabenstein/ Fritzsche 2010). In der Übergangssituation zwischen Pause und Unterricht, die als Schwellenphase bezeichnet werden kann (Wagner-Willi 2005a und 2005b), lassen sich vor dem Eintritt der Schüler und Schülerinnen in den Klassenraum Praktiken beobachten, die der Herstellung ihrer Unterrichtsbereitschaft dienen, wie etwa die Zurücknahme körperlicher Aktivitäten, das Einnehmen von Sitzplätzen, das Ordnen und Bereitlegen von Material. Auch die Gespräche der Schüler und Schülerinnen kreisen u.a. um unterrichtsbezogene Themen, wie die nächste Stunde, die Hausaufgaben, der Test in der letzten Woche etc.; sie adressieren sich damit gegenseitig als Schüler und Schülerinnen. Diese unterrichtsbezogenen Praktiken sind in der Übergangssituation durchzogen von peerkulturellen Praktiken, wie Spielen, Witze machen, Raufen, sich Ärgern oder anderem. Was geschieht nun in dieser Situation, damit der Unterricht anfangen kann? Wie wird die Ordnung des Unterrichts hergestellt, wie wird Schülern und Lehrern die Möglichkeit eröffnet, ein sachbezogenes Gespräch zu beginnen?
Die Bewältigung des Stundenbeginns, die Gestaltung des Übergangs von einer nicht-unterrichtlichen zu einer instruktionsbezogenen Situation gilt als eine besondere Anforderung des Klassenmanagements (Ophardt/ Thiel 2007). Unter diesem Begriff wird im Rahmen der empirischen Unterrichtsforschung untersucht, was die Ordnung des Unterrichts charakterisiert und wie sie im

Stundenverlauf hergestellt und aufrechterhalten wird (Doyle 1986). Unterschieden werden Anforderungen an das Lehrerhandeln in drei Bereichen (Ophardt/ Thiel 2007, Ophardt 2008), die auch für die Rekonstruktion der Anfangssituationen im Folgenden als Orientierung dienen können: Erstens wird Klassenmanagement als eine Steuerung sowohl sozialer als auch inhaltlicher Aktivitäten verstanden, als Zusammenspiel von Verhaltensanforderungen und inhaltlichen Anforderungen an die Schüler und Schülerinnen. Klassenmanagement beinhaltet demzufolge instruktionsbegleitendes, die Lehr-Lern-Prozesse unterstützendes Handeln, mit dem für bestimmte Aktivitätsstrukturen im Unterricht gesorgt sowie situativ auf Schülerverhalten etwa mit Zurechtweisungen reagiert wird. Zweitens schließt Klassenmanagement die Anforderung ein, mit Problemverhalten von Schülern umgehen zu müssen, also auf Störungen der Ordnung zu reagieren. Hierunter fallen auch Handlungen zur Konfliktbearbeitung – zum Beispiel mittels Gesprächen – innerhalb und außerhalb des Klassenzimmers. Drittens sind Handlungen zur Etablierung von Verhaltenserwartungen durch die Einführung und Aufrechterhaltung von Regeln und bestimmten Prozeduren Teil des Klassenmanagements.
Insofern das Lehrerhandeln erfolgreich ist und Störungen präventiv verhindert, ist man bei der Analyse von Klassenmanagement im Unterricht mit der Schwierigkeit konfrontiert, dass die Bedeutung der instruktionsbegleitenden Gestaltungshandlung oft implizit bleibt, d.h. es muss identifiziert und rekonstruiert werden, „worin im Einzelnen die Stützfunktion für die Ebene der Instruktion besteht“ (Ophardt/Thiel 2007, 137). In der Rekonstruktion von Interaktionen im Unterricht ist demnach auf der einen Seite nach den etablierten Handlungsroutinen auf Lehrer- und Schülerseite zu fragen, die durch die inhaltlichen Anforderungen des Unterrichts (Aufgaben, Material etc.) und die soziale Organisation des Unterrichtsgesprächs entstehen, und auf der anderen Seite danach, wie bei Störungen dieser reagiert wird, wie diese also aufrechterhalten und damit vor dem Zusammenbrechen geschützt werden (Ophardt 2008 mit Bezug auf Doyle 1986).

Für die Etablierung und Aufrechterhaltung von Ordnung im Klassenraum werden – das lässt sich an den abgedruckten Sequenzen beobachten – oft Rituale oder ritualisierte Handlungen eingesetzt. Die Begriffe Ritual und ritualisierte Handlungen werden inzwischen geradezu inflationär verwendet und die Unterscheidung zwischen diesen und etwa Regelsetzungen ist nicht immer leicht zu ziehen. Von Regeln unterscheiden sich Rituale, weil sie als „kulturelle Handlungen und Erscheinungen [...] aus der Sicht der jeweiligen Ritualisten unverzichtbar sind, aus einer rational-technischen Perspektive aber auch als überflüssig gelten können“ (Streck 1998, 49). Ein Beispiel für ein schulisches Ritual sind Einschulungsfeiern, die eine spezifische Symbolik und Ästhetik enthalten und durch eine immer gleiche Dramaturgie geprägt sind (Rademacher 2009). Demgegenüber lässt sich von einer Ritualisierung oder einer ritualisierten Handlung sprechen, wenn Handlungsabfolgen zwar zu einer festen Zeit und einem festen Ort stattfinden, aber kürzer sind, ihr symbolischer Gehalt geringer und ihre besondere Dramaturgie einfacher ist (Petersen 2001a und 2001b).

Rituale oder ritualisierte Handlungen spielen in der reformpädagogisch orientierten Schulpraxis vor allem der Grundschulen (wieder) eine wichtige Rolle, obwohl fraglich ist, inwiefern deren pädagogischer Einsatz nicht eine Paradoxie darstellt, weil echte Rituale gerade durch eine nicht rational zu erfassende Zweckmäßigkeit und eine äußerst begrenzte individuelle Verfügbarkeit ausgezeichnet sind (vgl. Wimmer/Schäfer 1998). Im Einsatz von Ritualen wird von deren Befürwortern die Chance gesehen, Gemeinsinn zu stiften und insbesondere den erzieherischen Aufgaben von Schule gerecht zu werden (Combe 2000). Rituale haben aus dieser Sicht einen ‚Sinnüberschuss', sie tragen nicht nur zur Aufrechterhaltung einer Ordnung bei, sondern ermöglichen darüber hinaus auch ästhetische Erfahrungen und moralische Entwicklungen auf Seiten der Schüler und Schülerinnen. Auf Rituale wird daher vor allem dort zurückgegriffen, wo Lehrende – gerade in offenen Unterrichtsformen – um die Herstellung einer aufmerksamen Arbeitsatmosphäre bemüht sind, dies aber nicht nur durch Sanktionierungen, sondern durch Hervorbringung einer aktiven Teilnahmebereitschaft der Schülerinnen und Schüler erreichen wollen.

Anhand der im Folgenden dokumentierten und interpretierten Fälle lassen sich insgesamt folgende Fragen thematisieren:

Wann fängt der Unterricht eigentlich an? Fängt der Unterricht an, wenn der Lehrer vor oder im Klassenraum in Interaktion mit einigen Schülern tritt oder erst dann, wenn er etwa die Klasse als Ganze anspricht und mit dem Thema beginnt, das er für die Unterrichtsstunde vorgesehen hat? Hat der Unterricht schon angefangen, wenn der Lehrer zwar die Klasse begrüßt hat und alle Schüler auf ihren Plätzen sitzen, der Lehrer mit den Schülern aber ein Gespräch initiiert oder zulässt, das nichts mit dem Fach zu tun hat? Deutlich wird, dass sowohl die Ordnung des Unterrichts als auch das Unterrichtsthema in dem Moment, in dem der Lehrer auf die Schüler trifft, nicht schon vorhanden sind. Vielmehr steht der Lehrer im Übergang zum Unterricht vor der Aufgabe, für die soziale Organisation und die inhaltlichen Anforderungen des Unterrichts zu sorgen.

Was zeichnet die Ordnung des Unterrichts gegenüber der der Pause aus? In allen Fällen wird sichtbar, dass Unterricht eine Institution mit einer eigenen Ordnung ist, die sich von der Pause zunächst durch eine aufeinander bezogene Positionierung von Lehrern und Schülerinnen, die eingeschränkten Bewegungsmöglichkeiten der Schüler, bestimmte Körperhaltungen, die die Schüler

und Schülerinnen und der Lehrende einnehmen, sowie bestimmte zur Verfügung stehende Artefakte unterscheidet.
Wie wird die Ordnung des Unterrichts hergestellt, welche Rolle spielen dabei Rituale oder ritualisierte Handlungen und wie wird auf Störungen reagiert, die die Etablierung oder Aufrechterhaltung der Ordnung gefährden können? Ruhe – um ein Beispiel zu nehmen – wird als Teil der Ordnung des Unterrichts in den vorliegenden Fällen auf recht unterschiedliche Weise hergestellt. In einigen Fällen wird sie verbal angemahnt, in anderen mit Hilfe einer ritualisierten Handlung gestiftet. Dabei lässt sich eine jeweils unterschiedlich große Ausdehnung der Übergangsphase beobachten: die eingesetzten Rituale können – wie im Fall der Entspannungsübung im Musikunterricht – die Übergangsphase genauso verlängern wie ihr Ausbleiben den Unterrichtsanfang hinauszögern kann, so im Fall der Eröffnung der Deutschstunde.
In jedem Fall wird erst mit der Herstellung der Ordnung des Unterrichts für Schüler und Lehrer die Möglichkeit eröffnet, ein sachbezogenes Gespräch zu beginnen. Die didaktische Frage, was dabei zunächst und auf welche Art und Weise zum Thema gemacht wird, was also zur ‚Sache' gemacht und wie sie präsentiert wird, kann anhand der Fälle wiederum recht unterschiedlich beantwortet werden; sie steht jedoch in unseren Interpretationen im Folgenden nicht im Zentrum.
Die hier abgedruckten sieben Fälle eignen sich, um jeweils Verschiedenes zu thematisieren:
Im vorangestellten, ausführlich interpretierten Fall, lässt sich das Thema des Anfangs unter einer die Perspektive auf Unterrichtsanfänge ergänzenden Frage diskutieren, nämlich als Frage nach dem Zusammenhang zwischen dem Setting der Institution Schule und der Ordnung des Unterrichts, wie sie am Schulanfang deutlich wird.
In der ersten der nur kurz kommentierten Sequenzen – der Beginn einer Unterrichtsstunde im Fach Geschichte/Politik in einer 8. Realschulklasse – kann beobachtet werden, wie der Lehrer, bevor die eigentlich inhaltliche Arbeit beginnt, Bedingungen und Arbeitsgrundlagen klärt und hier eine durchaus ambivalente Situation entsteht: Handelt es sich dabei schon um Unterricht oder um persönliche Arbeitsabsprachen?
Anhand der zweiten Sequenz – der Eröffnung einer Unterrichtsstunde Musik in einer 3. Klasse mit Hilfe eines Rituals – lässt sich diskutieren, welche Normalvorstellung von Unterricht hier aktualisiert wird und inwiefern mit dem eingesetzten Ritual eine weitere Form der Disziplinierung der Körper, die nicht nur ruhig, sondern in bestimmter Weise auch ‚entspannt' sein sollen, einher geht.
Die dritte Sequenz – die Eröffnung einer Deutschstunde in der 8. Klasse eines Gymnasiums – bietet Ansatzpunkte, um die Fragen zu diskutieren, wel-

che Folgen das Ausbleiben einer ritualisierten Handlung zur Markierung des Stundenanfangs hat und wie in diesem Fall auf Störungen der Ordnung des Unterrichts reagiert wird.
Am Beispiel der Eröffnung einer Biologiestunde in einer 5. Klasse mit Hilfe einer ritualisierten Handlung – dem Hochheben der Hand – kann insbesondere die Frage diskutiert werden, was dies für die körperliche Integrität der Akteure bedeutet.
Welche Faktoren für die Kennzeichnung einer Erziehungssituation als Unterricht ausgemacht werden können, soll anhand einer Schulstunde untersucht werden, die mit dem Versuch beginnt, einen in der Pause entstandenen Konflikt zwischen zwei Schülern zu lösen. Hier lässt sich u.a. danach fragen, in welcher Weise der Beginn des Unterrichts auch davon abhängt, ob und wie er überhaupt als solcher durch die Lehrenden erkennbar gemacht oder markiert wird.
In ähnlicher Weise kann der letzte Fall, in dem eine Schulklasse sich im Lateinunterricht lieber von einem vorhergehenden Test erholen möchte, dahingehend untersucht werden, wie auch die Schülerinnen und Schüler Unterschiede zwischen Anwesenheit und Unterricht verstehen und welche Auswirkungen diese Differenzierung für die Lehrenden haben kann.

1 Transkript und Interpretation

1.1 „warum seid ihr denn hergekommen?" – Die Schule beginnt

Im Folgenden haben wir eine Szene ausgewählt, die schon mehrfach von verschiedenen Autoren interpretiert worden ist. Sie ist von Arno Combe (1992) bzw. Arno Combe und Werner Helsper (1994), von Gerold Scholz (1994), Wilfried Lippitz (2000), von Andreas Wernet (2006) und vor kurzem von Sandra Rademacher (2009) zitiert und interpretiert worden. In Anschluss daran und in Modifizierung dieser fügen wir den vorgenommenen Interpretationen eine weitere hinzu. Unserer Ansicht nach lässt sich anhand dieser Szene in besonderer Weise sowohl das Setting der Institution Schule als auch Typisches an dem Setting des Unterrichts im Moment der Begrüßung der neuen Schüler und Schülerinnen rekonstruieren.

Beobachtungsprotokoll und Transkript

„Nach einer Theateraufführung versammeln sich Schulneulinge, ihre Eltern und die Lehrerin im ‚neuen' Klassenzimmer. Die Kinder haben schon Platz genommen, ihre Eltern stehen – es sind in der Mehrzahl Mütter – im Hintergrund des Raumes. Und so beginnt die Lehrerin:
‚Und jetzt habt ihr eine Lehrerin gekriegt mit so einem komplizierten Namen (...) Aber das werdet ihr ganz schnell lernen und eure Eltern, die haben das

schon gelesen auf dem Zettel. Die begrüß' ich natürlich auch ganz herzlich, hier zu ihrem ersten Schultag, hier in der 1a. Und ich hoff' nur eins, daß es hier keinen gibt, der Angst hat, das braucht er nämlich überhaupt nicht. Ihr werdet sehen, wie schön das hier wird bei uns und wie lustig das wird. Daß man natürlich auch was lernen muß, das ist ja wohl klar. Denn man geht ja nicht dreizehn Jahre in den Kindergarten (Lachen der Kinder). Und ihr wollt ja schlauer sein wie der Hase und wie der Igel in dem kleinen Stückchen da? Was wollt ihr denn eigentlich in der Schule, warum seid ihr denn hergekommen?'

Kind: ‚Weil wir lernen wollen.'

Lehrerin: ‚Ihr wollt lernen. Was wollt Ihr denn lernen?'

Kinder: ‚Schreiben, Lesen.'

Lehrerin: ‚Noch was?'

Kind: ‚Rechnen, Computerspiele.'

Lehrerin: ‚Rechnen. Ganz wichtig. Man kann ja nicht immer mit seinem Computer da ′rumlaufen. Das geht ja nicht (...) Und deshalb seid ihr hier hergekommen, weil ihr bei uns was lernen wollt. Wir sind also hier in der 1a siebenundzwanzig Kinder. (...) Jetzt will ich gucken, ob ihr auch wirklich alle da seid – nicht daß wir einen vergessen haben und der findet unsere Klasse nicht vor lauter Gedrängel. Wo ist denn die Jutta? Das ist die Jutta. Und der Martin ...?'

(Alle Kinder werden mit Namen genannt.)

Lehrerin: ‚Und eins könnt ihr auf jeden Fall schon alle, ihr könnt schon ganz toll eure Finger strecken. Und wenn das so bleibt, sind wir glücklich. (...)

An die Eltern gewendet: ‚Ich werde hier bis kurz vor 11 Uhr ein bißchen Schule machen' (Lachen der Eltern), ‚damit sie sich so ganz langsam daran gewöhnen. Und ihr' (Ansprache an die Kinder) ‚habt euch ja vielleicht einen ersten Schultag ausgesucht – Freitag – und dann gleich wieder zwei Tage frei. Das ist toll, aber das ist nicht jede Woche so. Aber das macht nichts, ihr werdet merken, wie schnell die ganze Woche rumgeht und wie schön das hier wird (...)'" (Combe/ Helsper 1994, S. 12/13).

Interpretation

Zunächst wird an dieser Szene ein Adressierungsproblem deutlich, vor das sich die Lehrerin gestellt sieht und auf das Rademacher (2009, 45) aufmerksam macht: In der Begrüßungsrede sollen in erster Linie die neuen Schülerinnen und Schüler angesprochen, aber auch deren Eltern sollen nicht vergessen werden. Diese Konstellation führt dazu, dass in der kurzen Ansprache die Eltern „zu ihrem ersten Schultag, hier in der 1a" begrüßt werden. Die Einbeziehung der Eltern in den Kreis der Erstklässler wirkt umso unangebrachter, als dass die Lehrerin nun die Angst vor dem ersten Schultag bzw. der Schule im Allgemeinen zum Thema ihrer Rede macht. Zum einen wären es wohl nicht die Eltern, die Angst vor dem ersten Schultag hätten (obwohl deren Sorgen nicht nur von dieser Lehrerin angesprochen werden, Rademacher 2009, 47), zum anderen thematisiert die Lehrerin die Angst nur, um sie sofort als unbegründet von der Hand zu weisen. Denn die Schülerinnen und Schüler würden bald sehen, „wie lustig“ es in der Schule sein werde. Warum die Lehrerin da-rauf kommen konnte, dass sich Kinder vor einem Ort, an dem es eigentlich „lustig“ ist, fürchten könnten, wird an der folgenden von ihr beschriebenen Dichotomie deutlich. Die Schule sei zwar lustig, aber „dass man natürlich auch was lernen muß“ scheint diesem Spaß entgegen gestellt zu sein. Es ist in den Augen der Lehrerin also genau das, was eigentlich das Selbstverständnis der Schule ausmacht, nämlich, dass sie ein Ort des Lernens ist, was nicht lustig sei und vor dem sich die Erstklässler ihrer Meinung nach fürchten könnten. In dieser kurzen Ansprache der Lehrerin zeigen sich die von Rademacher beschriebenen „Trost- und Motivationsgesten“ (Rademacher 2009, 45), zu denen sich verschiedene Lehrer offenbar durch ein von der schulischen Praxis aufgeworfenes „Rechtfertigungs- und Legitimierungsproblem“ hingerissen fühlen (ebd. 40ff.) Mit ihnen wird eine Kritik an bzw. Ablehnung von Schule und Unterricht unterstellt, die in diesem Fall noch gar nicht von Seiten der Schülerinnen oder Eltern zu beobachten gewesen ist.

Nun also zur Frage der Lehrerin: „Was wollt ihr denn eigentlich in der Schule, warum seid ihr denn hergekommen?“ Im Sinne der geforderten ‚Kontextfreiheit‘ der Interpretation ist es methodisch hilfreich, sich in der Interpretation zunächst die Frage zu stellen, in welcher Situation diese Frage sinnvollerweise gestellt werden könnte (siehe zur Methode 3. Kapitel dieses Buches). Indem man sich auf diese Weise künstlich naiv stellt, vermeidet man es, die eigenen vorgängigen Deutungsmuster zu Schule und Unterricht bloß auf die vorliegende Situation zu übertragen. Stattdessen wird es möglich, den Blick für die strukturelle Bedeutung und Besonderheit gerade dieser Situation zu öffnen. Die Frage mutet uns merkwürdig an, weiß doch jeder, warum Kinder in die Schule gehen: Sie müssen. Welche Situation wäre also denkbar? Diese Frage könnte die Frage eines Ethnologen sein, der – aus einer anderen Kultur kommend – die Schule in unserer Gesellschaft untersucht und die Anwesenden dazu befragt, warum sie in die Schule kommen. Es könnte auch sein, dass sich irgendwelche Leute in einem Schulgebäude zu irgendeinem ungewöhnlichen Zeitpunkt versammelt haben, weil sie dort etwas anderes machen wollen als schulischen Unterricht. Vielleicht findet ein Volkshochschulkurs in der Schule statt und die ankommenden Teilnehmer werden vom Hausmeister gefragt, was sie dort machen. Vielleicht sind es Jugendliche, die von dem Hausmeister gefragt werden, was sie eigentlich wollen; vielleicht wollen sie etwas in der Schule demolieren oder auch nur dort spielen, die Schule und ihr

Gelände nachmittags als unbeaufsichtigten Freiraum nutzen. Oder es ist die Frage eines Schulleiters, einer Lehrerin an einem ersten Schultag. Es wird sich kaum um einen x-beliebigen Unterricht handeln, den der Lehrer oder die Lehrerin auf diese Art einleitet – außer es würde die Unterrichtssituation selbst karikiert.

Zu erwarten wären in all diesen Situationen längere Ausführungen zur Nachfrage, vielleicht auch, wenn sich die Angesprochenen erwischt fühlen, betretenes Schweigen oder ‚Herumdrucksen'. Tatsächlich geschieht etwas anderes. Es wird eine typische Kommunikationssituation schulischen Unterrichts inszeniert. Und mehrheitlich beherrschen die Kinder das Spiel schon, in dem sie zu Schülern werden. Nachdem die Lehrerin bereits angekündigt hat, dass es in der Schule ums Lernen geht, werden nun die Kinder gefragt, warum sie gekommen seien. Tatsächlich, auch wenn sie gern in die Schule wollen, sind die Kinder nicht freiwillig da. Die korrekte Antwort auf die Frage der Lehrerin müsste ja eigentlich lauten: weil es eine staatliche Schulpflicht gibt, die für Kinder den Zeitpunkt der Einschulung festlegt.

Ein Kind erweist sich als sehr pfiffig, als „schulschlau", wie einmal ein Schulkind sagte, indem es zum Echo des Programms wird (vgl. Combe/ Helsper 1994), das die Lehrerin angekündigt hatte: „Weil wir lernen wollen". Das Kind antwortet nicht: weil ich lernen will, sondern weil wir lernen wollen. Es macht sich hier zum Sprecher oder zur Sprecherin der Klasse, der in der Klasse vergemeinschafteten Schüler und Schülerinnen. Es ist ja auch niemand individuell von der Lehrerin angesprochen worden: „Was wollt ihr denn eigentlich ...". Die Lehrerin bestätigt die Aussage der Schülerin oder des Schülers, indem sie sie noch einmal wiederholt. Das war offensichtlich die richtige, die von der Lehrerin erwartete Antwort. Was hätte die Lehrerin gesagt, wenn das Kind geantwortet hätte: Weil ich neugierig bin? Für den reibungslosen Ablauf eines Unterrichtsgespräches war die von dem Kind hier dokumentierte Antwort schon die bessere. Im Sinne einer akustischen Indoktrination, so Combe und Helsper (1994) in ihrer Interpretation, wird nun das Wort „lernen" noch einmal wiederholt: „Was wollt ihr denn lernen?" Auch jetzt erweisen sich einige der anwesenden Kinder als überaus kompetent. Sie nennen die drei großen Bereiche, um die es im Anfangsunterricht gehen wird: um Lesen, Schreiben und Rechnen.

Dann allerdings passiert dem Kind, welches das Rechnen anführt, ein kleiner ‚Fehler'. Zusätzlich zum Rechnen nennt es „Computerspiele". Man könnte geradezu der Auffassung sein, hier spräche einer, der die Situation in der Schule oder die Schule karikieren möchte: Computerspiele. Um alles mögliche andere als um Lesen, Schreiben und Rechnen kann es in der Schule noch gehen, aber doch bitte schön nicht um Computerspiele! Die sind nach dem Kindergarten, der immerhin zu seiner Zeit angemessen ist, das Andere der

Schule während der Schulzeit, das, was zum Symbol einer veränderten und schlechten Kindheit geworden ist und – sofern es sich nicht um Lernspiele handelt – als pädagogisch verwerflich angesehen wird. Und so reagiert auch die Lehrerin. Sie greift das auf, was richtig und wichtig ist, das Rechnen. Von hier aus stellt sie einen Bezug zum Computer her. Mit dem kann man nämlich nicht immer rumlaufen, also muss man doch rechnen lernen. Daran ist Verschiedenes bemerkenswert: Das Kind hatte nicht davon gesprochen, dass der Computer Ersatz für das Rechnen sein solle; es hatte ganz schlicht und ergreifend von Computerspielen geredet. Dieser Bedeutungsgehalt des Kinderbeitrages bleibt gewissermaßen ausgeblendet. Übrig bleibt – wenn schon Computer, dann nützlich – der Computer als Rechner im Sinne eines Taschenrechners. Aber – und das nun die Begründung für die Notwendigkeit rechnen lernen zu müssen – der Computer ist anscheinend zu groß, um ihn immer mit sich herumzuschleppen. Entweder stellt die Lehrerin sich an dieser Stelle dümmer, als sie ist, oder sie ist tatsächlich uninformiert. Und das Kind hat hoffentlich verstanden, dass es schulangemessene oder unterrichtsangemessene Antworten gibt und solche, die entweder ignoriert oder umgedeutet werden müssen. Das war anscheinend eine erste Lektion über Schule und Unterricht, die die Kinder – man könnte sagen – die Schüler, zu denen die Kinder hier schon geworden sind, erhalten haben.

Während also Combe und Helsper (1994) in dieser Schulanfangsszene vor allen Dingen das Problem der „pragmatischen Paradoxie“, der paradoxen Handlungsaufforderung herausstellen, die hier die schulische Kommunikationssituation kennzeichne und sie noch im „Wolle selbständig lernen, was Du lernen sollst“ charakterisiert, weist Gerold Scholz in einer anderen Interpretation der selben Schulanfangsszene (1994, 190-199) auf das Phänomen der Konstruktion des Schülers in dieser Sequenz hin. Kinder, die in der Schule sind, die hier lernen, sind Schüler und Schülerinnen. Die Personen, die ihnen gegenüber stehen, die die komplementäre Rolle spielen, sind Lehrer und Lehrerinnen. Rollen in Institutionen, wie hier der Schule, sind soziale Erwartungen an diejenigen, die diese Rolle übernehmen. Gerold Scholz stellt nun die Frage: Wie wird der Schüler hergestellt, auf den der Lehrer sich bezieht? „Kaum anzunehmen ist, dass sich das Kind in bürokratische und nicht bürokratische, in kindliche und schülerhafte Eigenschaften aufteilen lässt, wenn es in die Schulwelt eintritt. Der Schüler wird von der Schule zuerst zum Schüler gemacht“ (Scholz 1994, 191).

Und wie dieses geschieht, kann an dieser Schulanfangsszene – so Scholz – nachgezeichnet werden. Es geschieht im nächsten Schritt durch die Lehrerin: „Jetzt will ich gucken, ob ihr auch wirklich alle da seid – nicht dass wir einen vergessen haben und der findet unsere Klasse nicht vor lauter Gedrängel. Wo ist denn die Jutta? Das ist die Jutta. ...“. Und so geht es weiter. Gerold Scholz

(1994, 191/192) interpretiert: „Der rituelle Akt, jedes Kind beim Namen zu nennen, sich die Identität von Namen und Person durch das Kind bestätigen zu lassen und damit die Tatsache, dass es anwesend ist vor der Zeugenschaft der Eltern, impliziert nicht einfach die Erinnerung oder Wiederholung des Namens, sondern ist Benennung. Die Lehrerin nennt den Namen, das Kind antwortet mit hier oder mit ja oder ähnlichem. Weil es einen Vornamen doppelt gibt, nennt die Lehrerin hier auch den Nachnamen. Die Namen unterscheiden ein Kind von den anderen. Die Benennung erfolgt zum Zweck der Unterscheidung“. Dieses Aufrufen, diese Anrufung, die den Schüler gleichzeitig schafft und unterwirft (inwiefern Anrufung immer eine Form von Unterwerfung darstellt und als Produktion des Subjekts gleichzeitig Widerstandsmöglichkeiten schafft, beschreibt im Anschluss u.a. an den französischen Philosophen und marxistischen Strukturalisten Althusser Butler 2001; vgl. zu diesem Prozess der Subjektivation aus erziehungswissenschaftlicher Perspektive Ricken 2004, 2007), finden wir in vielen – auch literarischen – Beschreibungen von Schulanfangsszenen genauso wieder wie in den Tipps für die Gestaltung der ersten Schulstunde: „Wir schlagen vor, dass die Lehrerin jedes Kind mit seinem Namen anspricht und persönlich mit einer netten Bemerkung begrüßt. Die Kinder sollen erleben, dass sie persönlich willkommen sind und dass sich die Lehrerin über jedes anwesende Kind freut (...) Die Begrüßung kann sinnvollerweise mit der Überreichung von aufstellbaren Namenskärtchen mit dem Vornamen der Kinder verbunden werden“ (Knörzer/ Grass 2000, 145). Und sie ist für die Kinder wichtig; der Name überhaupt, erst recht der eigene Name, kann eine geradezu magische Bedeutung für die Kinder haben und eine Bestrafung – wegen Zuspätkommens – kann etwa als „Einbehaltung des Namens“ imaginiert werden: „Wie der Teufel den Schatten des Peter Schlemihl, hatte der Lehrer mir meinen Namen zu Anfang der Unterrichtsstunde einbehalten. Ich sollte nicht mehr an die Reihe kommen. Leise schaffte ich mit bis Glockenschlag. Aber es war kein Segen dabei“ (Benjamin 1987, 26). Die Anrufung in der Schule ist die Benennung in einer fremden, neuen Welt der Schule, in der man als Mitglied entweder Lehrerin bzw. Lehrer oder Schüler bzw. Schülerin sein kann – wenn man einmal von der Schulsekretärin oder dem Hausmeister absieht.

Den Kindern wird nun auch ausdrücklich bestätigt, dass sie etwas schon sehr gut können, was man in der Schule tun muss: sich melden, „eure Finger strecken“, um etwas sagen zu dürfen. Dass sie schulische Kommunikationsrituale teilweise schon beherrschen, hatte die erste Lektion tatsächlich bestätigt. Sie haben einige zentrale Strukturmerkmale der schulischen Kommunikation erlebt und sie sind eingeführt und benannt worden: Sie sind in dieser Stunde von der Lehrerin in der Institution zu Schülern gemacht worden.

Ist eine solche Interpretation, wie wir sie hier unter Rückgriff auf Combe, Combe/ Helsper, Scholz und Rademacher vorgenommen haben, gerechtfertigt? Überspannt sie nicht das, was eine solche Szene aussagt? Man könnte fragen: Kann man es überhaupt anders machen? Vielleicht wollte die Lehrerin es gar nicht so verstanden wissen, wie es hier interpretiert wurde? Vielleicht hatte sie ganz andere Absichten? Wichtig ist: Wir haben hier nicht über gute oder schlechte Absichten der Lehrerin gesprochen, wir haben überhaupt nicht über ihre Absichten gesprochen. Wir haben hier auch nicht darüber gesprochen, was man hätte alles anders machen können. Was wir an dieser Szene gesehen haben, sind Strukturmomente von Schule, Schulbesuch, Schülersein und Lehrersein. Sie sind unabhängig davon, wie nett oder wie ehrlich und respektvoll die Lehrerin oder der Lehrer ist. Für die Kinder macht dieses selbstverständlich einen großen Unterschied aus, an Schule verändert es strukturell nicht viel. Zusammenfassend haben wir Verschiedenes gesehen:

1. In dieser Begrüßungsszene einer Schulanfangssituation wird das Typische der Institution Schule eingeführt und zugleich geleugnet: Als den Kindern „die Angst“ vor der Schule genommen werden soll, werden die Besonderheiten der institutionellen Rahmung von Schule und Unterricht mit Schrecklichem, also mit etwas, wovor man Angst haben kann und mit dem die Kinder lernen müssen umzugehen, in Zusammenhang gebracht. Pointiert gesagt: Mit der Leugnung des Schrecklichen der Institution Schule wird dieses eingeführt und erst bewusst gemacht.
2. Die Kinder werden in dieser Szene eingeführt in typisch schulische Kommunikationsformen und -strukturen: Sie müssen lernen, was wann in der Schule wie gesagt werden kann, was passt und was nicht passt, etwa wenn die Lehrerin „vorauswissende“ Fragen stellt, auf die nur bestimmte, in den Plan passende Antworten zugelassen sind. Sie müssen sich in einer asymmetrischen Kommunikation mit den Lehrenden zurecht finden können. Dabei müssen sie möglicherweise mit paradoxalen Handlungsanforderungen der Institution Schule umgehen lernen – sich ihnen vielleicht entziehen können.
3. Die Kinder werden in dieser Szene zu Schülern gemacht und sie müssen auch dazu gemacht werden: Sie müssen lernen, dass sie in der Gruppe der Gleichaltrigen homogenisiert werden, um schließlich neue Differenzen und Hierarchisierungen aushalten zu können. Sie müssen gleichzeitig lernen, sich in der Gruppe der Gleichaltrigen eine bestimmte Position zu erwerben, um sich mit diesen auf einer anderen Ebene, also außerhalb des offiziellen Unterrichtsgeschehens, vereinigen zu können.

In den angeführten Interpretationen dieser Szene werden die von uns skizzierten Aspekte weiter vertieft: Sandra Rademacher (2009) zeigt im Vergleich mit einer Schulanfangsszene aus den USA, in der tendenziell eine Steigerung des Schulischen zu beobachten ist, die Leugnung des Institutionellen an Schulen in Deutschland. Das Thema von Combe und Helsper (1994) sind die Kommunikationsstruktur und die damit verbundenen paradoxen Handlungsanforderungen. Gerold Scholz (1994) behandelt – wie erwähnt – die Frage, wie Kinder hier zu Schülern gemacht werden.

2 Transkripte, Protokolle und Kommentare

2.1 „die Wanderzeit ist vorbei" – Bedingungen und Arbeitsgrundlagen klären

Bei dem folgenden Abschnitt handelt es sich um das Transkript eines Unterrichtsbeginns im Fach Geschichte/Politik der 8. Klasse einer Realschule. Die Stunde ist Teil einer Unterrichtseinheit zur Napoleonischen Herrschaft und wurde 1997 im Rahmen eines Forschungsprojektes über historisch-politischen Unterricht in der Sekundarstufe I aufgenommen (vgl. Schelle 2003 und Fall 5.1.1).

Transkript

Lehrer: Martin, die Wanderzeit ist vorbei
Martin: ja, ich muss (noch), (hab) mein Taschentuch weggeschmissen... [*es wird ruhig*]
Lehrer: welche Gruppen haben den Arbeitsvorschlag eins bearbeitet?, welche Gruppen haben den Arbeitsvorschlag zwei bearbeitet?
Alex S.: Herr *** (ich muss) dazu noch mal was sagen, Sören S. hatte das, und ??? nicht da ist
Mathilde leise: ich war nicht da Herr ***
Lehrer: und welche haben Arbeitsvorschlag drei bearbeitet? dann haben wir also alle drei
Mathilde leise: Herr ***, ich war nicht da (Lehrer: hm?) weil an dem Tag, als wir das aufgekriegt haben, bin ich nach Hause gegangen
Schüler von gegenüber: was (ich) versteh nicht
Mathilde laut: du brauchst das auch nicht zu verstehn

Kommentar & Fragen

Der vorliegende Transkriptausschnitt dokumentiert, wie Bedingungen und Arbeitsgrundlagen des Unterrichts geklärt werden, bevor ein Gespräch über die Sache beginnen wird. Auffällig ist zunächst, dass der Lehrer einen einzelnen Schüler direkt, mit Namen, anspricht, um ihn mit einer Feststellung implizit zurecht zu weisen und zu einem bestimmten Tun bzw. dem Unterlassen bestimmter Dinge aufzufordern. Das geschieht, indem ein bestimmter Zeitabschnitt spezifischer Qualität – die „Wanderzeit" – für beendet erklärt wird.

Mit dieser Art einer direkten Adressierung des Schülers geschieht mehreres gleichzeitig: Zum einen ist damit zunächst die Klasse als eine Gemeinschaft lernender Schüler nur indirekt, im Gegensatz zu dem persönlich angesprochenen Schüler, etabliert. Gleichzeitig geschieht dieses auf eine gegenüber dem Schüler auch ironisierende Art und Weise – es wird nicht einfach gesagt, setz dich bitte hin, sondern dessen Tun – das Herumlaufen im Klassenzimmer – wird als Wandern bezeichnet, das vielleicht anstrengende Selbsterfahrung ist und auch Ausbildungs- oder Bildungszeit – die Wanderschaft der Handwerksburschen – konnotiert. Die folgende Legitimation des Schülers Martin – „ja ich muss (noch) ich hab mein Taschentuch weggeschmissen" – verweist auf Möglichkeiten oder Notwendigkeiten der Argumentation in der Phase, in der die Arbeitsfähigkeit der Gruppe und in der Gruppe hergestellt werden muss. Im weiteren Verlauf, in dem der Lehrer sich vergewissert, wer welche Arbeitsergebnisse hat und auf diese im Folgenden zurück greifen kann, rekurrieren nun einzelne Schüler auf dieses, vom Lehrer selbst reproduzierte Muster des Zweiergespräches. So wie der Lehrer vorher einen einzelnen Schüler als Säumigen und/oder als jemanden, der sich bildete, als jemanden, der eine Show macht oder aber nur ‚rumdaddelte', aber eben als eine Art ‚ganze Person' adressiert hatte, wenden sich anschließend Schüler nacheinander direkt, fast einen Dialog erwartend oder initiierend an ihn. Sie unterbrechen damit immer wieder die Konstituierung der Klassen- als Gesprächsgemeinschaft im Vorgespräch, indem sie die Klassenöffentlichkeit mehr oder weniger deutlich in Frage stellen – besonders deutlich geschieht dieses durch Mathilde. In einer Art von persönlichen Absprachen machen sie jeweils deutlich, dass mit ihnen im Unterrichtsgespräch nicht zu rechnen ist. Es scheint wichtig zu sein, dieses in einer solchen Übergangsphase des Unterrichts, im Gespräch zur Klärung der Arbeitsgrundlagen zu machen. Möglicherweise treffen wir hier auf bestimmte Regelungen zwischen Lehrer und Klasse, die eine solche Phase dialogischer Gespräche etablieren. Eine entsprechende Regel könnte etwa die sein: Wer seine Arbeit nicht erledigen konnte, das aber zu Beginn, bevor der Unterricht als sachbezogenes Gespräch beginnt, dem Lehrer gegenüber offenlegt, hat keine Sanktionen zu befürchten. Die Phase eines Gespräches, die hier dokumentiert ist, könnte – will man sie denn unter dieser Perspektive betrachten – als eine Übergangsphase beschrieben werden nicht nur, weil in einem engeren Sinne noch kein Unterrichtsgegenstand ko-konstruierend produziert wird, sondern vor allem weil dyadische Interaktionsmuster den Versuch der Etablierung eines gemeinsamen Gespräches immer wieder konterkarieren.

Untersucht werden könnten anhand dieses Falles folgende Fragen in Bezug auf die beobachteten diskursiven Praktiken zur Herstellung von Arbeitsfähigkeit und Klärung der Arbeitsgrundlagen:

Wie und als was werden jeweils die einzelnen Schüler und Schülerinnen hier von dem Lehrer angesprochen bzw. adressiert?
Wie hätten an verschiedenen Stellen Handlungsalternativen ausgesehen und welche Bedeutung hätte das gehabt im Hinblick auf die Etablierung einer Übergangsphase bzw. des Unterrichts?
Welche Vorstellungen und Konzeptionen von Erziehung und Unterricht zeigen sich im Tun des Lehrers?

2.2 „hören wir jetzt erstmal ein bisschen entspannungsmusik" – Ruhigstellung der Körper

Das folgende Transkript sowie das rahmende Beobachtungsprotokoll sind im Kontext des Forschungsprojekts „Lernkultur- und Unterrichtsentwicklung an Ganztagsschulen" (Kolbe/ Reh/ Fritzsche u.a. 2008) entstanden, in dem Unterricht und erweiterte Lernangebote mittels Videografie untersucht wurden. Gegenstand des folgenden Ausschnitts ist ein Stundenbeginn des Musikunterrichts einer 3. Klasse im Jahr 2007.

Beobachtungsprotokoll und Transkript

Schüler kommen ungeordnet herein. Viele sitzen an ihren Plätzen, trinken oder essen. Einige holen ein Buch und einen Hefter aus einem Regal heraus und legen sie auf ihren Tisch. Die meisten schauen in die Kamera, winken, unterhalten sich und rufen dem gerade aufgenommenen Schüler zu. Einige blättern in ihrem Hefter oder Schulbuch. Der Lärmpegel wird immer niedriger. Die Lehrerin ist bereits anwesend, geht zwischendurch noch einmal raus, bereitet Material vor, heftet Bilder an die linke Seite der Tafel, spricht die noch „wuselnde" Klasse an. Die letzen Schüler nehmen Platz. Die Lehrerin geht noch mal in den hinteren Teil der Klasse und legt einen Stapel Bücher in ein Regal. Einige Schüler unterhalten sich leise mit ihren Nachbarn. Die Lehrerin steht rechts neben ihrem Tisch mit angewinkelten Armen und hält mit beiden Händen eine CD und sagt:
L: so meine lieben jetzt beruhigen wir uns erst einmal ihr sitzt ordentlich auf unseren plätzen alles was bei euch auf den plätzen liegt (xx unverständlich) gerätschaften oder so ihr fasst xx nicht an ihr versucht möglichst kameras zu vergessen und gar nicht mehr hinzugucken und wir machen ganz normalen musikunterricht so wie wir das jetzt normalerweise machen würden fertig ja und wir gucken jetzt da gar nicht hin so und damit ihr euch ein bisschen beruhigt und vielleicht die kameras vergesst weil ihr jetzt aus dem sportunterricht kommt hören wir jetzt erstmal ein bisschen entspannungsmusik xx kopf auf die bank ja jetzt kopf auf die bank
Während die Lehrerin spricht, legen die Schülerinnen und Schüler beinahe synchron, sehr still und rasch ihre Oberkörper auf die Tische und ihre Köp-

fe auf oder zwischen ihre Arme. Sie bleiben verhältnismäßig regungslos in dieser Stellung – einzelne bewegen ab und an leicht ihren Kopf oder ihre Beine – während für ca. drei Minuten leise, „sanfte“ Musik ertönt.

Kommentar & Fragen

Auffällig ist im vorliegenden Fall, dass Lehrerin und Schüler eine Zeitlang gleichzeitig im Klassenzimmer sind und verschiedenen Tätigkeiten nachgehen, die mehr oder weniger unterrichtsvorbereitenden Charakter haben. Auffällig ist auch, dass alle Schüler bereits ihre Plätze eingenommen haben, als die Lehrerin den Unterricht ‚offiziell' eröffnet. Obwohl das Beobachtungsprotokoll den Eindruck von schon ruhig auf ihren Plätzen sitzenden, auf den Unterrichtsbeginn wartenden Schülern erweckt, eröffnet die Lehrerin den Unterricht, indem sie die Schüler auffordert, sich zu beruhigen, ordentlich auf ihren Plätzen zu sitzen sowie mit einen Hinweis auf das, was die Schüler jetzt nicht mehr beachten sollen – die Kameras, vielleicht auch „alles, was bei euch auf den plätzen liegt“. Offensichtlich bedarf es also der Herstellung einer Ordnung des Unterrichts, die zum einen durch eine bestimmte Körperhaltung – einen äußerlich still gestellten Körper – charakterisiert ist und in der zum anderen gewisse, durchaus weiterhin sichtbare Gegenstände im Vergleich zur Pause keine Rolle mehr spielen dürfen. Zudem spielt in dieser Eröffnungssituation die Besonderheit der Aufnahmesituation eine Rolle. Es kann an diesem Beispiel untersucht werden, wie die Lehrerin und wie die Schüler mit der Situation, beobachtet zu werden, umgehen. Während die Schüler versuchen, die Aufmerksamkeit der Kamera auf sich zu lenken und mit der Kamera Kontakt aufnehmen, weist die Lehrerin sie mehrmals an, die Kameras nicht zu berühren und nicht zu beachten, die Anwesenheit der Beobachter also auszublenden. Offensichtlich soll die Besonderheit der Situation, die Anwesenheit von Beobachtern, keine Rolle spielen, damit der Unterricht sich normal, wie immer, entfalten kann.

Der Einstieg in ein Thema wird nun durch ein Ritual vorbereitet, das der Aufmerksamkeitsfokussierung auf Seiten der Schüler dient, eine Übung, die die Aufmerksamkeit der Schüler auf das Auditive ausrichtet, auf das, was sie hören, während gleichzeitig der visuelle Sinn reduziert, gar ausgeschaltet wird. Indem die Schüler ihre Köpfe auf die Tische legen bzw. in Händen und Armen vergraben, können sie ihre Aufmerksamkeit auf sich und das, was sie hören, richten, während sie nicht mehr sehen und beobachten können, was im Klassenraum stattfindet. Der Übergang zum Unterricht stellt sich hier dar als die Vorbereitung bzw. Einnahme einer bestimmten Haltung, einer körperlichen und geistigen Bereitschaft, mit dem Unterricht beginnen zu können. Mit der in diesem Ritual eingeforderten Körperhaltung geht eine Isolierung der Schüler und Schülerinnen einher: nicht nur verbale, auch non-verbale Kontaktaufnahme untereinander wird während des Abspielens der Musik unmöglich gemacht. Dabei wird neben der besonderen Körperhaltung die ‚Entspannungsmusik' als Medium zur Beruhigung und Ruhigstellung der Schüler und Schülerinnen eingesetzt. Zu überlegen wäre, ob diese Gestaltung des Übergangs etwas mit den speziellen Anforderungen des Musikunterrichts zu tun hat. Anzunehmen wäre, dass das Auditive im Musikunterricht eine gegenüber den anderen Unterrichtsfächern besondere Rolle spielt, da das Hören als exklusive Tätigkeit bei der Wahrnehmung von Musik eine eigene Rolle spielt, während vermutlich in den meisten anderen Unterrichtsfächern der Gebrauch beider Fernsinne, aber in besonderer Weise – und im Kontrast zum Hören – das Sehen eine besondere Rolle spielt, weil es für ein rational-distanziertes Verhältnis zur Welt und nicht, wie das Hören für ein „ursprüngliches Vernehmenkönnen" (Heidegger) steht (vgl. Klein 1998, 147).

Im Anschluss an diese Überlegungen und darüber hinaus können anhand dieses Falles folgende Fragen aufgegriffen werden:

Welche Normalvorstellung von Unterricht wird in den Kommentaren der Lehrerin zu möglichen Störungen der Ordnung des Unterrichts sowie insgesamt in dieser Stundeneröffnung deutlich?

Welche innere Haltung, mit der die Schüler und Schülerinnen dem Unterricht folgen sollen, könnte mit Hilfe des Rituals, das mehr als der Herstellung von Ruhe dient, erzeugt werden?

Auf welche Art und Weise greift das Ritual in die körperliche Integrität der Akteure ein?

2.3 „hast du's jetzt" – Störung des Unterrichtsanfangs

Das folgende Transkript sowie das rahmende Beobachtungsprotokoll sind im Rahmen des Forschungsprojekts „Lernkultur- und Unterrichtsentwicklung an Ganztagsschulen" (Kolbe/ Reh/ Fritzsche u.a. 2008) entstanden, in dem Unterricht und erweiterte Lernangebote mittels Videografie untersucht werden. Gegenstand des folgenden Ausschnitts ist der Beginn einer Deutschstunde der 8. Klasse eines Gymnasiums.

Beobachtungsprotokoll und Transkript

Die Kamera steht an der Fensterseite im vorderen Drittel des Raums und fokussiert die Lehrerin Frau Nettie, die mit einem Buch in der Hand, in dem sie blättert, an ihrem Pult steht. Vor ihr sieht man Schüler und Schülerinnen, die in der ersten Reihe sitzen, reden, essen etc.. Hinter ihr läuft ein Schüler in Richtung Tür. Frau Nettie spricht mit den Schülern in der ersten Reihe und zeigt ihnen ein Bild in dem Buch in ihrer Hand. Auf Anfrage zeigt sie es einem weiteren Schüler. Dann blättert sie erneut in dem Buch, während sie weiter mit den Schülern spricht, schlägt es danach zu und legt es auf den

Tisch. Frau Nettie dreht sich zur Tafel und wischt diese. Die Kamera schwenkt nach hinten in den Raum und kurz darauf wieder zurück zur Lehrerin, die nun an dem Pult sitzt und lächelt. Sie sortiert Unterlagen, die auf dem Tisch liegen, und spricht mit einzelnen Schülern bzw. Schülerinnen. Es ist währenddessen relativ laut im Klassenraum. Nachdem die Lehrerin zu sprechen begonnen hat, wird es etwas leiser.
Frau Nettie: so ... schhhhh ... okay . also von den ganzen stimmen zum buch ist noch eine geschichte offen und da würde ich auch ganz gerne dass ihr ein bisschen was notiert aber ich glaube diana hat vorher noch eine frage
Diana: und zwar an die kamerafrau wozu is eigentlich das jetzt überhaupt
Die Kamerafrau erklärt bei ausgestellter Kamera, wer sie sind und wozu sie filmen.
Frau Nettie: also schhh . also aber auf jeden fall ... schhhh ... bleibt ihr der nachwelt erhalten . ist doch schön
Schülerin: was bleibt erhalten
Frau Nettie: der nachwelt erhalten
Schülerin: ach so
Frau Nettie: so ... okay ... wir notieren also als zwischenschritt ... nettchen. [*Frau Nettie steht auf und schließt das offen stehende Fenster*] so ein süßer name und wir wollen uns heute an die figur erstmal nur annähern weil sie ... schhhh [*unverständliches Gemurmel*] hast dus jetzt
Schüler: ja ich habs
Frau Nettie: okay ... so
Schüler: hehe ... ist der dumm
Frau Nettie: also es wahr wohl kathrin die hat gefragt was ist nettchens rolle in der ganzen geschichte ...

Kommentar & Fragen

Die vorliegende Beschreibung der Übergangssituation zwischen Pause und Unterricht sowie des Unterrichtsbeginns erweckt den Eindruck großer Diffusität. Es bleibt lange Zeit unklar, ob der Unterricht schon angefangen hat und womit es losgehen soll. Die Schüler und Schülerinnen haben offensichtlich teilweise ihre Plätze schon eingenommen. Auch kommuniziert die Lehrerin schon mit einigen – mit denen, die in ihrer Nähe sitzen – über etwas in einem Buch, das sie in ihrer Hand hält. Zugleich sind jedoch auch noch unterrichtsvorbereitende Aktivitäten zu beobachten, wie Tafelwischen, Unterlagen sortieren. Einige Schüler sind außerdem mit noch ganz anderem beschäftigt: sie reden, sie essen, sie laufen umher. In dieser Situation hebt die Lehrerin, die an ihrem Pult sitzt, offensichtlich ihre Stimme – das, was sie jetzt sagt, konnte im Unterschied zu den vorherigen Gesprächen aufgezeichnet werden – und markiert mit einem „so ... schhhh .. okay“, dass es leiser werden soll, dass nun etwas Anderes kommt. Ohne dass in der Beschreibung eine weitere Aktivität ihrerseits oder eine besonders lange Pause verzeichnet ist, fährt sie fort, ein Thema und einen Arbeitsauftrag – besser eine Art vorsichtig vorgetragener Bitte – anzukündigen, ohne dass im Einzelnen deutlich wird, worum es in der Stunde gehen soll. Stattdessen überlässt sie – mitten in ihrem Satz – einer Schülerin das Wort, die sich vermutlich gemeldet hat. Nachdem deren Frage beantwortet ist, sieht sich die Lehrerin erneut gefordert, mit einem mehrmaligen „schhhh" die Lautstärke im Klassenzimmer zu drosseln, wobei sie zugleich die Kommunikation zwischen der Schülerin und der Kamerafrau kommentiert und auf die Nachfrage einer Schülerin antwortet. Erneut beginnt die Lehrerin, einen Arbeitsauftrag zu formulieren, sie kommt jedoch nicht dazu, ihn fertig zu sprechen, da es einerseits offensichtlich immer noch zu laut ist und andererseits ein Schüler ihre Aufmerksamkeit auf sich zieht, den sie – nun plötzlich ungeduldig – mit einem „hast du's jetzt" zurechtweist, woraufhin ein anderer Schüler wiederum kommentieren muss.

Diese Situation – so lässt sich fantasieren – könnte unendlich lange so weiter gehen: den Versuchen der Lehrerin, mit dem Thema zu beginnen, scheint immer etwas dazwischen zu kommen. Ihre Handlungen scheinen nicht an dem Thema und den Arbeitsvorhaben der Stunde ausgerichtet zu sein, sondern sich von den kleinsten Signalen der Schüler und Schülerinnen, die allerdings die Ordnung des Unterrichts nicht unbedingt gefährden, irritieren zu lassen. Im Hinblick auf die Frage nach dem Klassenmanagement formuliert, bleiben sowohl die Handlungserwartungen an die Schüler und Schülerinnen diffus als auch die inhaltlich an sie gerichtete Aufgabe. Die Schüler sollen leiser sein, aber es wird nicht abgewartet, bis Ruhe einkehrt. Die Schüler sollen sich mit einer Frage und mit einem Buch beschäftigen, etwas aufschreiben, aber es wird weder deutlich, auf welche Passage im Buch sich dieser Arbeitsauftrag bezieht, noch was genau die Frage ist. Aus der Perspektive der Schüler und Schülerinnen könnte sich die Situation auch folgendermaßen darstellen: Solange es nicht richtig losgeht, brauche ich auch nicht ruhig zu sein, da ich nichts verpasse.

Anhand dieses Falles lassen sich folgende Fragen zum Klassenmanagement des Unterrichtsbeginns diskutieren:

Welche Verhaltenserwartungen und welche inhaltlichen Anforderungen vermittelt die Lehrerin den Schülern und Schülerinnen auf welche Art und Weise?

Wie reagiert die Lehrerinnen auf vermeintliche Störungen der sozialen Ordnung?

Welche Folgen kann das Ausbleiben einer ritualisierten Handlung zur Markierung des Stundenanfangs haben?

-> Handlungsalternativen!

2.4 „danach stellt sie sich mit erhobener Hand in die Mitte des Raumes“ – Ruhe herstellen

Das folgende Beobachtungsprotokoll aus dem Jahr 2006 hat ein Student im Rahmen eines Seminars zum Thema ‚Unterricht beobachten’ bei dem Besuch des Biologieunterrichts einer 5. Klasse geschrieben.

Protokoll und Transkript

Die Lehrerin schließt die Tür auf und die Schüler strömen in den Klassenraum. Die Schüler packen ihre Sachen aus, reden dabei. Auch die Lehrerin räumt Unterlagen aus ihrer Tasche, danach stellt sie sich mit erhobener Hand in die Mitte des Raumes und wartet bis alle Schüler ebenfalls eine Hand hoch halten und still sind. Die Lehrerin wartet sehr lange, bis alle still sind, erst als es im Saal ganz ruhig ist, fängt sie an.

Lehrerin: „Guten Morgen!“
Schüler : „Guten Morgen Frau Hofmann*!“
Lehrerin: „Ihr hattet eine Hausaufgabe auf, wer sagt kurz, was auf war?“ Nimmt Marco * * dran.
Marco: „Wir hatten auf die Sachen rauszusuchen, wie man gut präsentiert, also eine Präsentation gut macht."

Kommentar & Fragen

Das vorliegende Protokoll des Unterrichtsbeginns erweckt den Eindruck großer Zielgerichtetheit des Handelns von Lehrerin und Schülern. Dass die Lehrerin das Klassenzimmer erst einmal aufschließen muss, kann darauf hinweisen, dass der Biologieunterricht in einem Fachraum stattfindet oder dass der Stunde eine große Pause vorangegangen ist. Vermerkt werden von dem Beobachter sodann unterrichtsvorbereitende Tätigkeiten: Schüler und Lehrerin sind damit beschäftigt „ihre Sachen“ bzw. „Unterlagen“ aus den Taschen auf die Tische zu legen; vermuten lässt sich, dass es sich bei dem, was die Schüler aus ihren Taschen holen, um die für den Unterricht relevanten Materialien handelt, auch wenn in dem Protokoll nicht spezifiziert wird, um was für „Sachen“ es sich handelt. Nach dieser – wie wir annehmen – unterrichtsvorbereitenden Tätigkeit, stellt sich die Lehrerin mit erhobener Hand in die Mitte des Raumes. Durch diese Positionierung in der Mitte des Raumes und das Heben ihrer Hand – also mit einem körperlichen Signal – gibt sie das Zeichen zur Herstellung von Ruhe. Das Einkehren von Ruhe ist ein offensichtlich wesentliches Moment der Ordnung des Unterrichts. Die Schüler folgen ebenfalls mit einer körperlichen Aktivität als Signal, sie heben ebenfalls ihre Hände. Dabei kehrt langsam Ruhe ein: Die Lehrerin wartet – „sehr lange“ – wie es im Protokoll heißt, bis alle still sind. Als alle still sind, begrüßt die Lehrerin die

Schüler, sie wird ebenfalls von ihnen begrüßt und beginnt unmittelbar darauf in traditioneller Weise mit einer Frage nach den Hausaufgaben. Damit – so können wir annehmen – ist der Unterricht eröffnet.

Das Betreten des Klassenraums wird gegenwärtig von den Beteiligten nicht mehr als Signal für den Beginn von Unterricht verstanden. In der vorliegenden Szene gibt es eine Übergangsphase von der Pause zum Unterricht, in der Lehrerin und Schüler unterrichtsvorbereitende Tätigkeiten ausführen, der Unterricht aber noch nicht begonnen hat. Um den Unterrichtsbeginn zu markieren, setzt die Lehrerin ein zusätzliches Zeichen als ritualisierte Handlung ein. Diese ritualisierte Handlung kann auch als Ersatz für Strafen bzw. deren Androhung verstanden werden. Statt die Schüler nur verbal aufzufordern, still zu sein, und dann, wenn diese der Aufforderung nicht sofort Folge leisten, Unruhige zu ermahnen und Bestrafungen anzudrohen, wird ein Ritual eingesetzt. Statt durch verbale Aufforderungen für Ruhe zu sorgen, wartet die Lehrerin ab, bis Ruhe einkehrt. Die erhobene Hand – auf Lehrer- und Schülerseite – spielt dabei eine zentrale Rolle. Die Hand zu erheben stellt eine körperliche Aktivität dar, das Heben der Hand diszipliniert die Körper, erzwingt sozusagen von sich aus Ruhe. Die Disziplinierung der Körper ist hier nicht zu verstehen im Sinne eines Drills, sondern im Sinne der Herstellung der Regungslosigkeit und Ruhigstellung der Körper. Dabei sind die Handlungs- und Entscheidungsspielräume der Schüler und Schülerinnen erheblich eingeschränkt: Sie können sich der ritualisierten Handlung des Handhochhebens kaum entziehen, ohne in die Gefahr zu geraten, dafür sanktioniert zu werden.

Im vorliegenden Fall können wir annehmen, dass es funktioniert. Zu vermuten ist, dass das Ritual bereits eingespielt ist, da alle Beteiligten offensichtlich wissen, was sie zu tun haben und es zu keinen Störungen des Ablaufs kommt. Möglicherweise sorgt für das Funktionieren des Rituals auch eine bestimmte Schulkultur, also ein schulweiter, von vielen Lehrern in den Klassen praktizierter Einsatz solcher Rituale (Helsper 2000).

Untersucht werden könnten anhand dieses Falles folgende Fragen in Bezug auf den Einsatz von Ritualen zur Herstellung der Ordnung des Unterrichts:

Wie wird mit Hilfe der eingesetzten ritualisierten Handlung genau welche Ordnung des Unterrichts hergestellt?

Wie greift das Ritual in die körperliche Integrität der Akteure ein?

Hat das eingesetzte Ritual über den disziplinierenden Charakter hinaus auch gemeinschaftsstiftende Funktion?

2.5 „bevor wir mit dem Unterricht anfangen, haben wir ja scheinbar noch was zu klären" – Nicht-Unterricht als Unterricht

Das folgende Unterrichtsprotokoll aus dem Wintersemester 2005/06 ist von zwei Studentinnen und einem Studenten im Rahmen eines Seminars zum Thema ‚Unterricht beobachten' angefertigt worden. Gegenstand der Beobachtung ist die 5. Stunde einer 6. Klasse eines Gymnasiums, die von einer Lehrerin unterricht wird.

Protokoll

11.40 Wir treffen uns mit der Lehrerin in der Aula der Schule und gehen mit ihr zusammen in den angrenzenden Neubau, in dem sich der Klassenraum befindet. Auf dem Flur sieht die Lehrerin schon von weitem, dass Schüler der Klasse sich streiten. Sie fordert die Schüler auf, sofort damit aufzuhören, und schickt alle zusammen in den Klassenraum. Die Schüler gehen zu ihren Plätzen, setzen sich und beginnen ihre Sachen auszupacken. Sie reden alle laut und durcheinander. Die Lehrerin sorgt für Ruhe und zeigt uns Plätze in der hinteren Sitzreihe, wo wir uns hinsetzen können.

L: So, ihr setzt euch jetzt alle mal hin und bevor wir mit dem Unterricht anfangen, haben wir ja scheinbar noch was zu klären. Aber zunächst einmal möchte ich euch noch unseren Besuch vorstellen. Die drei sind Studenten von der Uni [*geschwärzt*] und wollen auch Lehrer werden, deshalb schauen sie uns heute mal zu.

S1: [*dreht sich zu uns um und sagt leise*] Nur Streber werden Lehrer!

L: So, kann mir bitte mal jemand erklären, was da eben auf dem Flur los war?

Oliver: Ja, der Thomas hat mich geschlagen.

L: Aber Oliver du lebst noch, so schlimm kann es nicht gewesen sein.

S2: Aber der Thomas hat ihn wirklich geschlagen!

L: [*zu Schüler Thomas*] Warum hast du den Oliver geschlagen?

Thomas: Weil der mich beleidigt hat.

S3: Ja, das macht der immer. Der sagt dann: „Bääääah, du kommst aus [*Ort (geschwärzt)*] du stinkst."

L: Stimmt das? Hast du das gesagt? Haben wir nicht etwas in unseren Klassenregeln festgehalten?

Oliver: Ja schon, aber...

L: Aber was?

Oliver: Ich habs ja nicht so gemeint.

S4: Ach komm, du machst das immer. Und du sagst das so oft zu dem.

Oliver: Stimmt gar nicht!

mehrere S zusammen: Stimmt wohl.

S5: Du beleidigst ständig andere!

der beschuldigte S versucht sich zu rechtfertigen, aber die L: Warte mal. Wir haben doch gesagt, dass man sich die Kritik der anderen erstmal anhört und sich danach dazu äußern kann, ok?

Oliver: Ok.

S bringen noch einige andere Beispiele an, wo der Beschuldigte sie beleidigt hat.
L: Was sagst du dazu? Stimmt das so?
Oliver: Ja, das stimmt. Und ... es tut mir ja auch leid.
L: Gut, also klären wir nochmal, was wir in den Klassenregeln festgehalten haben und was ihr an eurer Klasse so gut fandet. Wer kann was dazu sagen?
S6: Wir finden gut, dass wir uns so gut verstehen und immer fair zueinander sind.
L: Aha, das findet ihr also gut. Warum verhalten sich dann einige doch unfair anderen gegenüber? Welche Regeln haben wir aufgestellt? Wer kann mir eine nennen?
S6: Wir wollen zudem andere immer aussprechen lassen und erst danach darauf antworten.
L: Richtig, sehr gut. Wer weiß noch eine?
S7: Wir wollen immer nett zueinander sein und Probleme nicht mit Gewalt lösen. Wir sollen über unsere Probleme sprechen.
L: Ganz genau. Ich sehe, ihr kennt die Regeln noch. Und falls doch nicht, könnt ihr sie euch nochmal hinten auf unserem Plakat an der Pinnwand durchlesen. Also: So was wie da eben auf dem Flur möchte ich hier nie wieder sehen, ist das klar? Es gibt keine Gewalt mehr!
Es folgt eine kurze Pause.
L: Gut, nachdem das dann geklärt ist [*ca. 10 Minuten sind bis hierher vergangen*], nehmt bitte eure Hausaufgaben raus, ich möchte mir die ansehen.
S nehmen die Hausaufgaben heraus, reden, es wird lauter im Klassenraum; die Lehrerin geht durch die Reihen, schaut jede Hausaufgabe an und spricht mit einzelnen Schülern.
L: Ok, so gut, wer liest bitte mal die erste Aufgabenstellung vor?
S8 liest Aufgabe vor.
L: Machst du auch bitte das erste Beispiel?

Kommentar & Fragen

Vor dem Hintergrund der Frage: „Wann beginnt der Unterricht?“ bietet diese Szene unterschiedliche Ansatzmöglichkeiten. Für die Lehrerin selbst scheint der Unterricht erst mit der Bearbeitung des eigentlichen Unterrichtsinhaltes zu beginnen. („…bevor wir mit dem Unterricht anfangen“). Sie möchte zuvor eine Auseinandersetzung, die sich während ihres Eintreffens vor dem Klassenraum abspielte, mit den beteiligten Schülern besprechen. Sie tut dies nicht in dem Moment, wo sie auf die Schüler trifft, sondern erst im Klassenraum, dem für den Unterricht vorgesehenen Raum. Bemerkenswert ist, dass sie für dieses Gespräch ein den Unterrichtsbeginn markierendes, ihrer Meinung nach Ruhe und Aufmerksamkeit förderndes Setting schaffen möchte, in dem sie die Klasse auffordert, sich zu setzen. Zugleich schiebt sie aber den Unterrichtsbeginn hinaus („…bevor wir mit dem Unterricht anfangen“). Nach einem Hinweis auf die anwesenden Studenten, fordert sie die Schüler auf, zu „erklären, was da eben auf dem Flur los war“. Die Frage richtet sie dabei nicht direkt an einen der an dem Konflikt Beteiligten, sondern an alle. Dennoch ergreift einer der Beteiligten das Wort. Im folgenden Verlauf des Gesprächs sucht die Lehrerin nur scheinbar den Grund für den Streit; der auf dem Flur beobachtete Streit zwischen Thomas und Oliver ist nur zu Beginn noch Thema, während es anschließend nur noch um das Verhalten Olivers seinen Mitschülern gegenüber geht, die ihn beschuldigen, sie stets zu beleidigen („das macht der immer“). Der Einzelfall gerät dabei vollständig aus dem Blick und Oliver hat kaum eine Chance, sich zu verteidigen, so dass ihm dann auch nichts anderes übrig bleibt, als sein Vergehen einzugestehen und sich zu entschuldigen („Ja, das stimmt. Und ... es tut mir auch leid.“). Insofern hat die Struktur des Gespräches Ähnlichkeit mit einem Tribunal. Schon relativ früh in dem Gespräch kommt die Lehrerin auf die Klassenregeln zu sprechen, die sie im letzten Teil des Gesprächs in einer für Unterricht typischen Art und Weise als Wissen regelrecht abfragt. Man könnte also den Schluss ziehen, dass der beobachtete Streit zwar Anlass, nicht aber Gegenstand des Gesprächs ist, in dem die Lehrerin auf das Ergebnis zuarbeitet, die Klassenregeln in ihrer Gültigkeit als Verhaltensmaßstab zu bestätigen, gegen die sowohl Ursprung (andere beleidigen) als auch „Lösung“ (andere schlagen) der Auseinandersetzung verstoßen. Sie geht davon aus, dass die Klasse nach dem Verweis auf die Regeln die Einhaltung dieser gelernt hat („Es gibt keine Gewalt mehr!“ „Nachdem das geklärt ist“). Infolgedessen muss die Frage nach dem Unterrichtsanfang in dieser Szene anders als im Sinne der von der Lehrerin gesetzten Markierung beantwortet werden; alles deutet darauf hin, dass die Interaktion zwischen Lehrerin und Klasse schon von Anfang an „Unterricht“ ist. Neben der erwähnten Aufforderung an die Schüler, sich hinzusetzen, trägt dazu auch die Struktur des Gesprächs bei, da die Lehrerin die erfolgreiche „Verinnerlichung“ eines bestimmten Lerninhaltes (hier die sozialen Regeln der Klasse) von den Schülerinnen und Schülern verlangt und dies mit der Abfrage der Regeln („Wer weiß noch eine?“) erreichen oder gar schon prüfen will. Vor dem Hintergrund der räumlichen Konzentration des Unterrichts auf den Klassenraum ist außerdem interessant, dass das von der Lehrerin beobachtete Vergehen außerhalb stattgefunden hat, in gewisser Weise also außerhalb des Geltungsbereichs seiner Regeln. Ein Verweis auf die (eventuell auch informelle) Schulordnung, die solche Auseinandersetzung sanktioniert, wäre also mindestens so angebracht wie der Bezug auf die Klassenregeln. Anstatt die Situation aber dementsprechend außerhalb des Klassenraumes und als Vertreterin der gesamten (Institution) Schule zu behandeln, hält die Lehrerin es für angemessen, Konflikt und

Lösung als Thema einer Klasse zu behandeln und dies räumlich auf ihren Verantwortungsbereich als (Klassen-)Lehrerin zu begrenzen, somit also zu „Unterricht“ zu machen (vgl. zum Aspekt der räumlichen Absonderung Foucault 1976, Giddens 1995).
Anhand dieses Falls lassen sich folgende Fragen diskutieren:
Welche Rolle für den Unterricht spielt der Raum?
Vor welches pädagogische Problem sieht sich die Lehrerin beim Betreten des Klassenzimmers möglicherweise gestellt?
In welchen unterschiedlichen Positionen (als Betroffene, Beschuldigte, Zuschauer, Ankläger etc.) beteiligen sich die Schüler und Schülerinnen an dem Gespräch?

2.6 „können wir heut was spielen“ – Nicht-Unterricht statt Unterricht

Folgendes Beobachtungsprotokoll einer Studentin aus dem Jahr 2006 ist im Rahmen eines Seminars zum Thema ‚Unterricht beobachten' entstanden. Gegenstand der Beobachtung ist der Lateinunterricht einer 7. Klasse eines Gymnasiums.

Protokoll

[*Lehrer betritt Klassenzimmer, Unruhe in der Klasse: Eine Gruppe von Mädchen sitzt zusammen und erzählt; Jungs rennen durch das Klassenzimmer; einige holen ihre Lateinbücher aus dem Spint.*]
Lehrer: Was ist denn hier los. Setzt euch zuerst mal auf euere Plätze
Schülerin 1: Oh wir haben Latein
Schülerin 2: Herr K. können wir heut was spielen
Schüler 1: Ja bitte wir haben eben Mathe geschrieben das war so scheiße
[*Schüler werden noch unruhiger, reden untereinander über den Mathetest.*]
Lehrer [*laut*]: Psssst [*legt Finger auf die Lippen*]... Geht erst mal auf eure Plätze dann begrüßen wir uns erst mal und dann könnt ihr mir mehr erzählen
[*Schüler gehen zu ihrem Platz, ein großer Teil stellt sich auf.*]
Lehrer: So und jetzt noch die anderen
[*Die restlichen Schüler stellen sich nach und nach auf, der Lehrer wartet vorne am Pult, bis die Schüler ruhig sind und alle auf ihrem Platz stehen.*]
Lehrer: Salvete discipuli
Schüler [*zusammen*]: Salve magister
[*Schüler setzen sich, geraten wieder in Unruhe.*]
Lehrer: Ruhe... Was seid ihr denn heute so unruhig. Liegt das an Mathe. Habt ihr heute eine Arbeit geschrieben
Schüler 2: Nein nen Test. Der war ganz unerwartet und ganz schwer
Schüler 3: Ja die Frau H. hat nix davon gesagt ich hab gar nix gewusst

[*Schüler werden unruhig, jeder erzählt mit Partner über seine Erfahrungen mit dem Mathetest.*]
Lehrer [*lächelnd*]: Ach ihr Armen. Aber nichtsdestotrotz haben wir jetzt Latein und müssen uns auch so langsam auf unsere nächste Arbeit vorbereiten. Ihr wisst schon
Schüler 4: Oh können wir net mal was spielen. Wir können uns doch jetzt gar net konzentrieren
Schüler 5: Ja und die nächste Stunde machen wir dann ganz fleißig mit
Schülerin 1: Und außerdem schreiben wir heut wahrscheinlich noch nen Geschichtstest
[*Unruhe unter Schülern*]
Lehrer: Nein spielen tun wir nicht. Seid doch mal ruhig
[*Schüler wirft Gegenstand zu einem anderen Schüler.*]
Lehrer: M. hör damit auf
Schülerin 3: Herr K. Sie sind doch auch Geschichtslehrer gell können Sie uns was über Caesar erzählen. Über den schreiben wir nämlich nen Test ähm sogar schon nach der Pause. Bitte
Schülerin 4: Bitte
Schülerin 5: Bitte Herr K. Sie kennen sich doch da gut aus
[*Lehrer lächelt.*]
[*Schüler auf der anderen Seite der Klasse sind unruhig, werfen sich Bonbons zu.*]
Lehrer: Jetzt hört doch mal auf damit steckt die Bonbons weg
Schülerin 3: Erzählen sie uns was über Caesar
Lehrer [*etwas lauter*]: So jetzt seid ruhig und hört. Zuerst machen wir jetzt ein bisschen Latein und in den letzten zehn Minuten erzähl ich euch was über Caesar
[*Schüler werden lauter, stimmen durcheinander dem Vorschlag zu.*]
Lehrer: Aber dann wird auch jetzt was geschafft
Schüler 6: Ja so wie immer [*lacht*]

Kommentar & Fragen

In der vorliegenden Szene sieht sich der Lehrer vor das Problem gestellt, dass er auf eine unruhige Klasse trifft, wobei einige Schüler den Grund der Unruhe (der Mathetest) und damit verbundene Wünsche in Bezug auf den nun folgenden Unterricht („können wir heut was spielen“) an den Lehrern herantragen. Die für Unterricht nötige Ruhe wird auch hier durch eine einfache körperbezogene, ritualisierte Handlung, herzustellen versucht, die im vorliegenden Fall bereits das Fachspezifische des Unterrichts in die Aufmerksamkeit der Schüler rückt: Die Schülerinnen und Schüler stehen bei der Begrüßung des Lehrers zunächst an ihren Tischen, um sich dann nach der lateinischen

Begrüßungsformel an diesen nieder zu lassen. Mit diesem – im Vergleich zur 2. Sequenz konventionellen, im Vergleich zur 3. Sequenz jedoch ausgeprägteren Ritual der Unterrichtseröffnung – markiert der Lehrer den Übergang von freier zu einer konzentrierten, auf den Lehrer ausgerichteten bzw. von diesem gesteuerten Kommunikation – zum Unterricht, ohne jedoch dann auf fachbezogenes Material oder eine Aufgabenstellung Bezug zu nehmen. Vielmehr beginnt nun nicht die fachliche Auseinandersetzung unter Anleitung des Lehrers, sondern nach dessen expliziter Aufforderung, erneut ein formloser Austausch über den Grund der allgemeinen Unruhe, der in dem geschickt platzierten Wunsch der Schüler gipfelt, den Unterricht an diesem Tag anders als sonst zu gestalten. Da sich die Unruhe nicht, wie vom Lehrer gewünscht, gelegt hat, er daher seinen Unterricht nicht beginnen kann – wenngleich er ihn bereits eröffnet hat –, lässt er sich unter einer Bedingung auf den Wunsch ein.

Wie bereits in der 3. Sequenz fällt eine gewisse Diffusität der Erwartungshaltung des Lehrers auf. Der (eigentliche) Unterricht beginnt auch für den Lateinlehrer erst mit dem Fachunterricht, in der Phase davor, die mit dem Begrüßungsritual eingeleitet wird, wird aber die gleiche Aufmerksamkeit der Schüler für die Rede des Lehrers gefordert. Der Zeitpunkt der geregelten Lehrer-Schüler Interaktion wird somit durch die Aufforderung, das erlernte Anfangsritual zu vollziehen, durch den Lehrer markiert. Anstatt aber an dieser Stelle den (Fach-)Unterricht zu beginnen, knüpft er an die vorangegangene Gesprächssituation an, mit dem Ergebnis, dass sofort wieder Unruhe einkehrt. Die Schüler registrieren dann auch, dass der Unterricht, im Sinne einer lehrergesteuerten Fachkommunikation, doch noch nicht begonnen hat. Offensichtlich mit dem Ziel, nun endlich zu dieser Interaktion zu gelangen, lässt sich der Lehrer auf den Handel der Schüler ein, indem er seine Bedingungen noch einmal formuliert ("…seid jetzt ruhig und hört zu (…) in den letzten zehn Minuten erzähl ich euch was über Cäsar." „Aber dann wird auch jetzt was geschafft."). Mit dieser letzten Bemerkung wird deutlich, in welcher Weise der Lehrer die Unterscheidung zwischen Unterricht und Nicht-Unterricht macht: Es ist die Frage der Produktivität. Das vorangegangene Gespräch kann deswegen kein Unterricht sein, weil dort nicht „was geschafft" wurde. Inwiefern die Schüler und Schülerinnen die Einschätzung, dass ihr Lateinunterricht produktiv sei, teilen, lässt sich an der Schülerreaktion „ja so wie immer" ablesen. Der Verlauf der Szene und diese Schüleraussage am Ende des Protokolls legen den Verdacht nahe, dass es in dieser Unterrichtsstunde – so wie in vielen Lateinstunden – so weitergehen könnte wie bisher.

Anhand dieses Falles lassen sich bezüglich des Klassenmanagements zum Unterrichtsanfang folgende Fragen diskutieren:

Wie stellt der Lehrer die Ordnung des Unterrichts her und unterläuft sie zugleich?
Wie tragen die Schüler und Schülerinnen zur Ordnung des Unterrichts bei und wie stören sie sie zugleich?
Fängt Unterricht immer erst dann an, wenn eine fachbezogene inhaltliche Anforderung an die Schülerinnen und Schüler gerichtet wird?

Literatur

Benjamin, W. (1987): Berliner Kindheit um Neunzehnhundert. Fassung letzter Hand u. Fragmente aus früherern Fassungen. Frankfurt/Main

Butler, J. (2001): Psyche der Macht: das Subjekt der Unterwerfung. Frankfurt/Main

Combe, A. (1992): Bilder des Fremden. romantische Kunst und Erziehungskultur. Zur Genese der Struktureigenschaften künstlerischen und pädagogischen Handelns. Opladen

Combe, A./ Helsper, W. (1994): Was geschieht im Klassenzimmer? Perspektiven einer hermeneutischen Schul- und Unterrichtsforschung. Zur Konzeptualisierung der Pädagogik als Handlungstheorie. Weinheim

Combe, A. (2000): Wie tragfähig ist der Rekurs auf Rituale? In: Groeben, A. von der (Hrsg.): Rituale in Schule und Unterricht. Hamburg, 105-111

Doyle, W. (1986): Classroom Organization and Management. In: Wittrock, M. C. (Hrsg.): Handbook of Research on teaching. Bd. 3. New York, 392-431

Foucault, Michel (1976/1994): Überwachen und Strafen. Die Geburt des Gefängnisses. Frankfurt/Main

Giddens, A. (1995): Die Konstitution der Gesellschaft: Grundzüge einer Theorie der Strukturierung. Frankfurt/Main u.a.

Helsper, W. (2000): Wandel der Schulkultur. In: Zeitschrift für Erziehungswissenschaft, 3. (1), 35-60

Klein, R. (1998): Vom Sehen zum Hören. Konstruktion einer spekulativen Phänomenologie der Wahrnehmung. In: Klein, R. (Hrsg.): Das Ganze und der Zwischenraum. Studien zur Philosophie Georg Pichts. Würzburg, 147-172

Knörzer, W./ Grass, K. (2000):Den Anfang der Schulzeit pädagogisch gestalten. Ein Studien- und Arbeitsbuch für den Anfangsunterricht. Weinheim u.a.

Kolbe, F.-U./ Reh, S./ Fritzsche, B./ Idel, T.-S./ Rabenstein, K. (2008): Theorie der Lernkultur. Überlegungen zu einer kulturwissenschaftlichen Grundlegung qualitativer Unterrichtsforschung. In: Zeitschrift für Erziehungswissenschaft, 11 (1), 125-143

Lippitz, W. (2000): „Und jetzt habt ihr eine Lehrerin gekriegt mit einem so komplizierten Namen ...“ Fremderfahrungen im Widerstreit professioneller wissenschaftlicher Deutungen. In: Jaumann-Graumann, O./ Köhnlein, W. (Hg.) (2000): Lehrerprofessionalität – Lehrerprofessionalisierung. Bad Heilbrunn, 45-62 [internet: http://www.uni-kassel.de/fb1/heinzel/fallarchiv/store_faelle/lippitz_schulanfang_3.html]

Ophardt, D. (2008): Die Herstellung von Ordnung als Zumutung oder Auftrag? Rekonstruktionen professioneller Orientierungen zum Klassenmanagement. In: Ehrenspeck, Y./ de Haan, G./ Thiel, F. (Hrsg.): Bildung, Angebot oder Zumutung? Wiesbaden, 243-258

Ophardt, D./Thiel, F. (2007): Klassenmanagement als professionelle Gestaltungsleistung. Methodische Überlegungen zur Rekonstruktion von Handlungsmustern des Klassenmanagements anhand von Unterrichtvideographierungen. In: Lemmermöhle, D./ Rothgangel, M. u.a. (Hrsg.): professionell lehren erfolgreich lernen. Münster, 133-145.

Petersen, S. (2001a): Rituale für kooperatives Lernen in der Grundschule. Berlin

Petersen, S. (2001b): Rituale für kooperatives Lernen in der Sekundarstufe I. Berlin

Rademacher, S. (2009): Der erste Schultag: pädagogische Berufskulturen im deutsch-amerikanischen Vergleich, Wiesbaden

Reh, S./ Rabenstein, K./ Fritzsche, B. (2010): Learning spaces without boundaries? Territories, power and how schools order learning. In: Social and cultural Geography (forthcoming)

Reh, S./ Labede, J. (2009): Soziale Ordnung im Wochenplanunterricht. In: deBoer, H./ Deckert-Peaceman, H. (Hrsg.): Kinder in der Schule. Zwischen Gleichaltrigenkultur und schulischer Ordnung. Wiesbaden, 209-228

Ricken, N. (2004): Die Macht der Macht – Rückfragen an Michel Foucault. In: Ricken, N./ Rieger-Ladich, M. (Hrsg.): Michel Foucault: Pädagogische Lektüren. Wiesbaden, 119-143.

Ricken, N. (2007): Von der Kritik der Disziplinarmacht zum Problem der Subjektivation. Zur erziehungswissenschaftlichen Rezeption Michel Foucaults. In: Kammler, C./ Parr, R. (Hrsg.): Michel Foucault in den Kulturwissenschaften. Eine Bestandsaufnahme. Heidelberg, 157-176.

Schelle, C. (2003): Politisch-historischer Unterricht hermeneutisch rekonstruiert. Von den Ansprüchen Jugendlicher sich selbst und die Welt zu verstehen. Bad Heibrunn

Scholz, G. (1994): Die Konstruktion des Kindes. Über Kinder und Kindheit. Opladen

Streck, B. (1998): Ritual und Fremdverstehen. In: Schäfer, A./ Wimmer, M. (Hrsg.): Rituale und Ritualisierungen. Opladen, 49-60

Wagner-Willi, M. (2005a): Rituale von Kindern beim Übergang von der Pause zum Unterricht. In: Die Deutsche Schule, 98 (2), 244-245

Wagner-Willi, M. (2005b): Kinder-Rituale zwischen Vorder- und Hinterbühne – Der Übergang von der Pause zum Unterricht. Wiesbaden

Wernet, A. (2006): Hermeneutik – Kasuistik – Fallverstehen. Stuttgart: Verlag Kohlhammer

Wimmer, M./Schäfer, A. (1998): Zur Aktualität des Ritualbegriffs. In: Dies. (Hrsg.): Rituale und Ritualisierungen, Opladen, 9-47

Carla Schelle

5 Die Ko-Konstruktion von Themen im Gespräch und schwierige Verständigungsprozesse

An den Fällen im vorhergehenden Kapitel kann gezeigt werden, dass die soziale Ordnung des Unterrichts nicht schon vorhanden ist, wenn Lehrperson und Schüler aufeinander treffen. In der Interpretation der Fälle dieses Kapitels wird der Schwerpunkt auf die „Sache“, auf den Inhalt der Unterrichtstätigkeit gelegt. Ohne diesen Sachbezug, der den Eigensinn schulischen Lernens unterstreicht, lässt sich nicht von Unterricht sprechen. Aber, wie wird eine Sache, ein Inhalt zum Thema im Unterricht, zum Unterrichtsgegenstand? Wer Unterricht plant und vorbereitet, der setzt sich mit Aspekten der Sache, um die es gehen soll, auseinander, er bzw. sie führt eine so genannte Sachanalyse durch, um die Aspekte des Themas begründeterweise auszuwählen, die im Unterricht thematisch werden sollen. Zumeist sehen Unterrichtsplanungen und -entwürfe erfahrener Praktiker vor, Inhalte bzw. Themen der Stunde vorab anzukündigen. Verbunden ist damit der Anspruch, die Schülerinnen und Schüler wissen zu lassen, worum es gehen wird. Aber auch mit dieser Ankündigung, ist die Sache noch nicht zum Unterrichtsgegenstand geworden. Die Rede von Unterrichtsgegenständen ist meist metaphorisch gemeint, sie erfolgt also auch dann, wenn diese gar nicht physisch, material präsent und greifbar sind. Jedoch führt auch das Zeigen von Gegenständen, Bildern oder anderem genauso wenig weiter wie die programmatische Unterstellung in didaktischen Materialien, dass beispielsweise Napoleon, die Ritterzeit, die Allianzarena, die Fußballweltmeisterschaft (siehe dazu die Fälle unten) gegenwärtig sind, gewissermaßen vorliegen, das Problem lösen, wie eine Sache von Lehrenden und Lernenden kommunikativ zum Unterrichtsgegenstand gemacht wird. Wir gehen vielmehr davon aus, dass Themen und Gegenstände – unabhängig von einem materialen oder bloß gedanklichen Präsent-Sein – immer erst im Unterricht von Lehrern und Schülern konstruiert werden müssen. So lässt sich anhand der Unterrichtstranskripte/-protokolle beobachten, dass die Sache nicht von allen Beteiligten gleichermaßen verstanden und aufgefasst wird, dass es vielmehr unterschiedliche Zugänge

zu und Vorstellungen von einem Gegenstand gibt bzw. geben kann und – nimmt man die konstruktivistische Lernforschung und die These des konstruktiven Charakters jeden Lernens ernst – auch geben muss. Notwendig ist also im Unterricht eine Vermittlung dieser unterschiedlichen Perspektiven. Sinn und Verstehen müssen immer erst gegenstandsbezogen und von Fall zu Fall erzeugt werden (vgl. Kapitel 2.2.2). Man kann sagen: Die Beteiligten erweisen sich als (Ko)-konstrukteure, ihre Beiträge sind konstitutiv für die Entstehung der Unterrichtsthemen und -inhalte und schließlich den Unterrichtsverlauf und die Gestaltung der Lernprozesse (vgl. Tulodziecki/ Herzig/ Blömeke 2004, 26ff.). Die kommunikative Konstruktion von Themen kennzeichnet also Unterricht. Unterricht ist maßgeblich bestimmt durch Aushandlungen, durch das ständige Bemühen sich anderen verständlich zu machen und andere zu verstehen, durch das Erzeugen anschlussfähiger Äußerungen nach bestimmten Regeln wie in Kapitel 2.2.1 gezeigt werden konnte.
Der Unterricht, so konnte bereits in Kapitel 2 gezeigt werden, bricht auch dann nicht ab, wenn jenseits der gemeinsamen Verständigung etwa über eine Sache Missverstehen oder Missverständnisse vorliegen. Den fortlaufenden verbalen aber auch nonverbalen Kommunikationsprozessen, in denen „Zeichen wie Gedanken, Gefühle, Handlungen, Dinge und Situationen“ ihren Ausdruck finden (vgl. Schäfer 2005, 64) kommt eine zentrale Bedeutung im Klassenzimmer zu. Die Klassenzimmersituation als pädagogische Situation ist komplex und mehrdeutig, es gibt situations- und personenabhängig unterschiedliche Deutungen bzw. Bedeutungen. „Die Bedeutungswelt der Lerner ist eine andere als die der Lehrer und jeder Lerner befindet sich wiederum in einer anderen Lernsituation als seine Mitlerner“ (Meyer/ Keuffer/ Kunze/ Schmidt/ Ziegler 2000, 215). Das „Verstehen eines Anderen [...] als Verstehen seiner Handlungsorientierung“ (Geulen 1989, 286) ist diesem Verständnis nach genau genommen eine basale Kulturtechnik, die für pädagogische Interaktionen notwendig und konstitutiv ist, der im Unterrichtsalltag aber auch Grenzen gesetzt sind. Bisweilen werden die Bemühungen um einen verständnisvollen Umgang miteinander durchkreuzt von eigenwilligen Interventionen, die von anderen nicht akzeptiert werden, denen nicht jede/jeder zustimmt. Erfahrungen von Differenz und Krisen kennzeichnen das alltägliche Unterrichtsgeschehen. Der Unterricht als Interaktions- und Kommunikationssystem gilt als „störanfällig“. Doch was unter einer Störungen zu verstehen ist, kann nicht generalisierend und eindeutig bestimmt werden (wer stört wen? wen stört was?). Im Einzelfall betrachtet werden Handlungen, Verhaltens- und Reaktionsweisen erst dann zu Störungen, wenn sie als solche konstruiert und klassifiziert werden. Der Schüler, der zeitlich versetzt zu seinen Mitschülern den Klassenraum betritt, muss als „Zuspätkommer“ nicht zwingend auch ein Störenfried sein. Der Lehrer kann mit dem Unterrichten fort-

fahren, obschon das Verhalten des Schülers auch für ihn nicht bedeutungslos ist. Denn grundsätzlich kommt allen menschlichen Handlungen, ob mit oder ohne Worte, ob noch so banal und sinnlos erscheinend, Bedeutung zu und es obliegt der eigenen *hermeneutischen Anstrengung* sich die noch unbekannte, fremde Bedeutung anzueignen (Lorenzer 1992, 24).
Zur Beobachtung und Diskussion, wie diese Aushandlungen und Verständigungsprozesse im Unterricht erfolgen und welche Schwierigkeiten und Fallstricke sich den Lehrenden und den Schülern stellen, sollen die nachstehenden Fälle dienen.

1 Vermittlung von Lebenswelten und Unterrichtsthemen

Den Auftakt bildet eine Sequenz zu einer markanten Herrscherpersönlichkeit der europäischen Geschichte, Napoleon Bonaparte, der für Kinder und Jugendliche heute wenig subjektive Relevanz haben dürfte (siehe Kapitel 1.1.1). Entgegen dieser Annahme rückt eine Gruppe von Schülern dem Herrscher im Verlauf des vorliegenden Unterrichtsgesprächs nahe. Die eigene Lebenswelt (Imbissbude) und der aufwendige Lebensstil Napoleons (Sternerestaurant) geraten aneinander (Fremde Thematik, Kontextualisierung zur Lebenswelt).
In einem nächsten Fall ist eine Lehrerin mit ihrem Konzept explizit an der Lebenswelt der Schulkinder orientiert (siehe Kapitel 1.2.1). Es geht um die Rollen von Vater, Mutter und Kind, zu denen es sich in Bezug zu setzen gilt. In ihren Schilderungen entwickeln die Schulkinder andere Perspektiven als von der Lehrerin geplant (Rollenvorstellungen, Geschlechter, Öffentlichkeit und private Sphäre).
Auch in der nächsten Sequenz geht es einer Lehrperson darum, Unterrichtsinhalt und Lebenswelt oder besser Schülerwelt aufeinander zu beziehen (siehe Kapitel 1.2.2). Der guten Absicht des Lehrers, die Schülermitsprache zu thematisieren, scheinen die Schüler und Schülerinnen weniger Bedeutung beizumessen (Schülermitsprache, struktureller Konflikt, asymmetrische Entscheidungsstruktur), sie haben offenbar ihre Gründe.
Die nächste Sequenz einer Unterrichtsstunde im Fach Deutsch einer Grundschule wird von der Lehrerin über ein Thema eingeführt, das bei vielen Schülerinnen und Schülern auf Interesse stößt, die anstehende Fußball WM von 2006 (siehe Kapitel 1.2.3). Das sportliche Großereignis wird zum Aufhänger für anschließende Grammatikübungen. Dass die Schüler „am Ball" bleiben, davon zeugt eine dokumentierte Gruppenarbeitsphase (Themenauftakt, Motivation und/oder Taktik).
Den Anschluss bildet eine Unterrichtsstunde nochmals mit Bezugnahme auf die Fußball WM, diesmal verkleidet in eine Rechenaufgabe zum Kartenver-

kauf einer bekannten Fußballarena (siehe Kapitel 1.2.4). Ein Schüler ist, was die Anzahl der Karten anbelangt, informiert und durchkreuzt das Vorhaben des Lehrers mit seinem Wissensvorsprung (Motivation und/oder Taktik, Schülerintervention, Sachantinomie).

Zwei Sequenzen aus Kreisgesprächen in der Grundschule (siehe Kapitel 1.2.5) unterscheiden sich in der Bedeutungszuschreibung und Wertschätzung die Schüler und Schülerinnen durch ihre Schilderungen, die sie beisteuern, erfahren. Im ersten Beispiel fragt sich eine Lehrerin mitwissend durch die private Erzählung einer Schülerin, kein anderes Schulkind ist offiziell an dem Gespräch beteiligt. In dem zweiten Beispiel hingegen reagieren Schülerinnen und Schüler auf einen stummen Impuls der Lehrerin mit Erzählungen, die sie anschlussfähig und für alle verständlich vorbringen (Insidertalk, Kommunikation als Ko-Konstruktion).

Mit zweifelhaftem Abfragen beginnt die abschließende Sequenz (siehe Kapitel 1.2.6). Die Redeweise der Lehrperson führt zu einer Raterei auf Schülerseite, anstatt einen die Sinne und das ästhetische Empfinden der Schüler und Schülerinnen ansprechenden Zugang zu einem modernen Musical (Unterrichtseinstieg, Raterei, Lehrvorstellung statt motivierendem Auftakt) zu schaffen.

In allen Fällen werden Themen und Inhalte der Stunde konstruiert bzw. ko-konstruiert, in unterschiedlichen didaktischen und methodischen Settings, mal mehr und mal weniger unter der Beteiligung der Schülerinnen und Schüler, mal mehr und mal weniger gelungen. Alle Fälle werfen unseres Erachtens daher folgende Fragen zur weiteren Bearbeitung und Beurteilung auf:

Inwiefern konstruieren die Beteiligten thematische und inhaltliche Aspekte der Stunde?

Wie gehen sie dabei vor?

Welche Rolle spielen dabei die Sichtweisen der Schüler und Schülerinnen?

1.1 Transkript und Interpretation

1.1.1 Aufstieg und Fall Napoleons – wie Schüler sich Brücken zum Unterrichtsthema bauen.

Zum pragmatischen Kontext, in den die Situation eingebettet ist: Es handelt sich um Unterricht im Fach Geschichte/Politik einer 8. Realschulklasse aus dem Jahre 1997 (vgl. Fall 2.1 in Kapitel 4). In dieser Stunde werden die Niederlagen Napoleons und seine Rückkehr aus dem Exil auf der Insel Elba zum Thema (vgl. Schelle 2003).

[...]
Sören: ja also das ist finde ich selbstverständlich wenn ich mal über fast ganz Europa geherrscht hätte da geb ich mich doch nicht zufrieden wenn ich sone kleine Insel hab dann wird
[...]
Kristo: ich finde er wurde denn übermütig
Roman: find ich auch
Claus: nachher wurde er (Kristo: fast verrückt) größenwahnsinnig
[...]
Lehrer: ja beteiligt euch ruhig alle ich finde die Diskussion sehr interessant
SCH: ???
Claus: du brauchst dich nicht melden laber einfach dazwischen
[*verhaltenes Gelächter*]
Lehrer: versucht es eh ich will das (Bastian: ja dass man sich gegenseitig drannimmt) mal bisschen vornehmer ausdrücken versucht das doch mal deshalb sitzen wir jetzt hier auch so [*gemeint ist die Sitzordnung: etwa Hufeisen*] dass ihr so versucht mit Blickkontakt wirklich die Diskussion in Gang zu bringen
Sören: eh das ist jetzt vielleicht kein guter Vergleich aber wenn man reich ist und jeden Tag ins fünf sechs Sterne Restaurant geht dann gibt man sich doch nicht zufrieden wenn man einmal nur noch in Imbissbuden gehn kann (Claus: muss) muss ja muss
SCHm: das kann auch lecker sein
[...]

Der erste Sprecher in dieser Sequenz, der Schüler Sören, leitet seine Rede mit den Worten „ja also“ ein. Damit ist ein Anschluss markiert. Stimmt er einem Vorredner/einer Vorrednerin zu? Zu erwarten ist eine Art Schlussfolgerung. Mit den Worten „das ist finde ich selbstverständlich“ wird ein für den Leser noch unbekannter Sachverhalt aus Sprechersicht in die Sphäre des „Normalen“ gehoben. Der Sachverhalt ist konditional formuliert, in einer Form des Möglichen beschrieben: „wenn ich mal über fast ganz Europa geherrscht hätte“. Unter dieser Voraussetzung, die nur gedankenexperimentell durchgespielt werden kann, folgt eine Option: „da geb ich mich doch nicht zufrieden wenn ich sone kleine Insel hab“. Nach den darauf folgenden Worten („dann wird“) ist die Rede unterbrochen.
Die Sichtweise des Schülers Sören lässt sich zusammenfassen: Er findet sich gedanklich wie „selbstverständlich“ in die Geschicke des mächtigen Napoleons ein. Für Sören scheint klar, hätte er (ebenso wie Napoleon) „über fast ganz Europa geherrscht“, hätte er (ebenso wie Napoleon) sich nicht mit einer

kleinen Insel zufrieden geben können. Wie geht der Schüler dabei vor? Offenbar versetzt Sören sich in die Lage Napoleons und versucht, die ihm grundsätzlich fremde Person bzw. deren Entscheidung zu verstehen. Dabei kann man bei Sören etwas für das Verstehen sehr Wesentliches erkennen: Das Verhalten Napoleons wird versuchsweise auf einen Kontext bezogen, der in Sörens Gedächtnis gleichsam als Bild und Vorstellung bereit liegt (Fröhlich/ Stenger 2003). Mit anderen Worten: das Verstehen und der Verstehensprozess zeigen sich hier als Prozess der Re-Kontextualisierung. Dies führt dazu, dass ein bestimmter Inhalt überhaupt kommunikativ bearbeitet werden kann. Die zu bearbeitende Information wird mit im Gedächtnis (vgl. Seel 2003, 37ff.) bereit liegenden Bildern in Zusammenhang gebracht, mit Situationsmodellen, Situationsphantasien, mit kulturell bereit liegenden Stilfiguren, die dem Schüler verfügbar sind. In diesem Sinne lässt sich hier von einer individuellen Konstruktion eines Unterrichtsthemas sprechen, das nicht wirklich präsent ist, das medial vermittelt von einem fremden, vergangenen und außergewöhnlichen Lebenswandel erzählt.
Nach einer Unterbrechung schließt der Schüler Kristo nachdrücklich („ich finde") mit seiner Sicht der Dinge an. Kristo findet – und hier liegt ebenfalls eine Re-Kontextualisierung vor –, dass Napoleon „übermütig" wurde. Kristo geht offenbar davon aus, dass Napoleon sich überschätzt, sich getäuscht hat über das, was real möglich ist. Seine Äußerung erinnert an das Sprichwort ‚Übermut tut selten gut'. Der Schüler Roman stimmt seinem Vorredner zu. Ein anderer Schüler, Claus, geht seinerseits noch einen Schritt weiter, indem er interpretiert, dass Napoleon „nachher" – also zu einem späteren Zeitpunkt – geradewegs „größenwahnsinnig" wurde. Zwischendurch wirft Kristo relativierend ein: „fast verrückt". Wollte er seinem Mitschüler auf die Sprünge helfen? Beide kreieren – anders als Sören zuvor – die Person Napoleons eher als maßlos, als jemanden, der um den Verstand gebracht und nicht voll zurechnungsfähig, man kann sagen der Situation unangemessen handelte. Beobachtet werden kann, dass im Schlagabtausch zwischen den Schülern die Zuschreibungen und Angemessenheitsurteile sich zuspitzen. Insgesamt lässt sich hier von den Schülern als Ko-Konstrukteuren sprechen, die sich gemeinsam eine Sache/einen Sachverhalt mehr und weniger anschaulich vor Augen führen (vgl. Krummheuer 2007).
Nach einer Sprechpause fordert der Lehrer auf, dass sich „ruhig alle" an der Diskussion beteiligen. Ist ihm die Beteiligung nicht breit genug gestreut? Sollen sich noch mehr bzw. auch alle anderen beteiligen? Wie soll eine Diskussion, an der sich eine ganze Schulklasse beteiligt, funktionieren? Warum lässt er die Diskussion, die er als „sehr interessant" bezeichnet, nicht einfach laufen? Erweist sich der Lehrer hier nicht als ‚Störer' des Schülergesprächs? Durchkreuzt nicht der Lehrer die konstruktiven Beiträge der Schüler (Dies

lässt sich ansonsten eher umgekehrt beobachten: Schüler durchkreuzen Vorhaben von Lehrpersonen, bringen diese aus dem Takt)?
In der Folge reiben sich die Entwürfe der Schüler und die Entwürfe des Lehrers: Es geht hier um Beteiligung, um Rederecht, um das Aushandeln eines Settings, um die kommunikative Konstruktion und Qualifizierung einer bestimmten Art und Weise miteinander im Unterricht zu reden. Der Schüler Claus setzt eine Schülerin oder einen Schüler, die bzw. der etwas sagen möchte, darüber in Kenntnis, dass Sich-Melden nicht nötig sei und fügt lax hinzu: „laber einfach dazwischen". Deutet er die Intervention des Lehrers als eine Art Freibrief für Beiträge jeglicher Art und Qualität? Das daraufhin folgende verhaltene Gelächter lässt auf Irritation und Befremden bei seinen Mitschülern und -schülerinnen schließen. Auch der Lehrer reagiert, er „will das mal bisschen" – wie er ironisch sagt – „vornehmer ausdrücken". Damit weist er die Äußerung von Claus nicht grundsätzlich zurück. Zwischendurch erläutert der Schüler Bastian, „dass man sich gegenseitig drannimmt", damit werden gewissermaßen wieder geregelte Abläufe in Aussicht gestellt. Einer nach dem Anderen soll geordnet und koordiniert das wechselseitig zugestandene Rederecht erhalten. Dazu dient die möglicherweise erst neuerdings („deshalb sitzen wir jetzt hier auch so") arrangierte Sitzordnung, die es offenbar ermöglicht, dass sich die Schülerinnen und Schüler anschauen können. Der Lehrer verbindet damit die Erwartung „dass ihr so versucht mit Blickkontakt wirklich die Diskussion in Gang zu bringen". War die Diskussion nicht bereits in Gang gebracht?
Thematisiert ist hier das Wahrnehmen und Wahrgenommenwerden als ein dem Unterricht wesentliches Merkmal. „Die Teilnehmer nehmen wahr, daß sie wahrgenommen werden. Darin […] besteht die Teilnahme (Partizipation) am Erziehungssystem. […] Vor allem garantiert das laufende Wahrnehmen des Wahrgenommenwerdens eine basale Gleichzeitigkeit des Beobachtens und Verhaltens verschiedener Teilnehmer" (Luhmann 2002, 103). Weiter heißt es: „Angesichts der Größe und Komplexität des Systems muss daher die Beteiligung an der Kommunikation geregelt werden. Dies geschieht mit Hilfe der Rollendifferenzierung von Lehrer und Schüler. Der Lehrer darf immer. Die Schüler müssen sich auf das Wahrnehmen des Wahrgenommenwerdens stützen; sie müssen sich melden. Das allgemeine Verbot des Dazwischenredens, das auch in Familien beachtet werden muss, genügt nicht" (ebd., 105). Das Wahrnehmen und Wahrgenommenwerden ist in der vorliegenden Sequenz offenbar pädagogisch (disziplinierend) und didaktisch (anzeigen und sehen, wer mit einer bestimmten Äußerung an eine/n Vorredner/in anschließen möchte) bedeutungsvoll.
Der Lehrer findet also einerseits die Diskussion interessant und will sie auf alle ausgeweitet sehen. Zugleich versucht er, auch die Diskussion im Zaume

zu halten, weil die Schüler offensichtlich gerade eine gewisse Vornehmheit fallen lassen und beginnen, sprachlich und inhaltlich frei zu reden und zu assoziieren. Im Laufe dieser Passage entwickelt sich eine Assoziationsdynamik, die eine anregende und spannende Auseinandersetzungen verheißt, die aber nicht immer hochsprachlich und kontrolliert abläuft, da dabei auch Gefühle, geheime Wunschgedanken bis hin zu Ressentiments und Aggressionen freigesetzt werden.

Anschließend an die Rede des Lehrers leitet Sören einen Beitrag relativierend damit ein, dass dies „vielleicht kein guter Vergleich" sei. Was hat er vor? Er fährt fort, indem er wieder eine Situationsvorstellung bemüht, um zum wiederholten Male das Vorgehen und die Entscheidungen Napoleons verstehend nachvollziehen und darlegen zu können. Wortwörtlich sagt er: „aber wenn man reich ist und jeden Tag ins fünf sechs Sterne Restaurant geht", wenn man (konditional) – anders als er und seinesgleichen – ein äußerst kostspieliges und luxuriöses Leben führt. Davon geht er zunächst einmal in Gedanken und voraussetzungsreich aus: „dann gibt man sich doch nicht zufrieden, wenn man einmal nur noch in Imbissbuden gehen kann". Damit beschreibt er die drastischen Spuren, die der nur schwerlich zu akzeptierende soziale Abstieg bedeuten mag. An einer Imbissbude steht man zumeist im Freien. Ohne besonderen Service und Bedienung verzehrt man, eher eilig als in Muße, ein schnell zubereitetes, kostengünstiges Essen arrangiert auf einer Pappunterlage mit Plastikbesteck. In der Gastronomie ist daher auch die Rede von so genanntem *fast food*. Der Mitschüler Claus pflichtet Sören bzw. Sörens Äußerung (und Re-Kontextualisierung) bei und scheint diese sogar noch zuspitzen zu wollen, indem er korrigierend interveniert „muss" und damit die Möglichkeit zu einer Notwendigkeit umdeutet. Ein anderer Schüler wertschätzt den Imbissbuden-Stil und meldet damit implizit Kritik an den Sichtweisen zuvor an: „das kann auch lecker sein". Dies lässt sich nach dem Motto deuten: Es muss nicht immer vom Feinsten sein, es muss nicht immer Kaviar sein. Die Welt geht hier zumindest nicht – wie es in einer Redeweise heißt – vornehm zugrunde. Schließlich bekommt also der Schüler Sören – als Folge der Ko-Konstruktionen und Aushandlungen, die diese Sequenz durchläuft – seine eigene Lebenspraxis von seinesgleichen reflektiert. Anzunehmen ist, dass auch er potentieller Kunde an Imbissbuden ist. Die Frage, die also unausgesprochen im Raum steht, könnte lauten: Essen wir nicht auch an der Imbissbude?

Nun kann man sich nochmals fragen: Wie gehen die Schüler vor? Was zeigen die Schüler? Ist es Reflexivität, Selbstironie in Anbetracht materieller Grenzen? Ist die eigene Lebenswelt Ideengeber für die Konstruktion, für das sich gegenseitige Vergegenwärtigen des fremden Unterrichtsthemas, der fremden Person Napoleons und für die daraus hervortretenden Unterschiede in Fragen von Lebensstil und Lebensführung? Und bzw. oder sind es Fatalismus, Re-

signation und Ressentiment derer, die sich mit (viel) weniger zufrieden geben (müssen)?
Sören hat den Stellenwert seiner Aussage vorweg relativiert: „das ist jetzt vielleicht kein guter Vergleich". Zunächst einmal gilt es festzuhalten, dass er durchaus methodisch vorgeht. Reflektierend zieht er offenbar die Unterscheidung von Kontexten in Betracht: einerseits die Mikroebene (Essgewohnheiten, Nahbereich, heute) und andererseits die Makroebene (Napoleon, Herrschaft, Europa, damals). Zudem rückt er ab von der Ich-Perspektive zum verallgemeinernden „man".
Es geht um Stil und im wahrsten Sinne des Wortes um Geschmacks-Fragen, um Fragen von Lebensführung und Zugehörigkeit, die die Schüler mit Bezug auf ihre eigene Lebenswelt zu beantworten suchen. Diese Aspekte sind hier konstitutiv für die Herstellung des Unterrichtsgegenstandes, wenn man so will. Es können bloß Vorstellungen, Bilder um die Person Napoleon herum imaginiert und beschrieben bzw. kommunikativ bearbeitet werden. Dabei werden hypothetisch Kontexte an das Handeln angelegt und damit Interpretationsketten in Gang gesetzt, die einen kulturellen Raum auf dem Hintergrund des Erfahrungsrahmens von Jugendlichen ausleuchten. Die kommunikativen Konstruktionen um Napoleon, die Sinnzuschreibungen und das Verstehen kennzeichnen hier das Interaktionsgeschehen bis hin zu den Reibungen zwischen Lehrperson und Schülern.
Bei Michael Meuser heißt es: „In den erfindungsreichen, gleichwohl habituell gebundenen Interpretationen der Akteure, und nur darin, ‚leben' die sozialen Strukturen" (Meuser 2001, 207). Hinzugefügt werden kann, dass die Interpretationen dadurch leben, dass sie in szenischer Phantasie in Kontexten verortet werden. Und darauf kommt es bei den Deutungen, die die Jugendlichen im vorliegenden Fall machen, an. Mit anderen Worten: Im Vergleich zwischen einem „fünf sechs Sterne Restaurant" und einer „Imbissbude" als *(f)einem Unterschied*, leben soziale Strukturen, sind Fragen der Positionierung, des Lebensstils virulent (vgl. Bourdieu 1987). Zu sehen, dass die Schüler im Medium der Re-Kontextualisierung mit Vorstellungen von Gesellschaft und gesellschaftlichen Positionierungen operieren, eröffnet Chancen für die Lernsituation, für Lehrerinnen und Lehrer. Fragen etwa von gesellschaftlicher Positionierung müssen demzufolge nicht direkt, appellhaft oder moralisierend thematisiert werden. Vielmehr hätten Lehrer und Lehrerinnen die Möglichkeit auf sich anbahnende Erkenntnisse, auf Selbsterkenntnis so zu reagieren, wie dies gute Berater tun: Rückmeldungen geben, dabei Assoziationsräume offen halten und Diskurse nicht bremsen (vgl. Knigge 1988).
Geschmacks-Fragen, dies wird an der ausgewählten Sequenz deutlich, sind auch Auseinandersetzungen mit Gesellschaft, mit sozialer Ungleichheit und Differenz. Sie berühren Fragen und Aspekte jugendlicher Lebensführung und

bestimmen offenbar auch die Suche nach habitueller Übereinstimmung, Zugehörigkeit und Differenz. Fragen des Lebensstils und der Lebensführung verweisen auf eine Form habituell gebundener Verstehensleistungen, an die im Unterricht angeknüpft werden kann. Verstehensvorgang und die Verstehensversuche funktionieren in der gedankenexperimentellen Re-Kontextualisierung von Handeln, eine Re-Kontextualisierung, an die auch im Alltag unsere Angemessenheitsurteile und die Urteilsbildung anknüpfen.

Genauso geht der Schüler Sören vor, indem er das Handeln von Napoleon in vergleichende Kontexte stellt, die Lebensstile und Lebensführungsmodelle bezeichnen. In welcher Form inhaltlich an Lebensstilangebote und -attribute angeknüpft wird, verdeutlicht das Fallbeispiel und es verdeutlicht auch in welcher Form dies methodisch geschieht: Lebensstil ist oft der Fokus, der Gegenstand von jugendlichen Interpretationsereignissen und die Re-Kontextualisierung ist ihre Methode der konstruierenden Operation.

Das rekonstruierte Vorgehen der Schüler im vorliegenden Fallbeispiel mag daher exemplarisch sein für Lernsituationen in geistes- und sozialwissenschaftlichen Lernfeldern. Interessant sticht hier hervor der Umgang mit ‚Fremdem', der sich vor allem in der Überwindung von Distanz im Verhältnis von eigenem Leben und Erleben zu zeitlich und räumlich Entlegenem zeigt. Der nicht ohne weiteres fassbare Unterrichtsgegenstand wird imaginiert, gewissermaßen mental durchdrungen und kommunizierbar.

1.2 Transkripte, Protokolle und Kommentare

1.2.1 „wenn meine Mutter nicht zu Hause ist" – Lebenswelten, die sich im Unterricht begegnen

Die Sequenz ist einer qualitativen Studie zur Vorbereitung, Durchführung und Analyse einer sozialwissenschaftlich orientierten Sachunterrichtsstunde im dritten Schuljahr einer Grundschulklasse entnommen. Das Thema der Stunde lautet „Ritter- und Bauernkinder im Vergleich mit heutigen Mädchen und Jungen". Zu den Zielen der Lehrerin gehört, dass sich die Schülerinnen und Schüler mit Geschlechterrollen kritisch auseinandersetzen (vgl. Richter 2000, 7ff.). Bis zu dieser Sequenz sind in jeweils unterschiedlichen historischen Kontexten das Leben von Ritterkindern, Bauernkindern und Kindern heute thematisiert worden. Kleine Geschichten und Arbeitsblätter lagen dazu vor (vgl. Schelle 2000).

Transkript[1]

Lehrerin: [...] Wenn man sich das alles hier so ansieht, könnte das *wichtig sein* für euch Kinder, dass sich da was verändert hat und dass da auch für euch wichtig – dass auch für wichtig ist, dass ihr *spielen könnt* und die Sachen machen könnt? Lotta war auf dem richtigem *Weg. Mmm.* (.)
Ist die Frage zu *schwer*? (.) *Ist auch*
[*Josephine, Marvin und Paul melden sich.*]
Lehrerin: schwer.(.) *Josephine.*
Josephine: Da kochen- kocht die *Mutter*, da kochen die-ähm *Kuchen* oder
[*Josephine beschreibt eine Abbildung.*]
Josephine: irgendwas hier.
Lehrerin: Das ist der Vater, der mit den Kindern backt. Da kann man nämlich *auch schon* sehen, das macht der *Papa*. (.) In der *Ritterzeit* wäre das *nicht* möglich gewesen, dass der Vater mit den Kindern Kuchen backt, ne? Das wär gar nicht gegangen. (.) Da haben wir ja schon etwas *ganz Wichtiges*, was Josephine herausgefunden hat, was sich verändert hat (.) Ja?
X: Die müssen auch arbeiten, dass sie halt Geld für hat (.) die
[*Die Lehrerin deutet auf Marvin, der sich noch immer meldet.*]
X: Lebenssachen- ( ) Hmm.
Lehrerin: Die *Eltern*? Und die *Kinder*?
X: - dass die auch etwas zum Essen kriegen.
Lehrerin: Müssen die *auch noch* arbeiten, die Kinder? *Hmm*
X: *Nein.*
Lehrerin: *Auch* ganz schön wichtig. Ja?
Roger: Ich spiele auch öfter mit Wladimir.
Lehrerin: du spielst mit Wladimir. *Schön*, das geht, *ne*?
Roger: Hmm
Paul: Mein Opa hat früher *auch immer* so
[*Paul und Josephine melden sich*]
Paul: Unterdecker aus Stein gemacht. Hat er so immerso kleine *Plättchen* gesammelt, da sind ähm – *Schiffe* und was drauf, die hat er dann *zusammengeklebt*. *Magnus.*
Lehrerin: *Jaaa.*

---

[1] Dieses Transkript ist übernommen aus Richter (2000). Aus drucktechnischen Gründen ist das ursprüngliche Querformat aufgehoben und Betonungen sind anders als im Original kursiv gesetzt.

[*Die Lehrerin geht zum Overhead-Projektor zurück.*]
Magnus: Mein Vater, der kocht *auch* immer, wenn meine Mutter nicht zu Hause ist.
Lehrerin: Dein Papa kocht *auch.* (.) Würdest *du das* später *auch* machen?
Magnus: *NÖ.*
Lehrerin: Du würdest es *nicht machen*?
X: Ich auch nicht.
X: ( )
X: ( )
Lehrerin: Aber du hast *bei deinem Papa* gesehen, dass er es *macht, ne*? Hmm…
X: (Ich würde das machen.)
Clemens: Und da- ich habe *auch* zu Hause- da hat meine Mutter mich gefragt, ob du auch mal arbeiten willst im *Haus*? Und da hab ich gesagt: Ja. Und da verdien ich jetzt auch Geld im *Haus*.
Lehrerin: (Und da kriegst du jetzt ein paar) Groschen für Treppe fegen oder so was? Oder *wie*? Ja?
Clemens: Oder wenn ich jetzt- äh- also für *eine Stunde* lang krieg ich immer fünf *Mark*.
[*Wladimir und Vanessa melden sich.*]
Lehrerin: Oh, is ja gut. ( ).
Joshua: Wenn ich Papa helfe ( )
Lehrerin: Vanessa.
Vanessa: Ähm Mama hat mich auch gefragt, nach ähm- ob ich *auch mal* was im Haus machen kann, *ne*? Und da habe ich *ja* gesagt. Und *Mama* und Papa haben sich erst mal *hingelegt*, weil sie so *müde* waren. Da habe ich das ganze Haus saubergemacht und abgewaschen und gekocht.
[*Lotta meldet sich kurz.*]
Lehrerin: Also hast- helft ihr *auch schon* ganz schön viel zu Hause, ne? […]

Kommentar & Fragen

In der Grundschule werden häufig erfahrungs- und subjektbezogene Zugänge beim Unterrichten favorisiert. Die vorliegende Sequenz zeigt, dass dieses Vorgehen im Bereich des sozialen und politischen Lernens Gefahr läuft, in scheinbar unverbindliche Aushandlungen abzudriften (Richter 2000, 220 ff.). Nicht bloß in den Schilderungen der Schülerinnen und Schüler, auch in den Umgangsweisen zwischen Lehrerin und Schülerinnen und Schülern vermischen sich diffuses mit spezifischem Rollenverhalten (vgl. Parsons 1968).

Unterschiedliche Lebenswelten, Lebensweisen von Erwachsenen und Kindern treffen aufeinander.
Die Lehrerin möchte Veränderungen bzw. Unterschiede in den Lebensweisen und Rollenerwartungen an Jungen und Mädchen bzw. Männer und Frauen gemeinsam mit der Schulklasse herausarbeiten. Sie ist dabei an der Lebenswelt, an den Sichtweisen der Schülerinnen und Schüler orientiert und interessiert. Dies erweist sich als riskant. Die Schülerinnen und Schüler scheinen weniger an einer Auseinandersetzung mit den Geschlechterrollen (vgl. Faulstich-Wieland 2008) und deren historischer Entwicklung orientiert zu sein, vielmehr schildern sie freimütig eigene Erfahrungen. In ihren Schilderungen kommen eigenes Erleben, eigene Vorstellungen, subjektiv verarbeitete Beobachtungen zum Vorschein. Die private Sphäre der häuslichen Welt wird zum Gegenstand der Kommunikation in der öffentlichen Institution Unterricht bzw. Schule und die Lehrerin wird mit nicht vorhersehbaren, teils assoziativ vorgebrachten Schilderungen konfrontiert, die nicht ohne weiteres in die inhaltliche Struktur des Unterrichts passen, die sich auch nicht ohne weiteres systematisieren lassen und die dennoch bedeutsam scheinen.
Leitfragen bei der Interpretation der Sequenz können sein:
Welche Bilder, Vorstellungen konstruieren und kommunizieren die Schülerinnen und Schüler im Gespräch mit der Lehrerin?
Welche Relevanz hat die Kategorie Geschlecht für die Schüler und Schülerinnen in den Schilderungen ihrer familären Erfahrungen?
Inwiefern werden aus den Kindern, aus den Mädchen und Jungen im öffentlichen Raum der Schule Schülerinnen und Schüler (vgl. Helsper u.a. 2009)?

1.2.2 „keiner will ja sonst" – ein vermeintlich schülernahes Unterrichtsthema

Der Unterricht einer 8. Gesamtschulklasse im Fach Politik, aus dem die folgende Sequenz stammt, wurde im November 1996 im Rahmen eines Begleitforschungsprojektes aufgezeichnet, bei dem es um die Rekonstruktion von Politikvorstellungen von Schuljugendlichen ging (vgl. Schelle 1999).

Transkript

Lehrer: also was hier noch dazu gehört ( ) Klassensprecher ihr habt gewählt zwei Klassensprecher welche sind das Katrin?
[*Gelächter*]
Katrin: Klaus und Sabine
Lehrer [*kann Katrin nicht verstehen*]: Klaus und ?
Markus: Sabine hat sie gesagt
Lehrer: richtig Klaus und Sabine
Günter [*laut und belustigt*]: ich weiß das gar nicht mehr

[*es entsteht ein Durcheinander/Zuruf/Gelächter*]
Lehrer: Sabine du bist Klassensprecherin ne?
Sabine: was?
[*Gelächter*]
Günter [*über Sabine*]: sie weiß es selber nicht woher sollen wir das denn wissen
Sabine: doch glaub
Günter: ( ) keiner will ja sonst
(...)

Kommentar & Fragen

Themen mit Bezug zur Lebenswelt der Schüler werden von Lehrenden häufig in der guten Absicht, das Interesse der Schüler zu wecken, in den Unterricht integriert. Insbesondere im Politikunterricht wird dabei davon ausgegangen, Schüler müssten an Fragen der Partizipation interessiert sein. Die Rahmenbedingungen der Schülermitsprachemöglichkeiten zeichnen sich demgegenüber jedoch durch den strukturellen Konflikt zwischen der Aufforderung zur Partizipation und Mitbestimmung bei gleichzeitiger Vorenthaltung bzw. zunehmender Einschränkung symmetrischer Entscheidungsstrukturen aus (vgl. Combe/ Helsper 1994, 164).

In dieser Unterrichtssituation geht es nun um eine widersprüchliche Situation: Der Lehrer ist dabei, das Thema „Schülermitsprache in der Schule" anhand der zeitnah erfolgten Klassensprecherwahl als Gegenstand des Politikunterrichts einzuführen. Die Schüler geraten indes in eine Suche bzw. eine Raterei darüber, wer der zweite, von der Klasse gewählte Klassensprecher ist, in der das Amt des Klassensprechers als eine ungeliebte, unpopuläre, jedenfalls von den Peers nicht sehr angesehene Aufgabe erscheint. Das seitens der Schüler nahezu verweigerte Gespräch über die Klassensprecherwahl ließe sich auch verstehen als die Umdeutung des Gesprächsthemas durch die Schüler von der Frage nach den institutionell geregelten Formen der Schülermitsprache an der Schule zu der Frage nach dem Sinn und der Bedeutung der Schülervertretung für die Schülerinnen und Schüler.

Folgende Fragen können in den Mittelpunkt der Interpretation gestellt werden.

Welche Aufforderungen an die Schüler gehen mit der Thematisierung der Klassensprecherwahl an der Stelle im Unterricht einher?

Wie wird das Thema Klassensprecher von den Schülern aufgegriffen und umgedeutet?

Als was wird der „Klassensprecher" von den Schülern diskursiv konstruiert?

1.2.3 „Eine Fußballstunde“ kommt ins Rollen – Taktik zu Stundenbeginn

Die Sequenz ist der Seminararbeit einer Studentin entnommen. Aus den Anmerkungen zu dem Hospitationsprotokoll erfährt man, dass die Stunde im Juni 2006 in einer vierten Klasse einer Grundschule stattgefunden hat und die Namen der Schülerinnen und Schüler anonymisiert wurden.

Protokoll als Teiltranskript

Als Nächstes schreibt Frau C. Fußball an die Tafel. Als Reaktion von Seiten eines Schülers kam zuerst: Am Freitag ist das erste Spiel.
Da dies sehr leise gesagt wird, weist Frau C. ihn darauf hin: Sage es nicht nur mir, sondern der ganzen Klasse.
Weitere Statements sind, dass das erste Spiel Deutschland – Costa Rica sei, Klose während der WM Geburtstag habe und dass 32 Länder an der WM teilnehmen. Dann wird das Sammeln von Begriffen zur Fußball WM durch Geräusche vom Computer gestört, der im hinteren Teil des Raumes steht. Zuerst wundert sich die Klasse, woher die Geräusche kommen, dann erkennt Frau C. das Problem und schaltet den Computer aus. Weiter geht es mit dem Begriffe-Sammeln.
Es gibt acht Gruppen zu jeweils vier Mannschaften, die Gruppen sind nach dem Alphabet geordnet.
Timo: Vor einem Fußballspiel wird die Nationalhymne gespielt.
Sebastian: Nur bei einem Länderspiel.
Timo: Das sind Länderspiele.
Johannes: Manchmal wird die Nationalhymne nur gespielt, manchmal auch gesungen.
Dominik: Und dabei legen die Spieler ihre Hand auf ein Symbol auf dem Trikot.
Durch große Lautstärke von draußen, wird man wieder gestört. Frau C. schließt das erste Fenster.
Dominik: Frau C. soll ich das hintere Fenster schließen?
Frau C: Gern.
Sebastian: Die rechte Hand wird aufs Herz gelegt während der Nationalhymne.
Frau C.: Richtig. Wir machen heute mal eine Fußballstunde.
Großes Jubeln der Schüler und Schülerinnen.
Frau C.: Ihr sollt euch fünf Verben ausdenken und aufschreiben, die mit Fußball zu tun haben. Dann werdet ihr in Gruppenarbeit eine Liste mit den wichtigsten Verben zusammenstellen und von diesen Verben die Vergangenheitsform bilden. Diese dann auf ein Plakat schreiben und es nach der Gruppenarbeit dem Rest der Klasse vorstellen. Und dann die Listen ins Merkheft über-

tragen. Habt ihr noch Fragen dazu?
Sebastian: Sollen wir die ersten fünf Verben ins Notizheft schreiben?
Frau C.: Ja, die ersten fünf schon.
Julia: Können wir uns auch mehr als fünf ausdenken?
Frau C: Nein Fünf reichen.
Zwei Schüler stehen auf und gehen zu einer Mitschülerin, weil sie ein Blatt brauchen. Einige Schüler/innen fangen sofort an, andere reden erst noch mit dem Nachbarn. Während die Schüler/innen arbeiten, verteilt die Lehrerin kleine Zettel in der Mitte des Raumes auf dem Boden. Eine Schülerin steht auf, um ihre Verben der Lehrerin zu zeigen.
[...]
In Gruppe 4: Lena: Was für Verben nehmen wir? Ich les mal vor: trippeln, schießen, stürzen, abwehren, trainieren.
Dominik: Eigentlich sollen wir doch alle Verben nehmen, außer die die doppelt sind.
Johannes: Sollen wir auch die Wörter nehmen, die die Zuschauer machen.
Lena: Ja, sollen ja nur was mit Fußball zu tun haben. Nehmen wir jetzt alle Wörter?
Lena: Jubeln ist jubelte, oder?
Lisa: steht hier nicht drin.
Johannes: Jubelten, da die Zuschauer jubelten als das Tor fiel.
Lisa: Wir sollen doch keinen Satz bilden.
Johannes: Aber ich mein doch jubelten.
Lena schreibt auf die Liste köpfte und schoss dazu.

Kommentar & Fragen

Thematisch fokussiert das Protokoll die Frage nach dem Stundenanfang, dem Stundenauftakt. Dies stellt eine für das Unterrichtsgeschehen wichtige und häufig spannungsreiche Zone dar. In dieser Zone entscheidet sich häufig, ob es der Lehrperson gelingt, die Aufmerksamkeit der Schülerinnen und Schüler auf ein Thema, einen bestimmten Inhalt, auf eine Sache so zu lenken, dass der Impuls, der anfangs gesetzt ist, auch für den weiteren Verlauf trägt, ob er die Schülerinnen und Schüler in den Bann, in den Sog eines Problems ziehen kann, dessen Lösung sie verantwortlich bearbeiten wollen (vgl. Rumpf 1996; 2004).

Nachdem die Lehrerin „Fußball" an die Tafel geschrieben hat, reagieren die Kenner. Hintergründe, Daten, Modalitäten und das Prozedere um die Nationalhymne werden im Schlagabtausch thematisiert. Zwischenzeitlich müssen störende Geräusche beseitigt werden. Ein hilfsbereiter Schüler fragt, ob er das hintere Fenster schließen kann. Die Reaktion („gern") der Lehrerin verweist auf einen freundlichen Umgangston miteinander.

Den Beitrag des Schülers „Sebastian: Die rechte Hand wird aufs Herz gelegt während der Nationalhymne“ qualifiziert die Lehrerin als richtig. Sie demonstriert damit, auch sie ist kompetent und sie lässt den Eindruck entstehen, dass dieses Wissen unterrichtsrelevant ist. Nachdem die Schülerinnen und Schüler auf das Stichwort Fußball hin thematische Bezüge ko-konstruiert haben, stellt die Lehrerin nun „eine Fußballstunde“ als gemeinsames Vorhaben in Aussicht. Die Äußerung der Lehrerin wird bejubelt, führt zu überschwänglichen Reaktionen, wie sie selten im Unterricht zu beobachten sind. Dieser Jubel lässt sich unterschiedlich deuten: als freudige Reaktion und Erwartung auf etwas unschulmäßiges, als Inszenierung von Zuschauerreaktion im Stadion.

Dann formuliert die Lehrerin die Aufgabe für den weiteren Stundenverlauf. Die Schüler sollen sich „fünf Verben ausdenken und aufschreiben, die mit Fußball zu tun haben“ und „die Vergangenheitsform bilden“. Es handelt sich offenbar um Unterricht im Fach Deutsch und das Thema Fußball dient als motivationstaktischer Impulsgeber. Die Schüler protestieren nicht, sie beginnen mit ihren Aufgaben.

Fragen lässt sich hier:

Wie gehen die Schülerinnen und Schüler bei der Bearbeitung der Aufgabenstellung vor?

Wie lässt sich dieser Einstieg in Hinblick auf die unterrichtsthematische Relevanz beurteilen?

1.2.4 „ein kleines Problemchen mitgebracht“ – ein aufmerksamer Schüler als Störenfried?

Das Protokoll ist der Seminararbeit einer dreiköpfigen Studentengruppe entnommen. Die Beobachtung wurde im Wintersemester 2005/06 im Mathematikunterricht einer 5. Klasse an einem Gymnasium durchgeführt. Inhaltlich geht es um die schriftliche Addition und das ordentliche Untereinander-Schreiben mehrstelliger Zahlen.

Protokoll als Transkript

L: ich hab euch ein kleines Problemchen mitgebracht von der kommenden Fußballweltmeisterschaft

S: Ja/wow/…

L: wartet mal …

Aufgabenstellung: So viele Karten sind für die Spiele in der Allianz-Arena schon verkauft worden. [*Tafel: 1. Spiel 71.789; 2. Spiel 72.341; 3. Spiel 68.378; 4. Spiel 73.045*]

S1 [*im Weltmeisterschaftspullover*] ruft rein: Die Allianz Arena hat aber nur 69.000 Plätze

L: aber die wurde doch erweitert
S1: ja, aber nur von 67 auf 69.000
L: na ja die sitzen da ja auch noch … (unverständlich)
[*Lehrer macht weiter mit der Aufgabenstellung*]

Kommentar & Fragen

Mit dem vorliegenden Beispiel kann gezeigt werden, wie eine aus Lehrersicht interessant gestaltete Textaufgabe droht an dem Expertenwissen eines Schülers zu scheitern. Ein aufmerksamer Schüler durchkreuzt das Vorhaben des Lehrers, die Präsentation einer Rechenaufgabe verläuft anders als geplant. Der Lehrer gerät damit unter Handlungsdruck und sieht sich vor dem Dilemma, einerseits seine Aufgabe durchsetzen zu wollen und andererseits den Schüler nicht vorschnell abzuweisen (vgl. Paradoxie von Zufall und Routine bei Luhmann 2002, 109f.).

Der Lehrer hat eine Rechenaufgabe in das anstehende Großereignis der Fußballweltmeisterschaft verpackt. Irritierend mag sein, dass er etwas (ein „kleines Problemchen“) zu einem Ereignis mitbringt, das noch gar nicht stattgefunden hat. Ein „keines Problemchen“ klingt zweifach verniedlichend an die noch jungen Schulkinder adressiert. Ein Problem wird also berufen bzw. reklamiert, aber zeigt es sich auch? Die Lehrperson scheint geradewegs einen Ansturm von Begeisterung abwehren zu müssen, um fortfahren zu können. Der Lehrer beginnt damit, die Aufgabenstellung vorzustellen und schreibt die Zahlen offenbar parallel dazu an die Tafel. In der Allianz-Arena seien bis zu 73.045 Karten verkauft. Noch ist nicht klar, auf was der Lehrer hinaus will. Noch bevor er seine Aufgabenstellung präzisieren kann, interveniert ein Schüler, der – wie dem Beobachter wohl besonders aufgefallen ist – schon kleidungsmäßig auf das Fußballereignis eingestimmt ist, und der den Lehrer offenbar beim Wort nimmt. Der Schüler unterstellt nicht, dass schulmäßig hier eine Aufgabe ohne wirklichen realen Bezug gestellt ist. Er fühlt sich als Fußballfan angesprochen, der besonders gut Bescheid weiß, und reagiert auch so: mit der Bemerkung, dass die von dem Lehrer genannte Allianz Arena „aber nur 69.000 Plätze“ habe. Ist nun ein „echtes“ Problem entstanden? Hatte der Lehrer etwa fiktiv auf verschiedene Zahlengrößen zurückgegriffen? Ist der Schüler „besser“ informiert? Wie wird die Lehrperson darauf reagieren? Welche Möglichkeiten gibt es? Auf eine abwiegelnde Äußerung des Lehrers hin, erweist sich der Schüler erneut als schlagfertig.

Leitfragen für die Interpretation können hier sein:

Worin besteht das – wenn man so will – neue nicht vorhersehbare Thema der Stunde?

Was lässt sich über die Aufgabenstellung sagen (Aufgabenkultur, didaktischer Zugang), hatte der Lehrer das Beispiel nicht als „Ernstfall“ konstruiert

(aus der homepage der Allianz-Arena geht hervor, dass es 66.000 Sitzplätze, mit Stehplätzen 69.901 überdachte Plätze gibt)?
Erweist sich der Schüler als Ko-Konstrukteur und/oder als Störenfried?
Lässt sich die Situation, in die der Lehrer gerät, verallgemeinern? Handelt es sich hierbei etwa um eine unauflösbare Spannung zwischen fachlicher Anforderung einerseits und Berücksichtigung der Interessenlage der Schülerinnen und Schüler andererseits, wie es von Helsper mit der so genannten Sachantinomie beschrieben wird (vgl. Helsper 2004, S. 78ff.)?

1.2.5 „am Samstag hab ich mit meiner Freundin gespielt“ – von sich und für andere erzählen in zwei Kreisgesprächen

Das erste Gespräch, ein „Montagskreis”, aus dem die folgende Sequenz stammt, hat im April 2002 in einer 3. Grundschulklasse stattgefunden. Ein weiteres Gespräch, aus dem die zweite, hier abgedruckte, Sequenz stammt, findet als Einführung in eine Deutschstunde einer 2. Grundschulklasse im Mai 2002 statt. Beide Gespräche wurden von Studierenden im Rahmen eines Seminars aufgezeichnet und transkribiert. Auf die kleine „Fallstudie“, die die Studierenden hier erstellt haben, wird zu Beginn des Kommentars eingegangen (vgl. Reh 2003).

Transkript

„Lehrerin: mhmm Laura
Laura: am Samstag habe ich mit meiner Freundin gespielt dann sind wir ach ne Freitag sind wir zu meiner Cousine gefahren da haben wir gespielt da kam noch eine Freundin die ist da gerade dort hin gezogen die kam dahin aber die war nicht gerade so toll weil die war sehr unfreundlich
Lehrerin: warum?
Laura: ja weil die ihr Schuh war auf und da haben wir gesagt dass ihr Schuh auf war und da hat die gesagt ja da macht ihr mal was draus
Lehrerin: war das die Tante die dir den Rosenkranz geschenkt hat oder ’ne andere?
Laura: nein das war eine andere
Lehrerin: was hat die Mama denn davon gesagt? Weißte das?
Laura [*zögert*]
Lehrerin: nein ich meine jetzt äh Rosenkranz
Laura: nein das nein ich ge... [*Rest unverständlich*]
Lehrerin: na aber sie fand es doch sicherlich gut dass er wieder da ist
Laura: ja
Lehrerin: das mein ich doch gut Michaela“

Kommentar & Fragen

Im Montagskreis bekommen Schülerinnen und Schüler die Möglichkeit eingeräumt, über das zurückliegende Wochenende zu berichten, gegebenenfalls auch Vorsätze für die anstehende Woche zu formulieren. Diese Einrichtung wird in Grundschulen in Hinblick auf pädagogische und kommunikative Effekte hoch veranschlagt (Identitätsentwicklung, Sprache/ Ausdrucksfähigkeit). Im Rahmen einer kleinen „Fallstudie", die von Studierenden durchgeführt wurde, antworteten viele Schüler auf die Frage, wie sie den Montagskreis finden, allerdings direkt und unter Beisein der Lehrerin: „doof" und „langweilig". Welche systemische Dynamik in der Interaktion der Klasse und der Lehrerin in dieser Befragungssituation eine Rolle spielte, wissen wir nicht. Allerdings vermittelt die halbstündige Videoaufnahme dieses Montagskreises, etwa in der zu beobachtenden Körperhaltung der Lehrerin, aber auch über weite Strecken in der der kindlichen Zuhörer ebenfalls eine gewisse Langeweile. Letztlich bleibt das Gespräch in seiner regelhaften Strukturierung – beispielsweise im Hinblick auf die Organisation des Sprecherwechsels – ein Unterrichtsgespräch. Regelhaft abgeliefert werden chronologische Berichte über die individuelle Gestaltung des Wochenendes, die, so wie sie dann berichtet werden, lange nicht alle ein besonderes, eben als erzählenswert gestaltetes Ereignis enthalten. Die dyadische Interaktionssituation zwischen der Lehrerin und einzelnen Kindern könnte die typische Gelegenheit sein, wie Hausendorf/ Quasthoff (1996) es nachgewiesen haben, unterstützende Interventionen zur Konstruktion von Texten, sogenannter „übersatzmäßiger Einheiten" zu bieten, sie also interaktiv zu ko-konstruieren. Das scheint hier auch zunächst so angelegt zu sein, als die Lehrerin die Schülerin Laura nach einer Begründung für die geäußerte Einschätzung, es handele sich um eine Freundin, die nicht so toll sei, fragt. Solche dyadischen Gesprächssituationen schafft die Lehrerin immer mal wieder im Verlauf des Morgenkreises mit einzelnen Schülern oder Schülerinnen. Aber: Ist die Motivation dafür bei genauer Betrachtung weniger die Qualität der Berichte oder Erzählungen, sind es nicht vielmehr persönliche Anknüpfungspunkte, die die Lehrerin findet? Der sehr spezielle, private Inhalt oder Gegenstand des weiteren Gespräches bzw. der Interaktionen der Lehrerin scheint eine private Neugier der Lehrerin zu befriedigen und ist jedenfalls nicht geeignet, von Laura als Ko-Konstruktion einer Erzählung oder einer Argumentation aufgefasst zu werden. Erinnert das Ganze damit nicht fatal an ein „Ausfragen", eine Art Vernehmung der Schülerin? Während der inhaltliche Fokus einer Interaktion über Lauras Beitrag zunächst Freundschaft zu werden scheint, ist die Perspektive der Lehrerin, die sie gesprächsweise dann durchsetzt, eine gänzlich differente. Sie setzt einen Dialog mit Laura über eine andere, private Geschichte fort, signalisiert damit, dass sie nicht vergisst, was Laura berichtet

und betrifft. Welche Erfahrung macht Laura hier, könnten wir weiter fragen. Welche Rolle spielt, was sie berichtet? Geht es darum, dass die Schülerinnen Geschichten erzählen oder korrekt über ihr Privatleben berichten, das die Lehrerin dann rekonstruieren können will?
Zwischendurch versteht Laura die Lehrerin nicht und die Studierenden können – beim Abhören des Videos Laura nicht verstehen. Wie die anderen Schüler und Schülerinnen den Dialog zwischen der Schülerin Laura und der Lehrerin auffassen, ob sie verstehen, worum es geht, oder ob dieses sie interessiert, können wir dieser Sequenz nicht entnehmen. Und dennoch wird dies subjektiv bedeutsam sein für die Schülerin, für deren Identitätsentwicklung, für deren Sprachentwicklung und Ausdruckskraft (Wer bin ich für die anderen? Wer bin ich für andere im Verhältnis zu der Sprache, die ich benutze und die andere benutzen?).
Das Beispiel eines anderen Gesprächskreises zeigt allerdings, wie dennoch auch in der Thematisierung des Privaten kleine Erzählungen produziert werden können. Als Einstieg in eine Einheit des Deutschunterrichts, in der es um eine Geschichte gehen soll – man könnte vermuten, um eine Geschichte über einen Ball oder ein Ballspiel – hatte die Lehrerin – in didaktischer Terminologie – als stummen Impuls einen Ball in die Mitte des Sitzkreises gelegt.

Transkript
„[...] Katrin: ach so mmh Annika und ich wir haben mal Ball gespielt Annika hat da nicht gefangen wir war'n da auf'm Rasen und wir wollten ausprobieren ob der wieder platt geht weil wir haben da angesäht (*lacht*) und (*lacht*) und da ist er bei uns von einem also in Nachbarsgarten und da wohnen alte Leute und ins Blumenbeet gefallen dann mussten wir da rüber klettern und dann haben wir Ärger gekriegt
Lehrerin: und was haben die gesagt
Katrin: [*macht schimpfende Erwachsene nach*] so wenn das jetzt noch einmal passiert
Lehrerin: ist das denn schon häufiger passiert oder war das das erste Mal
Katrin: das erste Mal
Lehrerin: und dann schimpfen die gleich
[*Gemurmel*]
Katrin: [*lacht*] Sebastian
Sebastian: mmh ich hab' mal im Winter also da hab' ich ne Schneekugel gerollt und bin da voll reingesprungen das war voll witzig da war ich voll übergossen mit Schnee [*Gemurmel*] und da hat Papa noch voll die dicke Kugel auf mich raufgeworfen Lena
Lena: mmh bei unsern Nachbarn die haben einen Hund und dann ist der Ball da mal 'rüber mmh gefallen und dann denk' ich immer der Hund ist da und

dann laufen wir schnell einmal bin bin ich durch's Tor gegangen und dann haben wir Ärger gekriegt
Lehrerin: auch von den Nachbarn
Lena: ja
Lehrerin: ist das denn auch schon öfters passiert oder war das jetzt auch das erste oder zweite Mal
Lena: mmh das erste Mal sonst war'n die immer nicht da denk' ich mal
Lehrerin: aber dann haben die das erste Mal mitgekriegt und dann machen die gleich Ärger
Lena: ja Niklas
Niklas: ... [*unverständlich*] verstecken gespielt in Meyers Garten in unsern Nachbarn ... [*unverständlich*] ich dann einen Hochschuss treffe das Fahrrad von einen von denen und dann ist die Luft rausgegangen
Stefan: und ich schieß da so dann schießen wir so schießen wir so hin und her und dann schießt er zu doll und da kam ich nicht hin und dann voll gegens Fahrrad und dann auf einmal pschschschschschscht ja dann dann hat dann jemand gesagt Niki soll es seinem Papa geben der Ball hat nix getaugt (*haha*)
Lehrerin: haste das gemacht Niklas
Niklas: mmh
Stefan: Niki und ich haben versucht den zusammenzukleben [*Gemurmel*] mit Tesafilm
Lehrerin: hat nicht geklappt
Stefan: nee
Niklas: nee wir haben das Loch nicht gefunden [*Gemurmel*] wir haben das Loch nicht gefunden deswegen [*Gemurmel*]
Sebastian: ich habe bei Oma voll gegen die Fensterscheibe geschossen das war zum Glück ein weicher Ball und dann hab' ich aus Versehen voll in die Dornen geschossen [*lacht*] dann auf einmal hat Papa so geguckt ah Loch ist drin
Lehrerin: das glaub' ich wenn er in die Dornen fällt
Sebastian: wusste ja nicht dass da Dornen sind Karina
Karina: einmal da hab' ich mit bei meiner Oma mit meiner Freundin Schneeballschlacht gemacht denn is' meine Oma aus 'er Tür gekommen und dann hat meine Freundin sie aus Versehen beschossen [*lacht*]
Lehrerin: und was hat Oma gesagt
Karina: die war ganz böse [*lacht*] weil die sich neue Sachen angezogen hat
Lehrerin: kann man aus Omas Sicht verstehen ne obwohl es ja nicht extra gewesen ist
Karina: Stefan"

Hier scheinen sich die Sprecher und Sprecherinnen zu „verstehen". Sie erzeugen Anschlussmöglichkeiten füreinander und es ist nicht bloß die Lehrperson, die interveniert.
Welche Gründe mögen zu diesem im Unterschied zu dem oben dokumentierten Verlauf führen?
Was muss geschehen, damit die Schülerinnen und Schüler die Möglichkeit haben, sich mit Ihren eigenen Geschichten (als Identitätsentwürfe) ernst genommen und verstanden zu fühlen?

1.2.6 „Wer kennt was aus Bayern?" – Ratespiel statt didaktische Strukturierung

Der Protokollauszug ist der Seminararbeit zweier Studentinnen entnommen. Die Unterrichtsbeobachtung fand im Dezember 2005 in einer 7. Klasse mit 27 Schülerinnen und Schülern statt. Es handelt sich um Musikunterricht an einer Integrierten Gesamtschule. Inhalt der Stunde ist ein Musical („Ludwig II"), um was es dabei thematisch gehen soll, lässt das Protokoll offen. Es ist die erste Stunde an diesem Tag. Nachdem diverse Dinge angesprochen wurden, setzt die unten stehende Protokollierung an.

Protokoll als Teiltranskript

L: Wer kennt was aus Bayern?
S: Was?
L: Wie was? Wer kennt was aus Bayern?
S: Den Königssee.
L: Ja, der Königssee ist schön aber den mein ich jetzt nicht.
S: Kropfen oder Krapfen?! Damit machen die Bier.
L: Meinst du vielleicht Hopfen?
S: Ja, Hopfen.
S: Die Allianzarena.
S: Olympiapark? Das olympische Ding da. Oder wie heißt das?
L: Was weiß ich? Bin ich vielleicht Hellseher?
L: Kennt ihr denn Sehenswürdigkeiten, oder bekannte Bayern, die vor unserem Jahrhundert gelebt haben?
Sw: Schloss Neuschwanstein und dieser Ludwig.
L: Ludwig II. Wie sieht das Schloss aus und was gibt es dort?
Sw: Das ist schön und da gibt es viele Portraits von dem Ludwig. Manchmal sind da Führungen. Ich hab ein Heft davon.
L: Das kannst du mal mitbringen. Ja, Ludwig der II. – [*zu unruhigen Schülerinnen in letzter Reihe*] Was ist denn mit den Damen dahinten, die wieder

ihren Schwätzkreis halten? Habt ihr überhaupt schon mal was von Ludwig gehört?
Schülerinnen aus letzter Reihe: Nöö.
[…]

Kommentar & Fragen
Fragen – dies zeigen auch andere Fallbeispiele dieses Kapitels – können für die Bearbeitung eines Themas, für den Themenauftakt durchaus inspirierend sein. Einfache Fragen, mit denen sich lebensweltlich-kontextualisiert Vorkenntnisse der Schülerinnen und Schüler abfragen lassen, werden häufig von Lehrpersonen vorweg gestellt, um sich gemeinsam thematisch und inhaltlich auf das Vorhaben einzuspulen. Im vorliegenden Beispiel zeigt sich die Problematik dieses Vorgehens in besonderer Weise. Die an die Schülerinnen und Schüler, möglicherweise aus dem Stegreif heraus, adressierte Frage gerät zu einem unergiebigen Schlagabtausch, zu einer unergiebigen Raterei, bei der die Schülerinnen und Schüler bemüht sind, herauszufinden, auf was die Lehrperson hinaus will. Offenbar ist die Lehrperson daran interessiert, die Schülerinnen und Schüler an der Einführung des Themas zu beteiligen. Folgende Fragen können die Interpretation der Situation strukturieren helfen:
Welche Möglichkeiten zu reagieren haben die Schülerinnen und Schüler ihrerseits?
Soll die Raterei etwa den Unterrichtseinstieg auflockern?
Wenn sich die Schülerinnen und Schüler an der Thematik/am Themenauftakt beteiligen sollen, wenn Spannung aufgebaut und Interesse geweckt werden soll für die spezifische Musikform eines Musicals, wären dann nicht andere Zugänge denkbar?
Welche Zugänge könnten dies sein, die der Sinnlichkeit und Ästhetik eines Musikstücks, das die tragische Geschichte des Bayernkönigs erzählt, näher kommen?
Berührt wird hier die Frage nach einem dem Unterrichtsgegenstand angemessenen Auftakt im Sinn einer Aufgabenstellung (Bohl/ Kleinknecht 2009), mit der es gelingen kann, die Schülerinnen und Schüler auf eine musikalische Reise zu entführen, anstatt sie wie im vorliegenden Fall nur raten zu lassen und einzelne schließlich auch noch direkt abzuwerten („Habt ihr überhaupt schon mal was von Ludwig gehört?“).

2 Lehrererwartungen und Schüler“fehler“

Nach Beispielen aus der Sekundarstufe I und der Grundschule folgt nun eine Sequenz aus einem Leistungskurs im Fach Deutsch der Oberstufe (siehe Kapitel 2.1.1). Der Lehrer will die Lerngruppe auf eine anstehende Kursar-

beit vorbereiten, er ist an „seinem“ Programm orientiert. Die Schüler können nicht „frei“ auf den Inhalt der Stunde, eine hintergründige und anspielungsreiche Parabel Kafkas, reagieren (Textverständnis, Kulturarbeit, Einlassungsbereitschaft).
Von ganz anderen Lernerfahrungen handelt die Unterrichtssequenz einer Streicherklasse (siehe Kapitel 2.1.2). Die besondere Form gemeinschaftlichen Handelns ist dadurch geprägt, dass abweichende Töne oder abweichende Bogenstriche, von allen gehört, beobachtet und rückgemeldet werden können (Wahrnehmen, Wahrgenommen werden, Individuum und Gruppe).
Eine auffallende Form der Kommunikation im Klassenzimmer präsentiert die nächste Sequenz (siehe Kapitel 2.1.3). Eine Lehrerin dominiert mit einer abgekürzten und abfragenden Redeweise, Beiträge werden nicht erläutert und womöglich auch nicht von allen verstanden. Die Schülerinnen und Schüler murmeln und rufen rein. Fehlende inhaltliche Struktur und ungeregelte Kommunikation „stören“ eine sachbezogene Auseinandersetzung (Kommunikation, Ratespiel, didaktische Struktur).
Um die Lehrpersonen neuerdings zuwachsende Rolle als Lernberater geht es in einer nächsten Sequenz (siehe Kapitel 2.1.4), die einem Studienfilm entnommen ist. Eine Lehrerin ist mit einer Schülerin an einem Gruppentisch gefordert, Hilfsangebote und Verhaltensänderungen, auf die sie insistiert, auszubalancieren. Dazu muss das Handeln der Schülerin gedeutet und verstanden werden (Interaktionssensibilität, Lehrerhandeln).

2.1 Transkipte, Protokolle und Kommentare

2.1.1 „Gibs auf“ – ein Lehrer als Kulturarbeiter

Die Sequenz ist der Seminararbeit einer Studentin (Sommersemester 2005) entnommen, die das Unterrichtsgeschehen in einem Leistungskurs im Fach Deutsch im 11. Jahrgang an einem Gymnasium nach eigenen Angaben handschriftlich mitprotokolliert hat. Entstanden ist daraus das nachstehende Protokoll in Form eines Transkriptes. Anwesend waren 17 Schülerinnen und Schüler.

Protokoll als Transkript

Lehrer: Bevor wir nun zu dem eigentlichen Unterrichtsstoff kommen, möchte ich angesichts der baldigen Kursarbeit noch kurz den Test mit ihnen besprechen.
Schüler: Haben sie ihn dabei?
Lehrer: Ja, aber ich muss die Noten noch eintragen. Sie können den Test in der zweiten Pause am Lehrerzimmer bei mir abholen.
Schüler: Wie ist er ausgefallen? Gab es sechsen?

Lehrer: Das ist jetzt erst Mal unwichtig, mir geht es um die Methodik, wie man an so ein Gedicht herangeht und dies war vielen noch nicht klar. Nehmen sie bitte den Text heraus, die Parabel von Kafka „Gibs auf". Wir schlagen also auf, in unserem Buch die Seite, Moment, die Seite, jetzt hab ichs, die Seite 338 Text 5. (Die Lektüre könne L. übernehmen). So bitte schön.
Schüler: Ja.
Schüler liest vor [Anmerkung C.S.: Text der Parabel wurde hier nachträglich eingefügt]

„Franz Kafka: Gibs auf
Es war sehr früh am Morgen, die Straßen rein und leer, ich ging zum Bahnhof. Als ich eine Turmuhr mit meiner Uhr verglich, sah ich, daß es schon viel später war, als ich geglaubt hatte, ich mußte mich sehr beeilen, der Schrecken über diese Entdeckung ließ mich im Weg unsicher werden, ich kannte mich in dieser Stadt noch nicht sehr gut aus, glücklicherweise war ein Schutzmann in der Nähe, ich lief zu ihm hin und fragte ihn atemlos nach dem Weg. Er lächelte und sagte: „von mir willst du den Weg erfahren?" „Ja", sagte ich, „da ich ihn selbst nicht finden kann." „Gibs auf, gibs auf", sagte er und wandte sich mit einem großen Schwunge ab, so wie Leute, die mit ihrem Lachen allein sein wollen."

Lehrer: A. könnten sie uns die Synonyme erläutern? Für was steht zum Beispiel der Schutzmann?
Schüler: Der Schutzmann ist ein Gleichnis für den Staat und indem er keinen Schutz gewährt wird auch der Staat unsicher. So hab ich es jedenfalls verstanden.
Lehrer: Gut sie haben uns jetzt einen Aspekt mitgeteilt, kann man noch mehr aus dem Gedicht herausfiltern?
Schüler: Wenn sie so fragen sicherlich.
[*Klasse lacht*]
Lehrer: Wie wäre es, wenn T. übernimmt.
Schüler: Der Bahnhof könnte für die vielen Möglichkeiten und Richtungen stehen, die man im Leben einschlagen kann.
Lehrer: Ja, aber es gibt noch mehr.
[*Schüler meldet sich*]
[*Schüler wird dran genommen*]
Schüler: Ja die Uhr, die steht eindeutig für den Aspekt der Zeit.
Lehrer: Dies ist alles richtig, was sie sagen, aber momentan bewegen wir uns nur im Bereich der Beschreibung von den Dingen, die uns im Gedicht begegnen. Aber a) mit welchem Problem setzt sich der Text auseinander und b) welche Fragen zeigt er auf?

Schüler: Was jetzt genau?
Lehrer: Ich möchte von ihnen wissen, was zum Beispiel die Figur im Text bewegt, wenn sie sagt, sie ging zum Bahnhof und so weiter. Was ist dem erzählenden Ich fragwürdig? Oder besser, was erscheint ihnen, also dem Leser für fragwürdig?
Schüler: Ich würde mich fragen, wo der Bahnhof liegt.
Lehrer: Zeile eins folgende liegt die entsprechende Stelle vor. Aber die Beschreibung, wo der Bahnhof genau liegt ist weniger relevant, vielmehr die Frage, was im Zentrum der Betrachtung steht.
Schüler: Vielleicht die Zeit, weil ja eine Uhr drin vorkommt?
Lehrer: Bleiben sie bei der Anfangspassage ganz nah am Text. Was steht im Zentrum?
Schüler: Ich.
Lehrer: Also?
Schüler: Der Mensch.
Lehrer: Was ist also der Mensch? Wie lautet die Antwort des Textes auf diese Frage?
Schüler: Keine Ahnung.
Lehrer: Was heißt hier keine Ahnung? Bleiben sie am Text und bitte das Nachdenken nicht vergessen.
Schüler: Ich finde diese Frage passt hier nicht.
Lehrer: So, was würde ihrer Meinung nach passen.
Schüler: Schwierig.
Lehrer: Also noch einmal: Wir haben hier diese Größen, Bahnhof, Schutzmann, Uhr und das erzählende Ich. Wie stehen diese Größen zueinander?
Schüler: Keine Ahnung.
[*Lehrer macht den Overheadprojektor an und legt eine Folie auf*]
Lehrer: Gut, wir machen dies anders, nehmen sie ihr Heft heraus.

Kommentar & Fragen

Professionstheoretisch ist mit Blick auf die Institution Schule entscheidend, dass Lehrpersonen „einen als notwendig erachteten kulturellen Lernbedarf repräsentieren" (Combe/ Buchen 1996, 271f.). Ihre Aufgabe ist es, kulturelle Gehalte sinnvoll zu vermitteln, im günstigen Fall Schülerinnen und Schüler für Sprache und Literatur zu begeistern (Lehrer als „Kulturarbeiter", vgl. Ziehe 1996, 77ff.). Für die studierte und fachlich ambitionierte Lehrerseite ist damit bereits bedeutsam und klar, was die andere Seite erst im Begriff ist kennen zu lernen und zu reflektieren. In dieser Sequenz wird deutlich, inwiefern der Sinn und die didaktische bzw. methodische Relevanz, die eine Lehrperson einer Parabel als kultureller Ausdrucksform beimisst, das Unterrichts-

geschehen einseitig prägt (zur Auswahl und Begründung von Inhalten, vgl. Kapitel 2 *Was ist Unterricht* 1.1, vgl. Klafki 1963).
Inhaltlich geht es um eine Parabel Kafkas, deren Sinn sich nicht auf Anhieb erschließt und die daher interpretationswürdig ist. Ein Test, den die Schulklasse geschrieben hat, lag offenbar hinter den Erwartungen des Lehrers zurück. Das Vorhaben des Lehrers, die Parabel „Gibs auf" von Kafka in Vorbereitung auf eine anstehende Kursarbeit nochmals unter dem Aspekt der methodischen Herangehensweise zu erarbeiten, erweist sich als unergiebig, als konfus für die Beteiligten und scheitert. Aber woran scheitert das Vorhaben? Die Begriffe, die der Lehrer verwendet und vorgibt, werden anders als von ihm erwünscht aufgefasst. Der Lehrer ist mit den Antworten noch nicht zufrieden und insistiert buchhalterisch. Er will offenbar auf etwas Bestimmtes hinaus, nach und nach expliziert er dies. Die Schüler folgen scheinbar widerwillig bzw. widerstrebend. Auch in den darauf folgenden Abschnitten kommt es nicht zu einer Verständigung in bzw. über die Sache. Schüler und Lehrer reden aneinander vorbei. Die Unklarheiten und Schwächen, die in dem Test aufgefallen sind und Auslöser für die neuerliche Beschäftigung mit der „Methodik" sind, können offenbar nicht aufgeklärt und ausgeräumt werden. Der Lehrer agiert als „Kulturarbeiter" und „Beziehungsarbeiter" (vgl. Ziehe 1996, 77ff.). Schließlich bricht er sein Vorgehen ab.
Für die Interpretation können die Fragen hilfreich sein:
Wie wird der Gegenstand präsentiert und konstruiert?
Wie reagieren die Schüler auf die Fragen des Lehrers?
Wie reagieren die Schüler auf die Parabel? Welche Deutungen machen sie?
Wird für die Schüler das methodische Vorgehen des Lehrers überhaupt deutlich?

2.1.2 „Böser Finger" – das gemeinsame Spiel als Ernstfall

Das nachstehende Protokoll ist der gemeinsamen Seminararbeit einer Studentin und eines Studenten aus dem Wintersemester 2005/2006 entnommen. Dort erfährt man, dass die Hospitation in einer Streicherklasse an einer Schule in einer hessischen Großstadt stattgefunden hat und neben dem Lehrer auch zwei Betreuerinnen anwesend waren.

Protokoll als Teiltranskript

10:35 Stundenbeginn, Unruhe, Umherlaufen, Stimmen der Instrumente durch Betreuer und Lehrer

10:45 Nonverbale Begrüßung in Form eines ritualisierten Begrüßungsstückes: Lehrer beginnt als Startsignal am Klavier, alle Schüler setzen ein, durchgeführt in drei rhythmischen Varianten

Weiteres Stück: „Alle meine Entchen" in Dur und Moll in je schnellerem Tempo, die Betreuer verbessern Haltung und Fingeraufsatz (nonverbal)

10:48 L: „Ich guck mal, ob ihr das Lied von einer Woche noch könnt."
[*L. war am zweiten Termin der vorangegangenen Woche auf Klassenfahrt, der Abstand zweier Sitzungen war somit ungewöhnlich groß.*]

Alle spielen, allerdings mit uneinheitlichen Bogenstrichen.

Daraufhin neue Arbeitsanweisung:
L: „Bratschen und Geigen spielen, Celli und Kontrabässe sagen, wer verkehrt herum gestrichen hat."
Diesmal sind die Bogenstriche einheitlich.
L: „Beim ersten Durchgang hatte ich jemanden entdeckt, der falsch herum gestrichen hat [*fixiert einen Schüler*], aber ich gucke niemanden an. Jetzt war's richtig."

Als Nächstes spielen die Celli, Geigen und Bratschen beobachten. Ein Schüler meldet sich, um eine Bobachtung mitzuteilen.
L: „Wen willst du verpetzen?"
S: „Der … hat den 4. Finger zu tief aufgesetzt."
L: „Böser Finger, [*zum Schüler gewandt*] was du alles hörst."
S: „Ich hab das gesehen."
L: „Ach so, ich dachte du hörst das."

Zuletzt spielen die Kontrabässe das gleiche Stück, ohne Verbesserung durch L.
Abschließend Kommentar L: „Ihr müsst gucken, was der Nachbar macht."

Kommentar & Fragen

Für die Frage nach der Konstruktion von Themen im Unterricht ist dieses Dokument interessant, weil hier das Spielen von Instrumenten und das Hören für das Unterrichtsgeschehen konstitutiv und bedeutungsvoll sind und sich eher als in anderen Unterrichtsformen von Lernen aus Erfahrung sprechen lässt (Combe 2006; Combe/ Gebhard 2007). Die Sache bzw. der Gegenstand des Unterrichts ist das Spielen eines Instruments, mit dem Töne erzeugt werden, damit ist auch im Verhältnis etwa zum sozialwissenschaftlichen Unterricht eine spezifische Performance von körperlich erzeugtem Klang und musikalischer Botschaft gegeben.

Einerseits bestimmen Gleichklang, gleiche Bewegungsabläufe, gemeinschaftliches Handeln das Unterrichtsgeschehen und dessen Erfolg mit. Andererseits führt gegenseitiges Beobachten und Zuhören dazu, dass Einzelne herausgehoben und vor allen Anderen angesprochen werden. Niemand kann aus der Reihe tanzen. Geschieht dies dennoch, dann wird umgehend eine Korrektur erwartet. Die Schüler und Schülerinnen sind hier die Konstrukteure (nicht bloß Ko-Konstrukteure) des Unterrichtsgeschehens. Jedoch wird aus dem vermeintlichen Spiel recht schnell eine ernste Situation für die Beteiligten, denn es gibt Gelingensvorstellungen, die offenbar nicht hinterfragbar, nicht diskussionswürdig sind, die nicht zur Disposition stehen. Im vorliegenden Protokoll bekommen die verschiedenen Streicher(gruppen) den Auftrag zu schauen, wer den Bogenstrich verkehrt herum streicht. Nachdem sich ein Schüler gemeldet hat, fragt ihn der Lehrer „wen willst du verpetzen" und macht sich zum „kritischen" Sprachrohr eines Vorgehens, freilich nicht ohne Ironie (vgl. Aßmann 2008), das er selber zuvor einführte. Vorgeführt wird dann aber nicht bloß der vermeintliche Falschspieler, der als „Böser Finger" identifiziert wird, sondern vor allem derjenige, der dies beobachtet hat. Der Lehrer deutet dessen Beitrag: „[...] was du alles hörst". Der Schüler stellt klar: „Ich hab das gesehen". In der anschließenden Bemerkung des Lehrers zeigt sich dessen Enttäuschung: „Ach so, ich dachte du hörst das". Damit wird – wenn auch ungewollt – die Beobachtung des Schülers entwertet.
Folgende Fragen können hilfreich bei der Interpretation der Sequenz sein:
Welche Rolle spielt hier der Umgang mit Fehlern bzw. wie wird mit Fehlerkorrekturen umgegangen?
Wie wird – durch die Lehreräußerungen – eine Fehlerkorrektur zum Petzen?

2.1.3 „geil darauf soll man kommen" – wen stört was, wer stört wen?

Die folgende Sequenz stammt aus dem Mitschnitt einer Biologiestunde zum Themenbereich „Nachwachsende Rohstoffe" in der 8. Klasse einer Realschule aus dem Jahre 1999. Die Stunde wurde von Studierenden im Rahmen eines Begleitseminars zum Schulpraktikum aufgezeichnet.

Transkript

Lehrerin: wir waren noch bei dem Fleece hier das ist weder tierisch noch pflanzlich
[*Gemurmel*] ja?
Schüler 1: von der Industrie?
Schüler 2: industriell hergestellt?
Lehrerin: ja das heißt dann nicht Industriefaser sondern?
Schüler 3: Polyester?
[*Unverständliches Durcheinandergerede*]

Lehrerin: Polyester gehört auch dazu ja?
Schüler 4: natürliche Faser?
Lehrerin: nicht natürliche Faser sondern? Ja?
Schüler 5: chemische Fasern?
Lehrerin: chemische Fasern kann man auch sagen ja?
Schüler 6: künstliche ( )
Lehrerin: ja was heißt künstlich noch
[*Gemurmel*]
Lehrerin: synthetisch
Schüler 1: ja
Lehrerin: das sind synthetische Fasern
Schüler 5: geil darauf soll man kommen ( )
Lehrerin: genau
[*Die Lehrerin legt eine Folie auf, leises Gemurmel*]
Lehrerin: wir haben die pflanzlichen Fasern mit den Beispielen wer liest noch mal vor? Ja?
Schüler 7: Pflanzliche Fasern Baumwolle Jute Hanf Flachs und ( )
Lehrerin und Schüler 7 [*gleichzeitig*]: Sisal
Lehrerin: so äh die Seide war eine tierische Faser was gibt es denn noch für tierische Fasern?
Schüler 8: äh ( ) Wolle?
Lehrerin: Wolle genau von wem ja von wem gibt's denn Wolle? Schaf ( )
Schüler 5: mäh ( )
[*Schüler raten herum, unverständlich*]
Schüler 9: wie heißt das noch?
Schüler 1: Lamas?
Schüler [*mehrere durcheinander*]: ja ( ) genau ( )
Lehrerin: Lama ( )
Schüler 4: Kamele
Lehrerin: Kamel was noch?
Schüler 7: Ziegen
Schüler 10: Schweine
[*Gekicher*]
Lehrerin: Ziegen auch
Schüler 2: Stier
Schüler 11: Stier?
Schüler [*nicht erkennbar wer*]: wo denn?
Lehrerin: die kleinen Teile mit den langen Ohren ( )
Schüler 5: Hasen
Lehrerin: Kaninchen z.B. genau
Schülerin 12: müssen Sie mir das jetzt sagen

Schüler 9: sie hat Kaninchen
Schüler 5: Hunde
Schüler 8: ( ) rupfen die etwa die Kaninchen?
Lehrerin: aus Hauskaninchen macht man keine Pullover keine Bange
[*Schüler rufen durcheinander*]
Lehrerin: und dann gibt es noch eine Naturfaser [*Schüler sprechen miteinander*] nämlich ich muss das hier leider verrücken die mineralische Faser kennt ihr dafür Beispiele? ( ) die gibt's im Hausbau
Schüler 5: nee ( )
Schüler 2: äh ( )
Schüler 7: ach so Glasfaser?

Kommentar & Fragen

Inhaltlich geht es in der Biologiestunde um Fasern, die synthetisch, tierisch oder pflanzlich sind. Es sollen Begriffe einander zugeordnet werden, möglicherweise eine Art Ordnungssystem erstellt oder wiederholt werden. Die Rollenstruktur ist asymmetrisch, Situationskontrolle und Redezeit sind zugunsten der Lehrerin disbalanciert (vgl. Luhmann 2002, 108). Die Schüler reagieren bloß. Eine strikte Einhaltung von Rederechten gibt es dabei nicht. Stört dies niemanden?

Auffallend ist die abgekürzte Redeweise. Niemand spricht in ganzen Sätzen, es wird nicht argumentiert und auch nicht hinterfragt, was die einzelnen Schüler eigentlich meinen, worauf sie mit ihren Beiträgen hinaus wollen (Sumfleth/ Pitton 1998). Die von der Lehrerin initiierte Suche nach richtigen, passenden Begriffen gerät in ein ermüdendes und frustrierendes Abfrage- und Rateschema, bei dem nichts erläutert und gedeutet wird (vgl. Rumpf 1996). Die Redeweise dominiert das fachliche Geschehen. Der Hinweis auf „Gemurmel“ lässt darauf schließen, dass die Schüler wohl nicht so recht weiter wissen, ratlos sind, und es vorziehen sich zunächst – worüber auch immer – untereinander zu besprechen, anstatt sich am offiziellen Gespräch zu beteiligen. Reden Lehrerin und Schüler aneinander vorbei? Missverstehen sie sich?

Die Raterei dauert an, es folgen szenische Lautmalerei, Rufe, die durcheinander gehen, und ulkige Bemerkungen. Unter anderen Umständen ließe sich hier von Reinrufen, von „Störungen“ sprechen. Unter den Bedingungen der hier vorliegenden Situation scheinen dies Reaktionen zu sein, die von der Art und Weise wie die Schülerinnen und Schüler adressiert werden, provoziert sind.

Für die Interpretation können die vorweg gestellten und die nachstehenden Fragen hilfreich sein:

Wer stört hier wen und wen stört was?

Wie wäre eine Kommunikation zu führen, die zum Lernen animiert, die Situationen initiiert, in denen etwas verstanden und gelernt werden soll?

2.1.4 „schreib's man noch mal" – eine Lehrerin als „Lernberaterin"?

Bei dem nachfolgenden Text handelt es sich um das für ein Seminar erstellte Transkript einer Sequenz aus dem 1987 von Sibylla Leutner-Ramme produzierten Film „Offener Unterricht an Hamburger Grundschulen". Der Film wurde zu Lehrzwecken aufgenommen und ist verfügbar über das Audio-Visuelle Zentrum des Fachbereichs Erziehungswissenschaft der Universität Hamburg. Die Sequenz ist im Film eingeleitet mit dem Hinweis auf die notwendige Veränderung der Lehrerrolle. Lehrer oder Lehrerinnen können individuell auf Lernschwierigkeiten und Probleme eingehen und entwickeln sich zu „Lernberatern". Dargestellt ist Unterricht in der zweiten Klasse einer Hamburger Grundschule. Im Film wird eine Schülerin, Rebecca, gezeigt, die anscheinend an einem Gruppentisch mit mehreren anderen Schülern oder vielleicht auch nur Schülerinnen sitzt. Wie viele da sitzen, sieht man nicht. Offensichtlich sagt die Lehrerin etwas zu der Schülerin, die im Mittelpunkt der Aufnahme steht und vor sich auf dem Platz ein Blatt liegen hat.

Transkript

„Schülerin 1: sie hat einen neuen genommen [*zur Lehrerin über die Schülerin*]

Lehrerin [*zu Rebecca*]: beim Sport machst du nicht mit hier machst du nur was dir gerade einfällt ja [*zu einer anderen Schülerin; andere Schülerin sagt etwas, das ist unverständlich*] was ist denn eine Schneitleide? [*andere Schülerin sagt etwas, unverständlich*] eine Schneitleide sie leidet am Schneiden eine Schneitleide oh ja Klasse [*zu der anderen Schülerin; dann, wieder Rebecca zugewandt:*] hol' mal deine Mappe 'raus so und was ärgert Dich denn nun so furchtbar? komm nimm ruhig einen anderen Zettel

Rebecca: ich hab ich hab' nicht ich hab' die anderen Stifte vergessen und da hab' ich mir gedacht dann mach' ich das zu Hause weil ich da die Stifte habe

Lehrerin: ne du hast jedes Mal einen anderen Grund warum du was zu Hause machen willst und zu Hause vergisst du das dann leider und so machst du es dann gar nicht, und das finde ich nicht in Ordnung

[*kurze Pause*]

Lehrerin: du kannst dir auch bestimmt einen anderen Stift leihen und kannst auch einen von mir haben

[*Dazwischen reden mehrere Schülerinnen*]

Schülerin 2: willst du von mir einen Stift haben?

Schülerin 3: sie hat schon einen

Lehrerin: ja es geht auch nicht um den Stift das denkt Rebecca nur ( )

Schülerin 4: ich hab' ihr schon einen Stift abgegeben
Lehrerin: das ist auch nicht der Grund das weiß Rebecca selbst
[*Die Lehrerin wird von einer anderen Schülerin angesprochen, und sie sagt etwas zu der Schülerin. Verständlich ist davon: ja wenn man schlau ist nicht Kerstin. Rebecca schreibt während dessen anscheinend das, was sie schreiben soll, auf dem Zettel.*]
Lehrerin [*nun wieder zu Rebecca*]: so Rebecca nun sieh mal zu dass du ganz locker ( ) warte noch mal eben das ist ein ‚m'
Rebecca [*schwer verständlich*]: da muss man ja drauf drücken
Lehrerin: das ist ein ‚m', ein ‚m' siehst du eins zwei drei [*die Lehrerin macht ein ‚m' in Schreibschrift vor.*]
Rebecca: Häm? das kann man doch gar nicht erkennen [*schwer verständlich*]
Lehrerin: das ist kein Hanner sondern ein Hammer
Rebecca [*lacht*]: ein Hanner
Lehrerin: ein Hammer
Rebecca: dann muss man das mit einem anderen machen da kann man doch gar kein Bein erkennen
Lehrerin: hör mal die sagen hier alle am Tisch sie haben dir einen anderen angeboten warum nimmst du keinen anderen wenn du sagst du musst mit diesem zu sehr drucken ( ) drücken?
Rebecca [*nimmt den ihr hingehaltenen Stift*]: na gut dann nehm' ich den aber dann kann ich hier das Bein nicht erkennen das andere [*schwer verständlich*]
SchülerInnen [*stöhnen*]: oach ( )
Lehrerin: Ruhe Ruhe
Rebecca: was ist das hier?
Lehrerin: ja komm mal her ich schreib dir das noch mal da oben hin das geht so runter eins zwei drei [*die Lehrerin malt das ‚m' noch mal vor*]
Rebecca: so hatte ( ) ja so hatte ich das doch gemeint [*gemacht*]
Lehrerin: das hast du nicht gemacht sieh doch mal diesen hast du hier vergessen so eins zwei siehst du
Rebecca: ach das wird wie so'n ‚a' hoch
Lehrerin: ‚a'?
Rebecca: ja Sie haben doch da guck mal so gemacht so so, sie haben so gemacht
Lehrerin [*versteht das offensichtlich nicht*]: ‚a' ne also wirklich nicht
[*schwer verständlich*]
Lehrerin: schreib's man noch mal"

Kommentar & Fragen

Die Schülerin Rebecca hat die passenden Stifte nicht dabei und erwägt daher die Schreibübung zu Hause zu machen. Der Lehrerin entgeht Rebeccas Situation nicht, sie interveniert. Sie thematisiert deren Lage indirekt als problematisch und bezieht die Schülergruppe mit ein. Gleichzeitig verpflichtet sie die Schülerin darauf, Anforderungen, die an sie gestellt sind, offensiv anzugehen und sie nicht zu verschieben. Beobachtbar ist ein pädagogischer Balanceakt zwischen Angeboten zur Hilfe, dem Insistieren auf eine Verhaltensänderung und der diskursiven Konstruktion der Schülerin als eine, die vergesslich ist, die sich verweigert und Schreibschwierigkeiten hat. Was in der Sequenz damit auf dem Spiel steht, ist, aus der Perspektive der Schülerin betrachtet, die Wahrung von Würde und Identität in Anbetracht der Eigenschaften, die ihr zugeschrieben werden, die aus Eigensinn herrühren mögen oder diesen erzeugen. Aus Lehrersicht geht es hier um das Verstehen individueller Lernstrategien, mit denen Anforderungen umgesetzt werden. Es geht zudem um den sensiblen Umgang mit Lernblockaden, -schwierigkeiten oder Abwehr (vgl. Arnold/ Graumann/ Rakhkochkine 2008). Mit dem einführenden Text zu der Filmsequenz ist suggeriert, dass die Lehrperson hier als Beraterin auftritt, die, so kann man vermuten, Brücken baut, anstatt zu maßregeln, anstatt abzuqualifizieren oder gar zu ignorieren. Dazu müssen im vorliegenden Fall die Handlungsweisen von Rebecca gedeutet und verstanden werden (vgl. Schrader 2008; Hascher 2003). Die Lehrerin setzt dabei auch auf die Mitschülerinnen (peers), zu denen sie über Rebecca spricht. Offenbar sollen alle an der Lösung des „Problems" beteiligt werden.

Die folgenden Fragen dienen der weiteren Bearbeitung der transkribierten Filmsituation:

Lässt sich hier bereits von einer Lehrerin als „Lernberaterin" sprechen?
Inwiefern wirken sich die Interventionen auf das Handeln von Rebecca aus?
Wer sind die Schülerinnen und Schüler in dieser Situation füreinander?
Wird Rebecca als Störerin konstruiert, die den Betrieb aufhält?

3 Schüler verständigen sich untereinander

In dem folgenden Fall (siehe Kapitel 3.1.1) reden drei Schüler über Bedingungen, die notwendig sind, um sich mit anderen zu verständigen und zu arrangieren. Gleichzeitig sind sie als Mitglieder einer Gruppe bemüht, mit ihren Beiträgen von den anderen verstanden zu werden. Dem „Verstehen" kommt dabei (wie so häufig in der Schule) mindestens eine zweifache Rolle zu. Verstanden werden muss ein Inhalt, eine Aufgabenstellung, die es zu bearbeiten gilt. Verstanden und anerkannt werden will auch jeder einzelne Redner als Person. Die Art und Weise, wie die Schüler miteinander reden

und für einander anschlussfähig argumentieren, zeigt, dass sie die soziale Situation Gruppenarbeit verstehend und real bewältigen. Die Gruppenarbeit wird so zum Prüfstand eigener Deutungen (Selbst- und Weltverstehen, Sinnsysteme, habituelle Übereinstimmung, Positionierung).
In dem anschließenden Fall geht es nochmals um eine Gruppenarbeit (siehe Kapitel 3.2.1), die, das offenbart ein Gespräch mit der Lehrperson, weniger koordiniert und kooperiert abgelaufen zu sein scheint als in dem ersten ausführlichen Beispiel. Verstehen und Verständigung der Schüler untereinander scheitern womöglich auch an dem Umstand, dass ihnen das Thema subjektiv kaum bedeutsam erscheint (Bedeutsamkeit, Gruppenprozess).

3.1 Transkript und Interpretation

3.1.1 Alleine oder gemeinsam – wechselseitige Bezugnahme und Anschlussfähigkeit

Das folgende Transkript einer Schülergruppenarbeit ist aus dem Politikunterricht einer 8. Klasse an einer Gesamtschule im Schuljahr 1996/97 hervorgegangen. Das Thema der Unterrichtseinheit lautet „Jugend und Politik". In der ersten Stunde wurde ein mehrseitiger Textauszug aus dem Roman „Herr der Fliegen" (Golding) gelesen und besprochen. Der Roman erzählt von einer Gruppe englischer Schuljungen, die nach einem Flugzeugabsturz auf einer einsamen Insel landet, und dort ohne Erwachsene zurecht kommen muss; einige der Jungen gehören zu einem Schulchor. In der zweiten Stunde haben die Schülerinnen und Schüler die Aufgabe, die Frage *„Was ist notwendig, wenn eine Gruppe von Menschen zusammenlebt?"* in Gruppen zu erarbeiten (vgl. Schelle/ Reh 2003). An der Stelle beginnt das Transkript.
Leitfragen:
Was kennzeichnet die Aushandlungen, die Bemühungen der Schüler von anderen verstanden zu werden und andere zu verstehen?
An welchen Stellen verständigen sich die Schüler, an welchen missverstehen sie sich?

Transkript

[...] Murat gelangweilt: fangen wir mal an
Tim: ja okay, ehm (Pascal: ???) ja nee okay aber zwei müssen mindestens in einen Raum (ich mein einer nicht alleine)
Murat: einer alleine bringt es nicht, man muss unbedingt ein Freund zu haben
Pascal: ja okay aber
Tim: so zwei in einer Hütte, oder
Murat: ich glaub so der Chor sollte sich mehr von den andern ein bißchen so ab???

Tim: der Chor würd eher ich sagen sowieso dazu, weil (Murat: der Chor) die verstehen sich ja beide nicht deswegen müssen sie ???
Murat: das macht es doch noch schlimmer, wenn sie sich überhaupt nicht verstehen
Pascal: ja musst vor???, die ganze Zeit – was weiß ich wieviel Leute, mit zwanzig Leuten in einer Hütte, ne
Tim: ja ja
Murat: jeder braucht seinen eigenen Platz, schreib doch mal auf ??? jeder braucht seinen eigenen Raum, sagen wir mal
Pascal: nicht nicht un kann irgendwie auch so ein alter Stein, wo du dich drauf setzen kannst, wo du alleine sein kannst, weißt du irgendsowas
[*Pause*]
Tim: jeder braucht irgendwie, was weiß ich, so so ein Gebiet, wo er mal allein sein kann (was weiß ich)
Pascal: ganz für sich alleine
[*Tim wiederholt noch einmal – sie diktieren wohl auch gleichzeitig*]
[*Pause*]

Interpretation:
Zu Beginn der Passage stößt Murat, wenn auch gelangweilt, wie es im Transkript heißt, seine Mitschüler Pascal und Tim zur gemeinsamen Aktivität an: „fangen wir mal an". Tim stimmt zu, gerät kurz ins Stocken: „ehm". Pascal äußert sich gleichzeitig, er ist nicht zu verstehen. Tim scheint mit dem: „ja nee okay aber zwei müssen mindestens in einen Raum (ich mein einer nicht alleine)" gegen eine andere Sichtweise zu argumentieren. Ihm ist eine bestimmte personelle Verteilung in vorhandene Räume wichtig, so als habe er organisatorisch (*Was ist notwendig, wenn eine Gruppe von Menschen zusammenlebt*) eine Unterbringung zu regeln. Oder wird hier eine Unabdingbarkeit sozialer Beziehungen, eine Art Grundvoraussetzung im Sinne eines Verständnisses des Sozialen markiert, die darin besteht, dass der Einzelne einen „Signifikant", einen relevanten Anderen braucht (vgl. Mead 1973, 129ff. und die Rolle des ‚verallgemeinerten Anderen')?
Hatte Pascal sich vorgestellt, dass einer alleine einen eigenen Raum bekommt? Murat bestätigt seinen Mitschüler Tim: „einer alleine bringt es nicht" und spezifiziert dann: „man muss unbedingt ein Freund zu haben". Es geht ihm nicht nur darum, nicht alleine zu sein, thematisiert ist zudem eine vertraute Beziehung. Neben die organisatorische Frage der Verteilung ist nun ein sozialer/emotionaler Kontext gerückt. Er bringt diese Sichtweise sprachlich neutralisiert („man") vor. Ähnlich wie in Tims Aussage vorher kommt eine kontextspezifische Regelung und Erwartungshaltung zum Ausdruck (Selbst- und Weltverständnis).

Pascal stimmt zunächst zu und deutet dann („aber“) eine Gegenrede an, mit der er nicht fortfährt. Tim schließt an seine vorherige Rede an: „so zwei in einer Hütte, oder“. Die abstrakte Kategorie Raum ist nun anschaulich als eine „Hütte“ beschrieben, dort sollen offenbar zwei unterkommen, aber so ganz sicher ist Tim sich noch nicht. Mit dem „oder“ richtet er sich an die anderen. Murat schließt nun auch an die Textvorlage („Herr der Fliegen“) an, indem er sich auf den „Chor“ bezieht, der dort beschrieben ist: „ich glaub so der Chor sollte sich mehr von den andern ein bißchen so ab???“. Worauf er hinaus will, ist offenbar, dass der Chor als identifizierbare Gruppe einen eigenen, von den übrigen abgesetzten Raum haben sollte, ein eigenes „Territorium“ (vgl. Goffman 1982, 54ff.). Dem scheint Tim nicht zustimmen zu wollen: „der Chor würd eher ich sagen sowieso dazu“. Erwägt Tim, das Thema „Chor“ im Kontext einer anderen Arbeitsfrage abzuhandeln? Er fährt begründend fort, „weil (Murat: der Chor) die verstehen sich ja beide nicht deswegen müssen sie ???“. Will er darauf hinaus, dass verschiedene Personen(gruppen), die sich nicht verstehen, einander zugeordnet werden müssten („dazu“)? So jedenfalls scheint Murat die Äußerung von Tim zu verstehen, denn er entgegnet: „das macht es doch noch schlimmer, wenn sie sich überhaupt nicht verstehen“. Murat macht hier noch einmal die von ihm bereits aufgezeigte Perspektive stark, dass es besser sei, vermeintlich streitende Gruppen voneinander fernzuhalten; sozusagen als Strategie zur Konfliktvermeidung. Vermutet er, ein erzwungenes Miteinander würde die Beziehungen bzw. die Situation verschlechtern? Pascal scheint ebenfalls skeptisch und zwar hinsichtlich der Vorstellung mit vielen Menschen in einer Hütte zu sein: „die ganze Zeit – was weiß ich wieviel Leute, mit zwanzig Leuten in einer Hütte, ne“. Sieht er darin eine Zumutung für Einzelne? Tim signalisiert Zustimmung: „ja ja“. Leuchten ihm die Argumente seiner Mitschüler ein? Die Äußerung Pascals ist es vermutlich, die Murat dazu veranlasst, einzuwenden: „jeder braucht seinen eigenen Platz“ (Situationsvorstellung) (vgl. Goffman 1982, 57, dort ist die Rede von einem temporären/situationellen Reservat). Er hält diese Aussage für so zentral, dass er gleich dazu auffordert: „schreib doch mal auf“ und er ersetzt diesmal die Vokabel „Platz“ durch „Raum“, greift also eine frühere Formulierung von Tim auf: „jeder braucht seinen eigenen Raum“. Mit: „sagen wir mal“ ist in Aussicht gestellt, dass dieser Merksatz nicht allein auf seine Überlegungen zurückgeht. Er strukturiert damit den Prozess der Ergebnisfindung. Deutlich wird, dass sie sich füreinander anschlussfähig artikulieren. Pascal fährt anschaulich fort: „kann irgendwie auch so ein alter Stein, wo du dich drauf setzen kannst, wo du alleine sein kannst, weißt du irgendsowas“. Mit der bildhaften Beschreibung eines alten Steins – als Signal, Zeichen, signifikantes Symbol (vgl. Mead 1973) dafür, für sich sein zu wollen und eine eigene persönliche Sphäre abzustecken, vergegenwärtigt er sich und den anderen eine konkrete Situation. Damit verbindet sich die Idee, in einem öffentlichen Raum von allen anderen gesehen zu werden und dennoch gleichzeitig ungestört sein zu können. Dies impliziert die gegenseitige Anerkennung und respektvolle Einhaltung von Distanz, eine „höfliche Nichtbeachtung" und „Vertrautheit" unter sich ansonsten fremden Menschen (Giddens (mit Bezug auf Goffman) 1999, 105).

Nach einer Pause fasst Tim verallgemeinernd zusammen: „jeder braucht irgendwie, was weiß ich, so so ein Gebiet, wo er mal allein sein kann (was weiß ich)". Die Setzung „jeder braucht" impliziert ein grundlegendes existentielles Bedürfnis. Die Bezeichnung „Gebiet" geht über die symbolhafte Lokalisierung „Stein" wieder hinaus, zielt eher auf ein abgestecktes markiertes Territorium (vgl. Goffman 1982, 54ff. und 71ff.) und das soll jedem zustehen. Pascal betont noch einmal: „ganz für sich alleine". In diesem Punkt will er nicht missverstanden werden.

Solche Fragen, die das „Allein-Sein" und „Dabei-Sein" betreffen, haben im Jugendalter eine große Bedeutung und berühren „den Lebensnerv der Adoleszenz". Konkreter noch geht es darum: „Wer wird in den ko-konstruktiven Prozessen nicht bloß zum Empfänger von Normen und Bedeutungen, sondern zum Normgeber?" (vgl. Fend 2000, 316; 318, dort gibt es einen Hinweis auf die Romanvorlage „Lord of the Flies").

Tim wiederholt noch einmal, was gesagt wurde. Offenbar diktieren sie sich ihre Beiträge.

Die Schüler gehen einerseits systematisch vor, indem sie sich an der Story des Buches orientieren, sie greifen Aspekte daraus auf, und sie knüpfen andererseits assoziativ mit Gedanken/Ideen an, die ihnen dazu einfallen. Es werden eigene Erfahrungen thematisiert und in ein Verhältnis zu anderen gesetzt, wobei die Schüler nicht explizit von sich selber sprechen. Auffallend ist also die Art und Weise des Redens ‚über' und des Redens ‚mit'einander. Mit generalisierenden Formulierungen wie „man", „jeder", also sozusagen über Dritte, werden Kontexte wie Freundschaft thematisiert, die eher der privaten Sphäre angehören. Besteht der Sinn dieser Redeweise darin, nicht zuviel von sich preiszugeben? Werden hier Rahmungen unterschieden? Wo sage ich was? Oder handelt es sich um einen habitualisierten Stil, einen intendierten Ausdrucksstil von Jugendlichen (vgl. Bohnsack 1997, 206), mit dem sie sich Zugehörigkeit signalisieren? Vielleicht ist diese Redeweise auch der Versuch, sich einem bestimmten Stil der Unterrichtssprache anzupassen (siehe Aufgabenstellung), also der Versuch auf einer abstrakten Ebene zu formulieren. Auf alle Fälle bleiben sie weiterhin anschlussfähig und bestimmen in einem gewissen Maße ihre eigene Thematik.

Was geschieht als Nächstes? Wie lässt sich die Kommunikation/Interaktion fortsetzen? Wie entscheiden sich die Schüler fortzufahren?

Zurück zum Transkript:
Murat: voll das Wettrennen, wer gewinnt jetzt
Tim: was müsste man denn noch machen?
Murat: jeder braucht paar Freunde
Pascal: Freunde, ??? Freunde aufschreiben
Murat: jeder braucht, man braucht
[*Pause*]
Murat: ehm sie müssen irgendwie auch Verständnis aufbringen, wenn sie mit all den anderen (reden/leben wollen)
Pascal: Verständnis für die andern, so?
Murat: ja, dass wenn einer zum Beispiel, weißt du wenn wir auch auf Klassenreise gehn oder so, wenn einer (zurückgeht müssen wir auch immer warten), so ungefähr mein ich das
Tim: Verständnis für andere aufbringen
Murat: schreib einfach Verständnis ... für andere
Tim: da muss aber glaub ich (Murat: bestimmte Regeln brauchen sie so) genau mein ich ja so, dass nicht irgendwie, du machst jetzt mal heute hier (Pascal: (Zeitplan) ??? Ämter) ??? (Pascal: ??? Ämter) Ämter so meinetwegen, weil sonst kommt ja alles durcheinander, so meinetwegen ja ich mach jetzt mal kurz ??? genau und die
Murat: vor allen Dingen, du musst zum Beispiel heute kochen, du machst dies, du machst das, nicht durcheinander ist, dass jeder mal so drankommt
Tim: dass man sich abmeldet (Murat: auch wegen Jagd und so) ja, dass man sich abmeldet, wenn man irgendwo hingeht
Murat: genau, das ist genauso klassenreisemäßig
[*Tim diktiert Wörter*]
Murat: das sind doch Regeln, abmelden und so (Pascal: das hab ich ihm auch) hauptsächlich sind das ja Regeln, mach in Klammern rein, Regeln
Tim: ja weil, schreib ich hinterher in Klammern, Regeln
Murat zu einem Mitschüler: arbeitest du alleine?
Pascal: das reicht eigentlich
[...]

Interpretation:
Nach einer Pause scheint Murat: „voll das Wettrennen, wer gewinnt jetzt" eine Situation im Klassenzimmer zu kommentieren. Beobachtet er andere Schüler und Schülerinnen, die um irgendetwas konkurrieren oder sieht er die eigene Gruppenarbeit im Wettstreit mit einer anderen Gruppe? Liegt hier etwa eine Ablenkung, eine Störung vor?
Tim schließt wieder an die Aufgabenstellung an: „was müsste man denn noch machen?". Die Formulierung deutet auf optionales Handeln hin. Murat sagt

daraufhin: „jeder braucht paar Freunde“ (s.o., dort hatte er gesagt „man muss unbedingt ein Freund zu haben“). Die imperative Redeweise vermittelt, für Murat ist hier etwas subjektiv bedeutsam. Mit „jeder“ zielt er nun (explizit) sowohl auf die eigene Person als auch auf alle anderen. Sieht er darin eine Voraussetzung, die erfüllt sein muss, die dem Handeln quasi vorgeschaltet ist? Dahinter, so klingt es an, darf man nicht zurückfallen (normative Erwartungshaltung, Bedürfnis). Geht Murat davon aus, dass Handeln im Sinne von gemeinsamem Handeln in Gruppen nur möglich ist, wenn Einzelne in einem freundschaftlichen und vertrauensvollen Verhältnis zueinander stehen, wenn sie sich nicht fremd sind?
Pascal greift die Formulierung auf und weist knapp an: „Freunde aufschreiben“. Für ihn gibt es offenbar keinen weiteren Thematisierungsbedarf, sei es, weil er den Aspekt als weniger wichtig abwertet oder als logisch nachvollziehbar und ausschöpfend behandelt betrachtet. Nun ist klar, dass Tim die Ergebnisse notiert. Murat ergänzt seinerseits: „jeder braucht, man braucht“. Nur „Freunde“ aufzuschreiben, scheint ihm zu wenig. Nach einer Pause führt Murat weiter aus: „ehm sie müssen irgendwie auch Verständnis aufbringen, wenn sie mit all den anderen (reden/leben wollen)“. Er wechselt von dem alle einschließenden „jeder“ zu einer distanzierteren Formulierung „sie“ und legt nun differenzierter dar, worauf es noch ankäme. Murat hat im Blick, dass Verständnis aufbringen wesentlich ist, dass dies auf Gegenseitigkeit beruht, kommunikativ ausgehandelt werden muss. In dieser Wechselbeziehung zwischen Einzelnen und den jeweils Anderen drückt sich (s)eine Vorstellung von gesellschaftlichem Zusammenleben, (s)ein Verständnis des Sozialen aus. Hierin wird ein Bezug zwischen Selbst und anderen konstitutiv (Selbst- und Weltverständnis) (vgl. Mead 1973, 130, 198, 206; zu Verhandlungsstrategien unter Freunden vgl. Selman 1984). Gesagt werden kann auch, dass es hier um kontextspezifische Regelungen und Erwartungshaltungen geht als Sinnschicht, die von Murat indirekt angesprochen wird.
Pascal wiederholt und scheint sich noch einmal vergewissern zu wollen: „Verständnis für die andern, so?“. Murat legt nun dar, was er darunter versteht: „ja, dass wenn einer zum Beispiel, weißt du wenn wir auch auf Klassenreise gehn oder so, wenn einer (zurückgeht müssen wir auch immer warten), so ungefähr mein ich das“. Murat verdeutlicht seine Darlegung mit Erfahrungen, die er und die anderen während Klassenreisen machen. Es geht ihm um Verständnis im Sinne von Rücksichtnahme. Über diesen situativen Zugriff wird der Selbstbezug, der Bezug zur eigenen Lebenswelt expliziert. Die Perspektive von generalisierten Zusammenhängen hin zum Besonderen der eigenen Situation wird nun auch von der Redeform her vollzogen: „wir“.
Tim, der offenbar gerade dabei ist Notizen zu machen, wiederholt: „Verständnis für andere aufbringen“. Murat kommt zur Hilfe: „schreib einfach

Verständnis ... für andere", ausführlicher muss dies nicht notiert werden. Das Gespräch kommt durch die Verschriftlichung ins Stocken. Die Schüler müssen (ihre) Handlungsdynamik selber steuern, inhaltliche Komplexität reduzieren und dürfen dabei die eigenen guten Ideen nicht aus dem Auge verlieren.
Tim setzt (nachdem er mit der Notiz fertig ist) möglicherweise inspiriert durch die Hinweise von Murat (Verständnis, Klassenfahrt) an: „da muss aber glaub ich". Er wird zunächst von Murat unterbrochen: „bestimmte Regeln brauchen sie so". Er generalisiert eine weitere Notwendigkeit (als normative Vorstellung). Darauf wollte Tim offenbar auch hinaus: „genau mein ich ja so" und er erläutert, „dass nicht irgendwie, du machst jetzt mal heute hier". Verbindet er mit dem Begriff Regel, dass nicht einfach über irgendwen bestimmt, verfügt wird, dass es gewisse dauerhafte Regelungen im Unterschied zu spontanen und willkürlichen Befehlen gibt? Nun wirft Pascal undeutlich gesprochen „Zeitplan" ein und kurz später „Ämter" (als institutionalisierte personalisierte Zuständigkeit). Tim scheint nicht so recht überzeugt: „Ämter so meinetwegen". Im Schlagabtausch werden verschiedene Vorstellungen von geregelten, geordneten Abläufen thematisiert und Tim begründet abschließend, warum diese wichtig sind: „weil sonst kommt ja alles durcheinander".
Der Begriff „Regeln" wird zunächst nicht direkt aufgegriffen. Murat kommt später darauf zurück. Welche Vorstellung von Regel scheint hier auf? Findet Pascal den Begriff „Ämter" zutreffender? Der Begriff „Regeln" wird zunächst zweitrangig. In den dargelegten Sichtweisen geht es um Formen von Strukturierung, Organisation, Zuständigkeit, um Vereinbarungen, Regelungen, die kontextspezifisch, situationsabhängig getroffen werden (müssen). Murat hebt hervor: „vor allen Dingen" und formuliert im Imperativ: „du musst zum Beispiel heute kochen, du machst dies, du machst das". Er greift Tims Formulierung auf „nicht durcheinander ist" und erläutert darüber hinaus: „das jeder mal so drankommt". Die Vorstellungen von geordneten Abläufen sind an einer prinzipiellen und organisierten gleichberechtigten Verteilung von Aufgaben orientiert.
Tim legt eine andere notwendige Verhaltensweise dar: „dass man sich abmeldet". Murat wirft ein: „auch wegen Jagd und so" und greift damit einen Aspekt aus dem Romanausschnitt auf. Und Tim fährt fort: „ja, dass man sich abmeldet, wenn man irgendwo hingeht". Darin spiegelt sich die Verhaltenserwartung, dass einzelne die Allgemeinheit über den Aufenthaltsort zu informieren haben. Was sie hier darlegen, sind Verhaltensmaximen, die Fragen von Lebensführung betreffen.
Innerhalb dieser Passage wechseln die Perspektiven zwischen einem Bezug auf die fiktive fremde Welt des Romans „Herr der Fliegen" und dem Bezug zur eigenen Klasse. Nicht immer ist trennscharf, welcher Bezug jeweils ge-

meint ist. Bedeutungsvoll inspiriert das Beispiel Klassenfahrt zu weiteren Situationsvorstellungen.
Innerhalb der Gruppe wird die Thematisierung von einer allgemein formulierten Frage hin zu eigenen Erfahrungen und umgekehrt aufgebaut. Das Verstehen, die verstehende Bewältigung von sozialen Situationen geht durch die eigene Erfahrung hindurch (vgl. Combe 2006). Man gewinnt den Eindruck, dass die Schüler nun (anders als im Unterricht, der zuvor beobachtet wurde) unmittelbar und direkt reagieren. Man kann sagen, dass sie hier bis zu einer (authentischen) Problemformulierung vordringen.
Festgehalten werden kann, dass in der Schülerarbeitsgruppe die Lern- und Lösungswege in langwierige, keineswegs linear verlaufende Denk- und Diskussionsprozesse eingelagert sind. Sie durchforsten z.B. ihre eigene Erfahrungswelt auf der Suche nach Analogien (vgl. Schelle/ Schlickum 2006).
Murat schlussfolgert: „genau, das ist genauso klassenreisemäßig". Der Bezug zur eigenen Schulsituation bzw. zu der außerunterrichtlichen Situation Klassenreise ist wieder voll entfaltet. Tim diktiert sich die Wörter, er schreibt die Notizen auch ohne Anweisungen der anderen auf. Murat fährt fort: „das sind doch Regeln, abmelden und so". Den Begriff „Regeln" hatte er schon weiter oben eingebracht, war dort aber nicht weiterverfolgt worden. Pascal stimmt ein: „das hab ich ihm auch". Murat fährt relativierend fort: „hauptsächlich sind das ja Regeln" und dann weist er Tim an „mach in Klammern rein, Regeln". Tim scheint noch nicht ganz überzeugt: „ja weil, schreib ich hinterher in Klammern, Regeln".
Anschließend fragt Murat einen Mitschüler, ob er alleine arbeitet. Die Frage an den Mitschüler thematisiert einen Aspekt der vorherigen Gruppenarbeitsphase. Da ist möglicherweise jemand auf sich alleine gestellt. Handelt es sich hier um eine Manifestation, um ein „Praxis"-Beispiel für das, was vorher stellvertretend besprochen wurde?
Mit dem Hinweis Pascals: „das reicht eigentlich" (für 'schulische Zwecke') scheint ein vorläufiges Ende, zumindest der Auseinandersetzung mit der ersten Arbeitsfrage, eingeläutet.
Zusammengefasst:
Die Schüler er- und bearbeiten (Vor)erfahrungen und Vorstellungen bzw. Vorstellungsbilder, die ihnen wichtig sind, kommunikativ eigenwillig. Sie operieren dabei implizit mit didaktischen und sozialwissenschaftlichen Kategorien und Zugriffsweisen zum Verstehen als Erkenntnismotive und bildende Momente (vgl. Schelle 2003).
Das Bedürfnis nach Allein-Sein wird mit einem Bedürfnis nach Menschen, die einem Näher-Stehen, in Verbindung gebracht; nach Menschen, die sich einander zugehörig fühlen und sich offenbar nicht als Fremde begegnen (peer-group, Solidargemeinschaft, Lebenswelt, Erfahrung). Es ließe sich aus

der Sicht der Schüler von dem Erfordernis einer gemeinsam geteilten Lebenswelt und von Vertrauen sprechen. Neben Freundschaft und Verständnis reflektieren sie Bedingungen, die dies ermöglichen. Die Notwendigkeit formalisierter Vereinbarungen wird als Chance für ein (reibungsloses) Funktionieren größerer Gruppen wie beispielsweise der eigenen Schulklasse gesehen. Als weiteres Prinzip der Organisation werden Ämter genannt, die Übersicht und Ordnung herstellen, die der Repräsentation dienen und mit denen festgelegt ist, wer das Sagen hat.

Neben der Verteilung von Arbeitsaufgaben werden auch soziale Vereinbarungen thematisiert. Solcherart soziale Verpflichtungen als Selbstverpflichtungen, stellen wiederum den einzelnen Menschen unter den Schutz gemeinsam geschaffener Regeln.

Die Schüler versuchen, sich übergreifende Zusammenhänge, wie sie durch die zu bearbeitende Fragestellung suggeriert werden, mit Hilfe von Beispielen aus der eigenen Lebens- und Erfahrungswelt zu vergegenwärtigen. Sie thematisieren den Schutz auf Integrität, ein Bedürfnis nach Privatheit und Vertrautheit im Umgang miteinander („allein sein können", die Bedeutung von Freundschaft), stellen dies aber nicht explizit als eigene subjektive Bedürfnisse dar, indem sie etwa ihre Sichtweisen in der Ich-form hervorbringen. Sie diskutieren der Form nach allgemein bedeutsame Zusammenhänge, nehmen gewissermaßen souveräne Sichtweisen im Sinne verallgemeinerungsfähiger Perspektiven, allgemein bedeutsamer Verhaltensregeln und -erwartungen ein. Sie können unterschiedliche soziale Orte und „Rahmungen" nach ihren jeweils geforderten Regeln und Verhaltensweisen unterscheiden. Das drückt sich auch in der Redeform aus.

Hier lässt sich nun sagen, dass sich die Schüler an solchen Stellen in der verstehenden Bewältigung von Situationen im Verhältnis zu anderen erfahren. Die Gruppe, in der sie arbeiten, wird zum Prüfstand des eigenen Verständnisses des Sozialen, der eigenen Deutungsversuche mit dem Ziel, aller herkunftsbedingten Unterschiede (in der Art sich zu präsentieren, sich mitzuteilen, sich zu artikulieren) zum Trotz, habituelle Übereinstimmungen zu suchen und zu finden. Man kann sagen, dass solche Gruppengespräche als kleine Arbeitsgemeinschaften unerlässlich sind für das Einüben und Erproben von geregelter Kommunikation. Hier können subjektive Sichtweisen zur Geltung gebracht werden und einzelne können sich in ihrer Wirksamkeit, in der Wirksamkeit ihrer Rede auf andere prüfen. Woran die Schüler nebenbei arbeiten, was sie interessiert, ließe sich etwa in folgende Fragen fassen: Wer nimmt, was ich sage zur Kenntnis? Wie komme ich mit dem, was ich sage bei den anderen an? Wer bin ich (in den Augen der anderen)? Wo kann ich als Persönlichkeit Anerkennung finden? Wer nimmt meine privaten Bedürfnisse in öffentlichen Räumen (wie z.B. der Schule) zur Kenntnis?

Insbesondere in den beiden ersten Passagen entwickeln die Schüler vor dem Hintergrund eigener Erfahrungen eine bemerkenswerte Urteilskraft. Dort ist ihnen das Thema ‚nahe'. Sie bilden Analogien durch eigene Erfahrungen (Beispiel Klassenfahrt), sie stellen sich reale Situationen und Handlungsprobleme (Wer macht was?) szenisch vor. Sie sind aber auch an Unterscheidungen und Differenzen orientiert (z.B. für sich sein können, unterschiedliche Lager). In diesen Bezügen werden Sichtweisen transformiert: von Unterschieden zwischen peers und unter Gleichaltrigen, zwischen Freunden und Fremden, zwischen bestimmten Rahmungen und Kontexten bis hin zu einer Vorstellung, die als Solidarität unter Fremden gefasst werden kann. In diesen Transfers werden subjektiv bedeutsame Lernkontexte aufgebaut und Verstehensbedürfnisse deutlich. Wo die Schüler sich selbst und das, was sie sagen im Verhältnis zu anderen erfahren, wo das eigene Verständnis des Sozialen auf das Verständnis des Sozialen Anderer trifft, wo unterschiedliche Sinnsysteme aufeinandertreffen, da geht es auch darum, das Eigene im Fremden und das Fremde im Eigenen zu reflektieren bzw. reflektiert zu bekommen.
Hier ist noch einmal herauszustellen, dass der Kommunikations-/ Interaktionsstil betrachtet werden kann als Zone, in der sich das Selbst- und Weltverhältnis bewegt. Deutlich wird, welche Aufgaben und Funktionen Einzelnen im Verlauf einer Gruppenarbeit zukommen, inwiefern beispielsweise Ergebnisse wechselseitig hervorgebracht werden, inwiefern Lernen auf wechselseitige Bezüge (Rede – Gegenrede, geltend machen und durchsetzen von Sichtweisen, Interessen usf.) angewiesen ist. Die Gruppenarbeit selbst inszeniert Gesellschaft, in der die eigenen Erwartungen, Erfahrungen mit denen der jeweils Anderen auszuhandeln und auszuloten sind. Die in bestimmten Kontexten entwickelten Vorstellungen von Regelungen und Erwartungen kommen in der gemeinsamen Erarbeitung zur Anwendung. Diese Erfordernisse der verstehenden und realen Bewältigung von sozialen Situationen kennzeichnen die täglichen Aushandlungen im Klassenzimmer, so etwa, wenn ein Thema der Insel-Situation zur eigenen Bewährungsaufgabe wird. In den dabei entfalteten Interpretationen operationalisiert sich der Verstehensprozess (siehe hierzu 1.1.1 Aufstieg und Fall Napoleons).

3.2 Transkript und Kommentar

3.2.1 „auf jeden Fall chaotisch" – in einer Gruppe arbeiten

Dokumentiert ist das Gespräch eines Lehrers mit einer Gruppe von vier Schülern über ihre Gruppenarbeit im Rahmen eines Projektes mit dem Titel „Einführung des Euro" im Politikunterricht der 11. Klasse einer Gesamtschule, das im Jahre 1999 von Studierenden im Rahmen einer Begleitung des Schulpraktikums aufgezeichnet und transkribiert wurde.

Transkript

„Lehrer: Erzählt mal wie es bei euch aussieht
Schüler 1: ja momentan ist alles ein bisschen durcheinander
Lehrer: habt ihr denn schon so 'ne Vorstellung wie es ungefähr laufen könnte am Donnerstag?
Schüler 2: auf jeden Fall chaotisch
Schüler 1: also pass auf wir wollen einen Vortrag machen diese Dinger hier rauf kleben
Schüler 2: nein das darfst du nicht veröffentlichen [*lacht*]
Schüler 1: da haben wir ja auch so Vorlagen
Lehrer: ist ja auch überall in den Broschüren oder?
Schüler 1: ja hier haben wir halt alle Rückseiten von den einzelnen Ländern
Schüler 3: aber das sind nicht immer alle
Schüler 1: ja, aber guck mal hier das reicht doch na ja und dass wir das so aufkleben und rumgeben
Lehrer: ja
Schüler 1: und ja und das Gleiche noch mal mit Scheinen auf Pappen die die Originalgröße haben von Scheinen
Schüler 3: hast das gemacht mit dem Scannen?
Schüler 1: das geht nicht der Scanner ist kaputt
Schüler 3: also kriegen wir das nicht hin mit der Originalgröße
Schüler 1: guck mal wir schneiden Pappen aus in Originalgröße und kleben das dann drauf
Lehrer: gut okay und das ist eine Sache die ihr am Anfang macht und dann?
Schüler 1: dann was länger stehen bleiben soll ist so 'ne Mappe mit Informationen und darüber so ne Infomappe
Schüler 2: machst du noch 'n Deckblatt mit dem Computer?
Schüler 1: ja kann ich machen das wird also der Blickfang dass man weiß worum es geht und dann so 'ne Mappe mit unseren einzelnen Vorträgen ja ( )
Lehrer: und dann macht ihr eure einzelnen ( )
Schüler 1: ja und dann [*Pause*]
Lehrer: und die habt ihr auch soweit schon ( ) da habt ihr keine Fragen mehr zu?
Schüler 2: hm was wollen wir jetzt machen?
Schüler 3: guck mal das geht so nicht mit den Prozentzahlen das sind mehr als hundert
Schüler 2: Mehrfachnennungen möglich
Lehrer: wann habt ihr die denn gemacht die Fragebögen?"

Kommentar & Fragen

Von der Bearbeitung von Aufgabenstellungen in Schülergruppen, von Formen kooperativen Lernens versprechen sich Lehrerinnen und Lehrer positive Lerneffekte (vgl. als Forschungsüberblick Rabenstein/ Reh 2007; als Handreichung für Lehrpersonen etwa Huber 2004). Produktiver Nutzen wird in Arbeitsphasen gesehen, in denen sich die Schülerinnen und Schüler als Ko-Konstrukteure in ihren Lernprozessen gegenseitig unterstützen und anregen, in denen sie gemeinsam nach Lösungen suchen, gemeinsam eine Präsentation vorbereiten und gestalten, sich als teamfähig erweisen können, in der sie Komplexität bewältigen, die ansonsten überfordern könnte. Niemand entwickelt sich allein, so lautet eine basale pädagogische – an der interaktionistischen Sozialisationstheorie (Mead 1973) orientierte – Erkenntnis. Auf einen ersten Blick hin bestätigt die vorliegende Sequenz diese mit der Gruppenarbeit verknüpften Erwartungen nicht.

Der Lehrer, der eine Schülergruppe in unspezifischer Redeweise auffordert, zu erzählen, wie es bei ihnen aussieht, will sich offenbar über den Stand der Gruppenarbeit informieren. Er wird dann mit Schüleräußerungen konfrontiert, die darauf hindeuten, dass es (noch) keinen geordneten Ablauf, keinen Plan, keine Koordination gibt. Offenbar kommt die Aufforderung des Lehrers zu diesem Zeitpunkt für die Schülergruppe ungelegen. Ein Schüler schätzt gar ein, dass es „auf jeden Fall chaotisch" laufen werde. Inszeniert er damit „vorbeugend" gedanklich den worst case, versucht er sich bereits im Vorhinein von einem vermeintlich unbefriedigenden Ergebnis zu distanzieren? Die flapsige Redeweise deutet darauf hin, dass hier etwas nicht sehr ernst genommen wird, dass es offenbar keine Begeisterung für das Thema der Gruppenarbeit gibt. Feststellen lässt sich eine gewisse angespannte Atmosphäre zwischen den Schülern. Ein Schüler äußert sich in (vermeintlichem) Einklang mit der Gruppe, ein anderer scheint skeptischer und weniger konstruktiv auf die Anfrage des Lehrers zu reagieren. Offenbar kommen ihnen innerhalb der Gruppe unterschiedliche Rollen zu. Ließen sich diese bei genauerem Hinschauen rekonstruieren? Gegen Ende fragt ein Schüler etwas ratlos „hm was wollen wir jetzt machen?". Implizit wird damit ein gemeinsam geteilter Wille bekundet. Dies klingt nicht fremdbestimmt und wird auch gleich von einem Mitschüler aufgegriffen.

Weiter fragen lässt sich hier:

Inwiefern handelt es sich in der Redeweise der Schüler um eine Gruppenarbeit?

Welche ko-konstruktive Prozesse lassen sich im Laufe des Gesprächsabschnittes erkennen und inwiefern tragen diese zur Verständigung, zum gegenseitigen Verstehen aller Beteiligten bei?

Welche Möglichkeiten/Grenzen von Gruppenarbeit lassen sich aus den Schülerbeiträgen rekonstruieren (vgl. Rabenstein 2007, vgl. Rabenstein/ Reh 2007)?

Literatur

Arnold, K.-H./ Graumann, O./ Rakhkochkine, A. (Hrsg.) (2008): Handbuch Förderung. Weinheim

Aßmann, A. (2008): Pädagogik und Ironie. Wiesbaden

Bohl, T./ Kleinknecht, M. (2009): Aufgabenkultur. In: Blömeke, S./ Bohl, T./ Haag, L./ Lang-Wojtasek, G./ Sacher, W. (Hrsg.): Handbuch Schule. Bad Heilbrunn, 331-334

Bohnsack, R. (1997): Dokumentarische Methode. In: Hitzler, R./ Honer, A. (Hrsg.): Sozialwissenschaftliche Hermeneutik. Opladen, 191-212

Bourdieu, P. (1987): Die feinen Unterschiede. Kritik der gesellschaftlichen Urteilskraft. Frankfurt/Main

Combe, A. (2006): „Hatten die schon Schuhe". Zur Theorie des Erfahrungslernens. In: Pädagogik, 58 (6), 32-36

Combe, A./ Buchen, S. (1996): Belastung von Lehrerinnen und Lehrern. Fallstudien zur Bedeutung alltäglicher Handlungsabläufe an unterschiedlichen Schulformen. Weinheim und München

Combe, A./ Gebhard, U.(2007): Sinn und Erfahrung. Zum Verständnis fachlicher Lernprozesse in der Schule. Studien zur Bildungsgangforschung, Bd. 20. Opladen & Farmington Hills

Combe, A./ Helsper, W. (1994): Was geschieht im Klassenzimmer? Perspektiven einer hermeneutischen Schul- und Unterrichtsforschung. Zur Konzeptualisierung der Pädagogik als Handlungstheorie. Weinheim

Faulstich-Wieland, H. (2008): Sozialisation und Geschlecht. In: Hurrelmann, K./ Grundmann, M./ Walper, S. (Hrsg.): Handbuch Sozialisationsforschung. 7., vollst. überarb. Aufl. Weinheim, 240–253

Fend, H. (2000): Entwicklungspsychologie des Jugendalters. Ein Lehrbuch für pädagogische und psychologische Berufe. Opladen

Fröhlich, V./ Stenger, U. (Hrsg.) (2003): Das Unsichtbare sichtbar machen. Bildungsprozesse und Subjektgenese durch Bilder und Geschichten. Weinheim, München

Geulen, D. (1989): Das vergesellschaftete Subjekt. Zur Grundlegung der Sozialisationstheorie. Frankfurt/Main

Giddens, A. (1999): Konsequenzen der Moderne. 3. Auflage. Frankfurt/Main (Original 1990)

Goffman, E. (1982): Das Individuum im öffentlichen Austausch. Mikrostudien zur öffentlichen Ordnung. Frankfurt/Main

Hascher, T. (2003): Diagnose als Voraussetzung für gelingende Lernprozesse. In: Journal für Lehrerinnen- und Lehrerbildung 3 (2), 25–30.

Hausendorf, H./ Quasthoff, U. M.(1996): Sprachentwicklung und Interaktion. Eine linguistische Studie zum Erwerb von Diskursfähigkeiten. Opladen

Helsper, W. (2004): Antinomien, Widersprüche, Paradoxien: Lehrerarbeit ein unmögliches Geschäft? Eine strukturtheoretische-rekonstruktive Perspektive auf das Lehrerhandeln. In: Koch-Priewe, B./ Kolbe, F.-U./ Wildt, J. (Hrsg.): Grundlagenforschung und mikrodidaktische Reformansätze zur Lehrerbildung. Bad Heilbrunn, 49-98

Helsper, W./ Busse, S./ Hummrich, M./ Kramer,R.-T. (2009): Jugend zwischen Familie und Schule? Eine Studie zu pädagogischen Generationsbeziehungen. Wiesbaden

Huber, A. A. (Hrsg.) (2004): Kooperatives Lernen – Kein Problem. Effektive Methoden der Partner- und Gruppenarbeit. Leipzig

Klafki, W. (1963): Studien zur Bildungstheorie und Didaktik. Weinheim

Knigge, V. (1988): „Triviales" Geschichtsbewusstsein und verstehender Geschichtsunterricht. Pfaffenweiler

Krummheur, G. (2007): Kooperatives Lernen im Mathematikunterricht der Grundschule. In: Rabenstein, K./ Reh, S. (Hrsg.): Kooperatives und selbständiges Arbeiten von Schülern. Zur Qualitätsentwicklung von Unterricht. Wiesbaden, 61-84

Lorenzer, A. (1992): Das Konzil der Buchhalter. Die Zerstörung der Sinnlichkeit. Eine Religionskritik. Frankfurt/Main (Original 1981)

Luhmann, N. (2002): Das Erziehungssystem der Gesellschaft. Frankfurt/Main

Mead, G. H. (1973): Geist, Identität und Gesellschaft. Frankfurt/Main

Meuser, M (2001): Repräsentation sozialer Strukturen im Wissen. Dokumentarische Methode und Habitusrekonstruktion. In: Bohnsack, R./ Nentwig-Gesemann, I./Nohl, A.-M. (Hrsg.): Die dokumentarische Methode und ihre Forschungspraxis. Grundlagen qualitativer Sozialforschung. Opladen, 207-221

Meyer, M./ Keuffer, J./ Kunze, I./ Schmidt, R./ Ziegler, Ch. (2000): Perspektiven für die zukünftige Projektgestaltung, für die qualitative Unterrichtsforschung und für die Lehreraus- und -fortbildung. In: Meyer M./ Schmidt R. (Hrsg.): Schülermitbeteiligung im Fachunterricht. Englisch, Geschichte, Physik und Chemie im Blickfeld von Lehrern, Schülern und Unterrichtsforschern. Opladen, 209-219

Parsons, T. (1968): Die Schulklasse als soziales System. Einige ihrer Funktionen in der amerikanischen Gesellschaft. In: ders.: Sozialstruktur und Persönlichkeit. Frankfurt/Main, 161-193

Rabenstein, K. (2007): Das Leitbild des selbständigen Schülers. Machtpraktiken und Subjektivierungsweisen in der pädagogischen Reformsemantik. In: Reh, S./ Rabenstein, K. (Hrsg.): Kooperatives und selbständiges Arbeiten von Schülern. Zur Qualitätsentwicklung von Unterricht. Wiesbaden, 39-60

Rabenstein, K./ Reh, S. (2007): Kooperative und selbstständigkeitsfördernde Arbeitsformen im Unterricht. Forschungen und Diskurse. In: Reh, S./ Rabenstein, K. (Hrsg.): Kooperatives und selbstständiges Arbeiten von Schülern. Zur Qualitätsentwicklung von Unterricht. Wiesbaden, 23-38

Reh, S. (2003): Fall-Arbeit im Seminar: Kreisgespräche und Erzählen. In: Brinkmann, E./ Kruse, N./ Osburg, C. (Hrsg.): Kinder schreiben und lesen. Beobachten – Verstehen – Lehren. Freiburg i. Br., 217-232

Richter, D. (Hrsg.) (2000) : Methoden der Unterrichtsinterpretation. Qualitative Analysen einer Sachunterrichtsstunde im Vergleich. Weinheim

Rumpf, H. (1996): Abschied vom Stundenhalten. In: Combe, A./ Helsper, W. (Hrsg.): Pädagogische Professionalität. Frankfurt/Main, 472-500

Rumpf H. (2004): Diesseits der Belehrungswut. Pädagogische Aufmerksamkeiten. Weinheim München

Schäfer, K.-H. (2005): Kommunikation und Interaktion. Grundbegriffe einer Pädagogik des Pragmatismus. Wiesbaden

Schelle, C. (1999): Schülervertretung – Stiefkind in der Schule. Perspektiven für die Schulentwicklung aus Schülersicht. In: Pädagogik, 51 (10), 54-57

Schelle, C. (2000): Privatheit in einem halböffentlichen Diskurs – Sozialität im Austausch von Lehrer-Schüler-Lebenswelten. In: Richter, Dagmar (Hrsg.): a.a.O., 185-210

Schelle, C. (2003): Politisch-historischer Unterricht hermeneutisch rekonstruiert. Von den Ansprüchen Jugendlicher, sich selbst und die Welt zu verstehen. Bad Heilbrunn

Schelle, C./ Reh, S. (2003): Schule und Demokratie. Curriculare Entwürfe und Schülersicht. In: Hurrelmann, K./ Palentien, Ch. (Hrsg.): Schülerdemokratie. Mitbestimmung in der Schule. München Neuwied, 211-223

Schelle, C./ Schlickum, Ch. (2006): Zur Deutungskompetenz von Schülerinnen und Schülern – Imagination, Unterschied, Analogie. In: Richter, D./ Schelle, C. (Hrsg.): Politikunterricht evaluieren – ein Leitfaden zur fachdidaktischen Unterrichtsanalyse. Hohengehren, 26-63

Schrader, F.-W. (2008): Diagnoseleistungen und diagnostische Kompetenzen von Lehrkräften. In: W. Schneider & M. Hasselhorn (Hrsg.): *Handbuch der Pädagogischen Psychologie* (Handbuch der Psychologie 10). Göttingen, 168-177

Seel, N. M. (2003): Psychologie des Lernens. Lehrbuch für Pädagogen und Psychologen. 2. akt. u. erw. Aufl. München und Basel

Selman, R. (1984): Interpersonale Verhandlungen. Eine entwicklungstheoretische Analyse. In: Edelstein, W./ Habermas, J. (Hrsg.): Soziale Interaktion und soziales Verstehen. Frankfurt/Main, 113-166

Sumfleth, E./ Pitton, A. (1998): Sprachliche Kommunikation im Chemieunterricht: Schülervorstellungen und ihre Bedeutung im Unterrichtsalltag. In: Zeitschrift für Didaktik der Naturwissenschaften, 4 (2), S. 4-20

Tulodzieki, G/ Herzig, B./ Blömeke, S (2004): Gestalten von Unterricht. Eine Einführung in die Didaktik. Bad Heilbrunn

Ziehe, Th. (1996): Zeitvergleiche. Jugend in kulturellen Modernisierungen. 2. Aufl. Weinheim und München

Sabine Reh und Carla Schelle

6 Gespräche über Unterricht

Der Unterricht und das Unterrichtsgeschehen sind oft Gegenstand von Gesprächen in der Schule. Ob es sich um beiläufige Pausengespräche im Lehrerzimmer handelt oder um professionelle Reflexionen, wie etwa die kollegiale Supervision bzw. die „Kooperative Beratung" (vgl. Mutzeck 2002), die Auswertung der Unterrichtsstunde eines Referendars, die traditionelle „Unterrichtsnachbesprechung" also (vgl. Horster 2006), die auch die Beratung über das Verhalten eines Schülers im Unterricht oder eine gemeinsame Planung unterrichtlicher Aktivitäten einschließen können, ob es um Auseinandersetzungen zwischen den Beteiligten über Vorfälle im Unterricht oder das Klagen der Schüler und Schülerinnen über langweiligen Unterricht geht – immer wieder wird das Interaktionsgeschehen Unterricht Gegenstand weiterer Deutungen in Gesprächen. In den Fallbeispielen dieses letzten Kapitels wird Unterricht in diesem Sinne Gegenstand von Reflexionen der Lehrerinnen, der Schülerinnen und Schüler in unterschiedlichen Situationen und auf unterschiedlichen Ebenen. Fragen werden wir, welchen Blick die Lehrpersonen und die Schüler und Schülerinnen in verschiedenen Gesprächen auf den Unterricht werfen, wozu im Gespräch der Unterricht und zu wem jeweils die Schüler und Schülerinnen und die Lehrpersonen dabei gemacht werden.
Zunächst einmal kann davon ausgegangen werden, dass in alltäglichen, in von der Objektiven Hermeneutik oft „natürlich" genannten Situationen Schülergruppen und Lehrpersonen untereinander mehr und weniger offen über Unterricht, der schlecht gemacht wurde, und über „schwierige" Schüler kommunizieren. Aber selbst in künstlich hergestellten Situationen, in strukturierten bzw. organisierten Erhebungssituationen, wie sie hier größtenteils vorliegen, sind unverstellte, offenbar habitualisierte Redeweisen und Interaktionen zu beobachten. Möglicherweise gibt es auf Seiten der Lehrpersonen berufstypische Formen der Wahrnehmung von Unterricht und von Schülern und Schülerinnen im Unterricht. Aber auch die Schülerinnen und Schüler haben bestimmte Vorstellungen von Unterricht und richten ihr Handeln daran aus.

Im ersten Beispiel eines aufgezeichneten Gesprächs, einer quasi „natürlichen“ Situation im Lehrerteam (siehe Kapitel 1.1), in der der Unterricht des nächsten Tages im Sinne eines effizienten Ressourceneinsatzes abgesprochen wird, kann deutlich werden, wie eine als stützend und fördernd gedachte Teamarbeit sich gegenüber der Sache, um die es gehen soll, und gegenüber einer einzelnen Schülerin abwertend gestaltet. Hier wird deutlich, wie Hierarchien zwischen den beteiligten Lehrerinnen gerade das verhindern können, was einer gesteigerten Kommunikation unter Pädagoginnen und Pädagogen immer zugetraut wird, nämlich eine Professionalisierung der Lehrtätigkeit voranzutreiben, indem etwa eine Vervielfältigung von Perspektiven erreicht wird (vgl. zusammenfassend Terhart/ Klieme 2006). Hätte die eine der beiden beteiligten Lehrpersonen, ohne Rücksprache, für sich allein entschieden, wäre die Schülerin Amelie möglicherweise nicht Gegenstand eines ausgrenzenden Diskurses zwischen den beiden Pädagoginnen geworden.
Welche Aspekte einer gemeinsamen Gestaltung des Unterrichts als positiv hervor gehoben werden, verdeutlicht das zweite Fallbeispiel (siehe Kapitel 2.1), der kurze Bericht einer Lehrerin über ihre Erfahrungen mit Teamarbeit im Unterricht. Für sie scheint die Möglichkeit, den Unterricht und die Schülerinnen und Schüler aus wenigstens zwei Perspektiven wahrzunehmen und diese Perspektiven zu vergleichen, ein wichtiges Argument für die gemeinsame Durchführung von Unterricht (vgl. Reh 2004, 2008a).
Der dritte Fall (siehe Kapitel 2.2) präsentiert die Erzählung aus einem Interview mit einer Beratungslehrerin, in dem Erfahrungen und Umgangsformen mit einem aus Sicht der Lehrerin besonders schwierigen Grundschulkind thematisiert werden. Deutlich wird, wie im professionellen Handeln einer Pädagogin schnell Situationen eingeschätzt werden müssen, wie eine erfahrene Lehrerin auf – möglicherweise als erinnerte Szenen verfügbare – komplexe Situationsdeutungen zurückgreift, um das Geschehen im Klassenzimmer zu gestalten. Gleichzeitig sind mit solchen Deutungsroutinen immer auch nicht situationsspezifische, generalisierende Adressierungen von Schülern und Schülerinnen (vgl. Kolbe/ Reh 2009) verbunden. Wie diese eine Veränderung der Perspektive auf das Kind immer auch erschweren, wie sie die Handlungsoptionen des Kindes präfigurieren, macht die Redeweise der Lehrerin, die Geschichte, in der hier ein Schüler als störendes Kind konstruiert wird, sichtbar (vgl. Reh 2004).
Im letzten Beispiel eines Schülergruppengespräches (siehe Kapitel 2.3) wird auf einen Impuls der Interviewerin hin Politikunterricht, den die Schülergruppe gemeinsam erlebt hatte, kommentiert (vgl. Schelle 1995). Die Bearbeitung eines gesellschaftlich brisanten Themas hat Spuren hinterlassen und wirft Fragen an die Gestaltung bzw. Mitgestaltung von Unterricht aus der Schüler-

perspektive auf. Die künstlich hergestellte Situation eines Gruppengespräches mit einer Interviewerin zeugt von spannungsreichen Deutungsversuchen im Verhältnis zwischen Lebenswelt und Schule, zwischen alltäglichen Erfahrungen und spezifischen Anforderungen, die in der Schule mit dem Schülersein verknüpft sind.

1 Transkript und Interpretation

1.1 „vergiss amelie also" – Lehrerinnen reden über Unterricht im Team

Das folgende Gespräch fand an einer integrativen, verlässlichen Halbtagsgrundschule einer deutschen Großstadt statt, in der flächendeckend im „Zwei-Pädagogen-Team" gearbeitet wird (vgl. Reh 2008a). Die beiden Lehrerinnen, die hier miteinander sprechen, sind zusammen für die Lerngruppe, in der jahrgangsübergreifend Vorschüler und -schülerinnen, Erst- und Zweitklässler gemeinsam lernen, verantwortlich und zumeist tatsächlich auch gleichzeitig im weitgehend geöffneten Unterricht tätig. Oft sprechen sie sich nach dem Unterricht ab und planen für den nächsten Tag oder die nächsten Tage, was sie tun wollen, wer mit welchen Kindern was macht, wie also die Ressourcen eingesetzt werden. Das Gespräch fand am 13.05.2004 statt. Beteiligt an dem Gespräch bzw. der Teambesprechung sind die beiden Grundschullehrerinnen K und A.

Transkript

A: ja
K: oder nimmst dir die tobi-fibel mit also dass die da so'n bisschen ans lesen kommen also es sind ja nette bilder
A: bares sonja josine soll ich amelie noch dazu nehmen ich hätte ja hier noch platz
K: vergiss amelie also
A: wird nix [*lacht*]
K: nee [*lacht*] also ich ähm ja der/ der läuft durch so
A: okay
K: so und ich würd jetzt lieber zeit in die kinder investieren
A: ()
K: nä
A: hmhm
K: also wo wir auch noch was raus holen können weil bei denen ist es einfach die sind ja noch klein und sonja ist noch jung bei josine ist es die/ die ritalingeschichte
A: hmhm
K: und bares mit ihrer psycho

A: hmhm
K: so und aber die sind ja sonst von vom i-q her ist es ja nicht das ding und bei amelie ist die sache einfach gegessen ich mein so leid es mir tut aber das ist ähm
A: ja
K: muss man dann auch mal sehen wo man zeit investiert
A: ok und haben wir noch irgendwo einen nö ne? Also weil hier wären ja theoretisch vier leute wären ja gar nicht mal so schlecht
K: einen platz für dich
A: ein ja gut [*lacht*] nee also ich glaub das reicht auch so dann wird jeder angesprochen

Interpretation

Hier handelt es sich offenbar um ein Planungsgespräch zwischen zwei Lehrerinnen, die zusammen unterrichten und das weitere Vorgehen miteinander besprechen und abstimmen. Es handelt sich also um eine Art „Teambesprechung".

Die beiden Lehrerinnen A und K scheinen sich zu kennen, jedenfalls duzen sie sich, möglicherweise verbindet sie eine gemeinsame Vorgeschichte und gemeinsame Erfahrungen. Die eine, K, schlägt der anderen, A (die im ersten Sprechakt bereits irgendeiner Sache oder irgendwem mit „ja" zugestimmt hatte), vor „oder nimmst dir die tobi-fibel mit", damit „die da so'n bisschen ans lesen kommen".

Die Formulierung „die da" klingt unpersönlich, unhöflich, auf Distanz bringend, abwertend. Sind damit etwa die Schulkinder gemeint, also Kinder, die Namen haben? Man könnte diese auch mit ihrem Namen ansprechen, wenn es nicht zu viele Kinder sind und man ihre Namen kennt, spezifische Personen gemeint sind. Auffällig ist, dass diese „so'n bisschen ans lesen kommen" sollen. Was bedeutet das? Könnte man so ein bisschen „ans Klavierspielen" gebracht werden? Könnte man „ein bisschen" zum Basteln gebracht werden? Es scheint in dieser Formulierung entweder eine Abwertung der Sache konnotiert zu sein, möglicherweise auch eine Abwertung der gemeinten Schüler und Schülerinnen, weil und insofern sie vielleicht nie das Lesen lernen oder das richtige Lernen des Lesens erst später folgt.

Die Fibel enthält nach Ansicht der Sprecherin K „nette bilder". Vor dem Hintergrund der Tatsache, dass es um das Lesen geht, scheinen Bilder nicht zentral. Zentral für das Lesen, aber eben auch das Lesenlernen ist der Text. Bilder können einen motivierenden Aspekt haben. Wenn von „netten bildern" die Rede ist, scheinen diese eine Art Köder zu sein, eine Taktik anzuzeigen, andere bzw. „die da" zunächst nicht merken zu lassen, worum es wirklich gehen soll (nämlich das Lesen zu lernen). Sie sollen wollen bzw. es wird unterstellt, dass sich Interesse und Aktivität an Bildern entzünden. Dabei könnten eine solche Funktion auch „interessante“ oder „schöne“ Bilder übernehmen. Demgegenüber scheinen „nette“ Bilder eher solche, denen wenig Aussagekraft beigemessen wird.

Es geht offenbar um den Lese-Anfangsunterricht und es geht um eine Gruppe von Schulkindern, die Schülerinnen werden von A einzeln namentlich genannt. A ist noch unschlüssig, wen sie in die Gruppe einbeziehen soll, die sie betreuen wird. Nachdem sie „bares sonja josine“ genannt hat, fragt sie K: „soll ich amelie noch dazu nehmen“ und begründet ihre Frage mit dem vorsichtigen Hinweis: „ich hätte hier noch platz“. Mit diesem Platz, vielleicht einem freien Sitzplatz, liegt (noch) keine im engeren Sinne pädagogische oder didaktische Begründung vor. Es gibt einen Platz, also kann auch jemand darauf sitzen und es könnte sein, dass deshalb jemand gesucht wird – ähnlich wie im Falle des Vorhandenseins von Plätzen in einer Institution, etwa in einer Vorklasse, auch Kinder gesucht werden, die als der besonderen Behandlung in diesen Vorklassen bedürftig erscheinen (vgl. Diehm/ Radtke 1999, 102ff.). Möglicherweise handelt es sich um eine legitimierende Redeweise. Die Formulierung „hätte“ deutet an, dass A – vorsichtig fragend – ihre Vorgehensweise expliziert. Vielleicht ahnt sie schon, dass dies keine gute Idee ist bzw. keine Idee, die auf Zustimmung stößt. Die angesprochene Kollegin könnte nun kommentarlos zustimmen oder den Vorschlag ablehnen. Sie könnte sich aber auch ausführlich dazu äußern.

Die tatsächlich erfolgte Reaktion ist einigermaßen verblüffend. Vor dem Hintergrund des gegebenen pragmatischen Kontextes – zwei Erwachsene, gar Pädagoginnen, sprechen über ein Kind – irritiert der Inhalt der Redeweise „vergiss amelie“. Was bedeutet diese Aussage? Wie wird über die Schülerin gesprochen? Was bedeutet die Aussage für die Interaktion zwischen A und K? K legt A möglicherweise nahe, sich nicht länger mit Amelie zu beschäftigen, nicht länger an sie zu denken. Es könnte sich um eine direkte Absage an eine pädagogische Fürsorge handeln. Es könnte auch sein, dass Amelie bzw. die Aufnahme einer Beziehung zu Amelie ein hoffnungsloser Fall ist. Denkbar wäre eine solche Formulierung in einem Gespräch zwischen zwei jungen Männern, in dem der eine zum andern sagt: „Vergiss Amelie. Mit der wird es sowieso nichts mehr“. In einem solchen Fall würde Sinn- und Zwecklosigkeit thematisiert, so wäre es sinnlos und vielleicht sogar für den einen schädlich, weitere Gefühle zu investieren oder sich weiter um Amelie zu bemühen. Bezogen auf das Gespräch zwischen zwei Lehrerinnen über eine Schülerin hieße das: Es gebe keine pädagogisch begründbare Perspektive, pädagogische Anstrengungen seien unnütz, der Fall Amelie läge außerhalb professionell-pädagogischer Zuständigkeit.

Von Bedeutung ist nun, dass die Möglichkeit für K, in dieser Form explizit und restriktiv zu reagieren, erst entsteht, indem A ihr diese Möglichkeit einräumt, indem sie vorsichtig fragt, andeutet, sie könnte etwas machen, muss es aber nicht tun. In diesem Gespräch wird ein hierarchisches Verhältnis der beiden Lehrerinnen zueinander interaktiv aufgeführt und damit erst aktualisierend konstituiert.

A reagiert dem Anschein nach amüsiert, sie lacht laut Protokoll: „wird nix". Wie auf der Suche nach schneller Wiedergutmachung, nach habitueller Übereinstimmung stimmt sie der negativen Einschätzung der anderen Lehrerin zu. Damit entspannt sie gewissermaßen die für sie nun unangenehme Situation, die entstanden ist, weil die Reaktion von K auch eine Absage an ihre Kompetenz, also an sie als eine kompetent entscheidende Professionelle ist. Etwas mit und für Amelie zu tun, ist zwecklos, es „wird nix". Offensichtlich scheint A die Aussage von K im Sinne des Hinweises auf Vergeblichkeit zu interpretieren.

Die Entscheidung, Amelie zu ‚vergessen' wird von A schnell akzeptiert und mit einem kurzen „okay" abgeschlossen, an das K mit „so und ich würd jetzt lieber Zeit in die Kinder investieren" anschließt. Mit der Zäsur „so" markiert K auch ein Ende der Diskussion; sie scheint eine bestimmte Form der Definitionsmacht zu haben. Will sie nicht länger nur reden, reden über Kinder, in die zu investieren es sich ihrer Sicht zufolge nicht lohnt? Offensichtlich liegt hier eine Ökonomisierung pädagogischer Verhältnisse vor (vgl. Bellmann 2001). Der Einzelne wird als Human-Kapital verstanden, in das investiert werden kann (vgl. Becker 1975; vgl. Foucault 2004, 310-324), in das aber auch investiert werden muss. Vor dem Hintergrund begrenzter Ressourcen muss gefragt werden, wo diese einzusetzen sich lohnt. Später spricht K von Kindern, „wo wir auch noch was rausholen können".

Nach und nach schreibt K einzelnen Schulkindern formelhaft spezifische, Probleme anzeigende, „Geschichten" zu („ritalingeschichte"[1], „psycho"), die in Abgrenzung zu Amelie aus unterschiedlichen Gründen als eben noch entwicklungsfähig konstruiert werden. Amelie ist nicht entwicklungsfähig, weil sie – so offensichtlich die Auffassung von K – einen zu niedrigen IQ hat. Kann Amelie überhaupt lernen? Für Amelie scheint in der Redeweise von K alles zu spät und sinnlos, so als könne sie kaum noch lernen, „die sache" sei

[1] Ritalin ist der Handelsname eines Medikamentes (mit dem Wirkstoff Methylphenidat), das bei der Diagnose ADHS/ADS häufig verabreicht wird, hier auch als Bestandteil einer modernen, umfassenden „multimodalen Therapie" gilt (vgl. Döpfner/ Frölich/ Lehmkuhl 2000), bis heute allerdings vor allem in pädagogischen Kreisen durchaus umstritten ist (vgl. Leuzinger-Bohleber/ Brandl/ Hüther 2006; vgl. zur Geschichte dieser Krankheit bzw. dieses Syndroms Reh 2008b).

„einfach gegessen", so als gebe es keine Zukunft mehr. Amelie scheint „abgeschrieben" zu sein. A äußert sich über mehrere Zeilen hinweg bloß noch mit einem zustimmenden „hmhm". Sie redet nicht, sie äußert schon gar keine Gegenrede.

Anscheinend gibt sich A allerdings doch nicht so schnell geschlagen, sie sagt später: „Also weil hier wären ja theoretisch vier leute wären ja gar nicht mal schlecht". Entweder versucht sie nun nochmals ihre Argumente vorzubringen oder es ist dies der Versuch, den Vorschlag von zuvor zu legitimieren: Es gibt einen freien Platz und sie würde diesen gern noch besetzen. Die Institution – und in diesem Sinne die räumlichen und personellen Ressourcen – geben noch die Möglichkeit eines weiteren „Förderplatzes" her. Es kann noch jemand gefördert werden, der dann aber als förderfähig konstruiert werden muss.

Die Schülerin Amelie ist einerseits auf einen individualisierenden Unterricht angewiesen, aber andererseits und gleichzeitig genau in diesem davon bedroht, ausgeschlossen, gewissermaßen gar nicht mehr in Betracht gezogen zu werden für eine mehr oder weniger spezielle Förderung: Amelie wird nichts mehr angeboten.

Mit „einen platz für dich" weist K offenbar A darauf hin, dass sie sich ja auch noch hinsetzen muss – es schließlich drei Schulkinder und die Lehrerin gebe. Das schränkt die Reaktionsmöglichkeiten von A weiter ein und es bleibt dabei: K erhält und nimmt sich in dieser Szene das Sagen und kann so möglicherweise Absichten von A übergehen.

Es lässt sich also zusammenfassen: A kann ihr Ansinnen, Amelie in eine Gruppe besonders zu behandelnder Schüler und Schülerinnen aufzunehmen, nicht durchsetzen. Dies verweist auf eine hierarchische Strukturierung in der Interaktion zwischen den beiden Lehrerinnen. A trifft keine Entscheidung, insofern konstruiert sie eine Situation mit, in der sie nur mehr auf die Aktionen der anderen Lehrerin reagiert. K ist diejenige, die die Entscheidungen fällt; K und A gestalten eine ungleiche Beziehung zueinander. Das Gespräch entwickelt sich in besonderer Weise abwertend der Sache, also der Fibel bzw. dem Lesen, der Schülerin und auch den anderen genannten Schülerinnen gegenüber. Im vorliegenden Fallbeispiel dient die Teamarbeit nicht der Entfaltung und der Diskussion verschiedener pädagogischer oder didaktischer Perspektiven. Deutlich wird mit dem vorliegenden Beispiel, dass Kooperation und Teamgespräche nicht an sich schon und notwendig immer das hervorbringen, was wünschbar scheint, nämlich eine Vervielfältigung von Perspektiven, in deren Abgleich für den einzelnen Schüler pädagogisch sinnvolle Angebote entworfen werden, indem also über die Gestaltung von Möglichkeitsräumen, von Offenheit für Entwicklungen von Schülern und Schülerinnen geredet wird. Die hierarchische Strukturierung dieses Teamgespräches stellt das

Misslingen von Kooperation als einer solchen unter gleichberechtigten Professionellen dar, indem sie den gesprächsweisen Vergleich von Handlungsoptionen, die die verschiedenen Professionellen entwerfen, verhindert.
Folgende Fragen können zur weiteren Bearbeitung des Falles gestellt werden:
Welche Erfahrungen von A und K miteinander aber auch mit den Schülerinnen und Schülern könnten diesem Gespräch voraus gehen?
Welche Folgen können Zuschreibungen, wie sie in diesem Gespräch Schülern und Schülerinnen gegenüber vorgenommen werden, für das Handeln der Lehrerinnen haben?
Wie kann in einem Planungsgespräch wie diesem anders über Schüler und Schülerinnen gesprochen werden?
Welche Möglichkeiten der Kommunikation im Team gibt es, damit sich Perspektivenvielfalt in teamförmigen Arbeitsweisen entwickeln und bewähren kann?

Das Gespräch zwischen A und K wirft Zweifel im Hinblick auf den Nutzen von Teamarbeit auf. Es gilt aber noch einmal in den Blick zu nehmen, worin der konstruktive, entlastende Sinn von Arbeit im Team liegen kann.

2 Transkripte und Kommentare

2.1 „wir sind halt zwei menschen" – was im Team noch möglich ist?

Bei einem weiteren dokumentierten Fall aus derselben Schule handelt es sich um einen Ausschnitt aus einem Interview mit zwei Teamlehrerinnen zu ihren Teamerfahrungen. Das Interview wurde im Jahr 2004 geführt.
Eine Lehrerin formulierte ihre Erfahrungen in den Unterrichtsteams:

Transkript

„also ich arbeite total gern im Team weil wir einfach zwei und zwei macht viele oder eins und eins macht viele wir sind dann/sehen kinder anders kinder haben ansprechpartner mal hier mal da oder ich kann auch mal sagen so kümmer du dich um ihn ich weiß im moment nicht und ich reagier im Moment auch allergisch auf dieses kind guck mal eine weile und dass ich abstand kriege und auch von außen noch mal beobachten kann was los ist nicht immer selbst mit drin stecke, wir sind halt zwei menschen mit einer unterschiedlichen wahrnehmung und wenn man die köpfe zusammensteckt oder auch überlegt was könnte sein dann/dann ist es gleich viel mehr".

Kommentar & Fragen

Für die hier befragte Lehrerin besteht der Vorteil der Teamarbeit im Unterricht in der „einfachen" Tatsache, dass sie und ihre Kollegin dann „viele" sind. Wie in einem Werbeslogan findet sie eine Formel für den – man könnte fast sagen – Mehrwert der Teamarbeit: zwei und zwei macht viele. Dieser muss allerdings korrigiert werden, denn tatsächlich sind sie und ihre Kollegin zwei Teampartnerinnen – folgt man dem zuerst formulierten Slogan, eben nicht viele, sondern nur zwei. Die Sprecherin beschreibt den Vorteil zunächst aus der Perspektive der Unterrichtenden, betont die besseren Beobachtungsmöglichkeiten („wir sind dann/sehen kinder anders") und bezieht sich anschließend auf die Möglichkeiten, die sich den Kindern bieten, betrachtet die Teamarbeit also aus der Perspektive der Kinder. Die Schülerinnen und Schüler – die stets als „kind" oder „kinder" beschrieben werden – hätten durch die Teamarbeit unterschiedliche „ansprechpartner". Warum dies für die Schülerinnen und Schüler eine Qualitätsverbesserung darstellen soll – für die Lehrerin offenbar selbstverständlich – wird nicht weiter erläutert. Im Fortgang der Begründung rückt die Sprecherin scheinbar oder tatsächlich einen eigenen Vorteil in den Vordergrund. Das Team biete ihr unterschiedliche Möglichkeit etwas zu tun, vergrößert ihre Aktionsmöglichkeiten. So kann sich die Lehrerin – das benennt sie – zurück ziehen, wenn sie nicht weiter weiß oder wenn sie sich durch einen Schüler oder eine Schülerin belastet fühlt, wenn sie auf ein Kind „allergisch" reagiert. Schüler und Schülerinnen können unangenehme körperliche Reaktionen auslösen, Reaktionen, die die Sprecherin nicht willentlich beeinflusst, die aber – so kann unterstellt werden – auch für das Kind, mit dem kommuniziert wird, nachteilig wirken. Die Lehrerin führt Beispiele an, in denen auf ihrer Seite ein Problem für die pädagogische Kommunikation mit dem Kind entsteht: ihr Wissen, die ihr verfügbaren Mittel und Handlungsroutinen, reichen nicht aus, um eine Aufgabe oder eine Situation zu bewältigen, sie als Pädagogin reagiert eben nicht nur bewusst, nicht nur überlegt. Die Teamarbeit bietet der Lehrerin – so stellt sie es dar – die Möglichkeit darauf angemessen zu reagieren, nämlich mit Rückzug. Sie selbst könne unter diesen Umständen eine neue, eine andere Perspektive auf den Schüler bzw. die Schülerin einnehmen – mit größerem „abstand" oder gar „von außen" darauf schauen. Der Gewinn, den Teamarbeit dieser Rede folgend bietet, ergibt sich gerade im operativen Bereich, in der Anforderungssituation pädagogischen Handelns, indem die Situation selbst unterbrochen werden kann. In der Evaluation, der auswertenden Zusammenfassung, die die Sprecherin anschließend formuliert und mit der sie auf den zu Beginn formulierten Slogan zurück kommt, stellt sie allerdings demgegenüber das Gespräch darüber – die „köpfe" werden zusammen gesteckt – heraus. Für solche allerdings gelten neue Rahmenbedingungen und in welche Richtung sich solche Gespräche auch entwickeln können, konnte an dem vorherigen Beispiel eines quasi als hoffnungslos unterstellten und produzierten Falles in einem Planungsgespräch gesehen werden. Erkennbar ist hier also, dass durch be-

stimmte organisatorische Maßnahmen, etwa eben durch die Bildung von verantwortlichen Teams für Lerngruppen, Kommunikationsnotwendigkeiten geschaffen werden und das Maß der Reflexivität der pädagogischen Arbeit erhöht wird (vgl. Baecker 1999). Ob in den hier notwendigen Gesprächen dann möglicherweise das gemeinsame Vorgehen einseitig bestimmt wird, zwanghaft nach Konsens gesucht oder stärker auf operationale Verständigungsprozesse gesetzt wird (vgl. Hahn 1989), ist damit noch nicht entschieden.
Mit folgenden Fragen kann der Text weiter bearbeitet werden:
Was sagt ein solches Interview bzw. was sagt die Rede der Sprecherin über Teamarbeit im Verhältnis zum Protokoll einer Teambesprechung, wie im ersten hier abgedruckten Fall, aus?
Welche Vorstellung von pädagogischer Arbeit und welche Normen einer solchen sind hier unterlegt?
Wie wird hier über Schüler bzw. Kinder gesprochen?
Welches Verhältnis zu sich selbst und zur eigenen pädagogischen Arbeit äußert sich hier?

2.2 „heute wird's wieder schwierig" – Konstruktionen einer Grundschullehrerin im Interview[2]

Eine Beratungslehrerin einer Grundschullehrerin berichtet in einem „Experteninterview" über den Umgang mit einem „schwierigen Kind" in der zweiten Klasse.

Transkript

„Lehrerin: (...) ja also ich hab ja in meiner Klasse im Moment ein ganz schwieriges Kind der wirklich ganz flippig ist das ist der der Ritalin kriegt aber trotzdem noch schwierig ist und jetzt ist es eben so dass er oftmals immer noch sehr wenig entspannt in die Schule kommt sondern wenn er schon reinkommt dann schon so singt und rumtrallatet dann weiß ich schon also heute wird's wieder schwierig wenn er ruhig rein kommt sein Ranzen mitbringt meistens lässt er ihn an den schlechten Tagen schon draußen wenn er den Ranzen dann hinstellt dann weiß ich schon ja heute ist ein ruhiger Tag aber wenn er so flippig ist dann denk ich jetzt hab ich eine Chance bevor der Unterricht losgeht unsere Kinder kommen zehn Minuten vor acht rein dann hol ich ihn mir in die Leseecke und sag komm Kevin wir beide lesen jetzt zusammen und dann nehm ich ihn auf den Schoß das liebt er schon und dann gucken wir uns zusammen ein Bilderbuch an ich les es ihm vor und er darf dann auch mal n Satz lesen und diese zehn Minuten die wirken sich manchmal so toll aus also ich würde sagen zu 80 % und dass er an den Tagen denn

---

[2] Eine Interpretation dieses Transkriptes erfolgte das erste Mal in der *Zeitschrift für Pädagogik* und wurde hier in weiten Teilen übernommen (vgl. Reh 2004).

wirklich weiter arbeiten kann und zwischendurch kommt und sagt du das war ganz schön mit dem Bilderbuch machen wir das nachher in der Pause weiter und wenn ich denn sag ja doch mal gucken was du jetzt mir zeigst wie du dich verhältst geht nicht dass ich nur ganz viel f/dir gebe du musst mir jetzt auch zeigen dass du dich anstrengen kannst und mit diesen winzigen Druck den er aber braucht sonst macht er gar nichts überstehen wir die Tage ganz gut also wichtig ist für mich dass ich an die Kinder herankomme an die schwierigen dass ich sone emotionale Ebene finde wenn mir das gelingt dann geht der Tag gut und geht dann auch mit Kevin gut und wenn mir das aus der Hand gleitet weil vielleicht ne Mutter da steht die mit mir was besprechen will und ich nicht dazu komme und er hampelt und hampelt schon im Morgenkreis weiter wenn wir dann alle in der Runde sitzen und die Kugel geht oder der Stab geht je nach dem was haben wir ‚machen jeden Morgen einen Morgenkreis und wenn er da denn nur reinbrüllt oder laut Lieder singt dann mach ich schon so dass ich sag Kevin ich glaube die Regeln [...] die hängen auch da wo wir immer den Morgenkreis machen die wir gemeinsam uns erarbeitet haben und da steht auch drin im Morgenkreis bin ich still und höre zu und warte bis ich an der Reihe bin ich darf auch fragen aber ich muss die anderen ausreden lassen und darf nicht dazwischen reden lassen so und dann wird meistens beschlossen so ich sag was meint ihr Kinder können wir das mit Kevin noch weiter dann sagen sie ne das geht wirklich nicht Kevin dann bitten wir ihn in den Gruppenraum zu gehen dann geht er in den Gruppenraum wenn er n ganz schlechten Tag hat dann donnert er von innen Bauklötze dagegen wenn er wütend ist und wenn es noch einigermaßen geht dann baut er dort still während wir hier Morgenkreis haben und dann kommt er wieder rein wenn es denn mit dem Unterricht losgeht und dann entscheidet sich das noch mal ob es geht oder nicht und wenn es denn gar nicht geht dann passiert es auch mal dass er den ersten Block also von acht bis um halb zehn im Gruppenraum sitzt dann mach ich's allerdings so dass ich versuche ihm Arbeiten dann zu geben und ihn noch mal wieder zu motivieren und zu sagen Kevin guck mal die schreiben jetzt gerade das willst Dus nicht auch probieren denn du weißt die Seite musst du schaffen das gehört dazu wir lernen die Schreibschrift wenn du das nicht schaffst dann muss ich mit Mama wieder telephonieren dann musst du das zu Hause nacharbeiten das wär doch blöde manchmal besinnt er sich dann und schreibt weiter und ich schick auch oft n älteres Kind rein das schon fertig ist und sag so du bist jetzt der Co-Pilot oder du bist jetzt die Hilfslehrerin und manchmal geht es dann mit nem Kind ganz gut da reagiert er dann positiv manchmal auch nicht das ist ganz unterschiedlich ja und wenn es eben auch mit dem Kind nicht geht und wenn er weiterhin nur brüllt und Bauklötze durch die Gegend schmeißt was er manchmal auch schafft zwei Stunden lang dann setz ich ihn in der großen Pause zur

Sekretärin da hat er so einen kleinen Schreibtisch und dann schreibt er es danach da schreibt er dann komischerweise“

Kommentar & Fragen

Zunächst und einleitend bewegt sich die Erzählung einer Grundschullehrerin zwischen der Kennzeichnung enger, wirklich persönlicher Verhältnisse – mit Possessivpronomen ist die Klasse gekennzeichnet, in der sie ein Kind hat, wie Eltern ein Kind haben – und der sachhaltigen Darstellung eines professionellen Falles. Nicht ein einziges Mal wird in diesem Text von dem Schüler oder überhaupt von Schülern, als Personen in einer spezifischen Rolle, gesprochen. Das Kind, von dem hier die Rede ist, hat nicht als Schüler Schwierigkeiten oder bereitet welche, vielmehr ist das Kind überhaupt und im Ganzen schwierig, weil und insofern es trotz des Medikaments „Ritalin“ (vgl. Fußnote 1, 154) immer noch oft „sehr wenig entspannt in die Schule kommt“. Anspannung und Entspannung, gewissermaßen eine persönliche Disponiertheit des Kindes werden hier zu schulischen Themen und sind der schulischen Beurteilung im Sinne der Diagnose einer Lehrerin ausgesetzt.

Die Lehrerin beschreibt im Folgenden eine Art individuelles Bewertungs-Instrumentarium, besser: ein Ensemble von Verhaltensweisen des Kindes, das ihr als Signal dient, dessen Situation einschätzen zu können. Gründe für schlechte und gute Tage liegen anscheinend jenseits der Schule und entziehen sich des Einflusses der Lehrerin. Das Wissen um eine, so lässt sich aufgrund der Gabe des Medikaments „Ritalin“ vermuten, diagnostizierte „Störung“ des Schülers, eine „ungenügende Fähigkeiten zur Selbststeuerung“ (Grosse 2003, 2), eine Störung der Fähigkeit schulische Angebote anzunehmen, erlaubt es der Lehrerin jenseits von Schuldzuweisungen einen Fall zu konstruieren.

Eine schnelle Diagnose ist wichtig, da die Lehrerin möglichst sofort darauf reagieren können will, „Techniken“ einsetzen will, mit denen sie eine erwartete schwierige Situation abwenden kann. Diese laufen nun auf das hinaus, was zu Beginn als Strukturlogik sich ankündigte: auf eine „Entgrenzung“ ihres Lehrerhandelns in Richtung der Übernahme von Anteilen diffuser Sozialbeziehungen (vgl. Parsons 1968, vgl. Wernet 2003, 74-86), die vor dem Unterricht stattfinden: sie nimmt den Schüler auf den Schoß. Die Lehrerin stellt, so die Erzählung, Bedingungen auf Seiten des Schülers her, die erst Voraussetzung dafür sind, dass er im Unterricht arbeiten und lernen kann.

In der geschilderten Episode wird ein Dialog zwischen der Lehrerin und dem Schüler zitiert: eine – auf den ersten Blick zumindest – geglückte Situation. Die Lehrerin argumentiert dem Schüler gegenüber damit, dass sie beide in einem Verhältnis des Gebens und Nehmens stehen. Tatsächlich geht es in der Schule perspektivisch nicht darum, für einen Lehrer zu lernen. Es könnte darum gehen, aus Interesse zu lernen. Gelernt werden muss sicher, dass die Erreichung bestimmter schulischer Ziele eine instrumentelle Funktion hat. Ein Verhaltensmuster, wie es hier sich anbahnen könnte: für die Lehrerin zu lernen, erwiese sich auf Dauer für den Schüler als dysfunktional.

Die Techniken der Lehrerin, die greifen, wenn die Diagnose gestellt wurde, heute sei ein „unentspannter" Tag, können nicht immer angewandt werden, weil es nicht immer Zeit gibt, das persönliche Tauschverhältnis, mit einer Sache zu beginnen, die die Lehrerin für den Schüler macht. In der Darstellung einer Situation, in der es nicht gelingt, den Schüler einzubinden und zu integrieren, zitiert die Lehrerin sich selbst; was der Junge sagt, wird offen gelassen. Mit einem Hinweis auf in der Klasse veröffentlichte Regeln fordert sie die anderen Schüler – auch „Kinder" – auf zu beschließen, dass der Schüler wegen Störungen in den Gruppenraum gehen solle. Es könnte sein, dass die Lehrerin in einer vorhergehenden Situation versucht hat, mit dem Schüler ins Gespräch zu kommen, über sein Verhalten zu reden und da gescheitert ist. Inzwischen scheint es – so wird es geschildert – ein Ablaufmuster zu geben, über dessen „Einführung" wird nichts verlautet.

Angeführt werden verschiedene Versuche, den Schüler zum Arbeiten zu bewegen. Ein Telefonat mit der Mutter wird angedroht. Die Aussicht, bei der Mutter nacharbeiten zu müssen, scheint – so wird es dargestellt – für den Jungen bedrohlich. Auch hier erkennen wir die Logik der „Entgrenzung" der Lehrerrolle. Wenn der Schüler nichts für die Lehrerin tun will, so vielleicht für die Mutter. Nicht die Mutter droht mit dem Lehrer, sondern umgekehrt, weil die konstruierte Beziehungslogik hier diffus, mindestens partiell eine Art familiale zu sein scheint.

Die Lehrerin berichtet über ein gewisses Repertoire an Techniken unterschiedlicher Handlungsorientierung, wie mit einem speziellen, einem „schwierigen Kind" umzugehen ist, um dieses zum Lernen, zum Üben zu bewegen. Die Sprecherin hat Verstehens-Muster entwickelt, in denen ein mehr oder weniger komplexes Verständnis der Situation eines speziellen Schülers in der Schule präsentiert ist. Die „lokalen" Techniken, die die entstehende Problemlage entschärfen, erweisen sich in ihrer Struktur als prekär und werden durchaus auch so bewertet, weil es dafür – so konstruiert der Text – immer eines Raumes und einer Zeit außerhalb des Unterrichts bedarf: die Zeit vor dem Unterricht und der Raum der Schulsekretärin.

Mit folgenden Fragen kann der Text weiter bearbeitet werden:

Wie spricht die Lehrerin über den Schüler und wie könnte in dieser Geschichte der Schüler anders beschrieben werden als es hier geschieht?

Inwiefern kann das von der Lehrerin beschriebene Vorgehen als professionell verstanden werden?

Welche Rolle spielen für das beschriebene Handeln der Lehrerin familiale Handlungsorientierungen, ein „askriptiver, affektiv-diffuser Partikularismus",

der im theoretischen Kontext des Strukturfunktionalismus einer „universalistischen, affektiv-neutralen und spezifischen Leistungsorientierung" der Schule gegenübergestellt wird (vgl. Wernet 2003, 85)?
Was könnten Erklärungen dafür sein, warum das Kind bei der Sekretärin und nicht im Unterricht schreibt?

2.3 „irgendwie interessiert's keinen" – Ein Schülergruppengespräch über den Politikunterricht

Die nachstehende Passage ist einer Gruppendiskussion mit zwei Schülern und einer Schülerin (alle sind 17 Jahre alt) einer 10. Hauptschulklasse über ihren Politikunterricht entnommen (vgl. Schelle 1995). Die Gruppendiskussion fand im Jahre 1992 statt. Im zur Diskussion stehenden Politikunterricht hatte wenige Wochen zuvor der Lehrer eine Unterrichtsstunde begonnen, indem er „Ausländer" als Impuls an die Tafel schrieb. Die Schülerinnen und Schüler hatten sich dieses Thema gewünscht.

Transkript

Interviewerin: man hört auf alles aber nicht auf den Lehrer der da vorne redet
[...]
Paul [*oder* Karl]: das stimmt
Karl: der Sozialkundeunterricht ist sowieso total schlecht
Martina: aber ja irgendwie ist auch so wenn wir mit der andern Klasse ham das ist unruhig
[...]
Martina: aber irgendwie sind die Themen irgendwie interessiert's keinen ich mein
Karl: nein das stimmt nicht
Martina [*redet dazwischen*]: nicht dass es kein
Karl: das Thema Ausländer interessiert schon jeden
Martina [*dazwischen*]: ja
Karl: aber es ist em es ist einfach schlecht
Martina [*gleichzeitig*]: ( ) tief rein irgendwie
Paul: ja es wird tot geschwiegen
Martina: bis jetzt ham wir halt denkt man dann halt nur wenn man jetzt Ausländer hört kann man mal drüber reden aber irgendwie immer nur so oberflächlich wenn der Herr *** eh dann was weiß ich tief da reingeht irgendwann interessiert's dann keinen mehr wird's dann langweilig mit der Zeit
Karl: das kann sowieso keiner interessant finden weil sich einfach keiner traut richtig seine Meinung zu sagen wenn jetzt da jemand ist der wirklich was gegen Ausländer hat ja dann sagt der das natürlich nicht das ist ganz klar also

Interviewerin [*dazwischen*]: mm
Karl: kann das nie was werden das ist auch im Unterricht dann kriegt man beigebracht was weiß ich dadrüber worüber wir geredet ham die Skinheads sind halt immer die Schlimmen aber auf die Türken die hier Rabatz machen kommt keiner zu sprechen traut sich keiner anzufangen das zu besprechen
Paul: weil er dann gleich ( )
Karl: der Omar [*ein türkischer Mitschüler*] was ist denn was denn und dann die Dagmar regt sich auf und
Martina [*dazwischen*]: ist gut [*lachen*] schmeißt mit Sachen ist gut aber [*lachen*]
Karl: so was nee also der Sozialkundeunterricht Ausländer ist wenn wir keine Ausländer in der Klasse hätten wär das ein guter Unterricht
Interviewerin [*dazwischen*]: mm
Karl: auf jeden Fall aber mit Ausländern in der Klasse kann man das nicht machen weil man da nicht seine Meinung sagen kann nur weil man sich nicht traut
[...]
Interviewerin: [...] mich auch so gefragt warum ist das so bei nem Thema und der Herr *** hatte mir das gesagt dass ihr euch das Thema ausgesucht habt [*Geräusche*] und da hab ich mich halt gefragt warum ist das dann so dass dass ihr eigentlich kein offensichtlich keine Lust habt über das Thema zu reden also das ist schon aufgefallen eigentlich
Paul: ich setz mich da manchmal hin und warte nur bis irgendjemand anders was sagt aber dann sitzen alle da emja
Karl: nein weil's einfach schlecht gemacht ist alles einfach schlechter Unterricht ist also ein schlechtes Thema was man einfach nicht behandeln kann.

Kommentar & Fragen

Im vorliegenden Ausschnitt aus dem Protokoll der Gruppendiskussion kommen Vorstellungen der Schüler und der Schülerin über den Unterricht und über das Thema ‚Ausländer', das sie sich gewünscht hatten, zum Vorschein. Im Zusammenhang der fachdidaktischen Diskussion werden solche Vorstellungen, auch die über einen guten und schlechten Unterricht, auch Lernerdidaktiken genannt (vgl. Diederich 1988; Weißeno 1999, 2007)

Die Erwartungen, die die Schülerinnen und Schüler mit der unterrichtlichen Behandlung des Themas ‚Ausländer' verknüpft hatten, wurden offenbar enttäuscht. Die Betroffenheit im Klassenzimmer bremste den Diskurs, der sich erst nachträglich etwa im hier abgedruckten Protokollausschnitt und in anderen außerschulischen Schülergesprächen durchsetzt (Schelle 1995). Schon aufgrund von Freundschaftsbeziehungen und persönlichen Kontakten sind

einzelne gehemmt und unterscheiden die Kontexte, in denen sie bestimmte Sichtweisen äußern oder auch nicht äußern. Strukturell lässt sich diese Beobachtung auch bei anderen Unterrichtsthemen machen (vgl. Schelle 2003).
Berührt wird hier der Sachverhalt einer schwierigen Überschneidung und wechselseitigen Durchdringung von lebensweltlichen Themen, die die Schülerinnen und Schüler als ‚ganze Person' betreffen – und der Schule, die zwar ebenfalls als Teil der Lebenswelt betrachtet werden kann, in der allerdings andere Anforderungen an den Einzelnen gestellt sind. Als Schülerin oder Schüler angesprochen zu sein, bedeutet gerade nicht, als ‚ganze Person' zur Disposition zu stehen. Lebenswelt und Schule geraten hier in ein Verhältnis zueinander, das nicht ohne Folgen für die ‚ganze Person' bleibt, – etwa wenn lebensweltliche Bedeutungen in einen Widerspruch geraten zu dem, was das schulisch relevante und vor allem das akzeptierte, generalisierte Wissen ist. Das Ansinnen der Schülerinnen und Schüler, den Unterricht an einem Thema auszurichten, das ihnen nahe ist bzw. nahe geht, kann als lebensweltorientierter Zugang beschrieben werden. Das Gruppengespräch zeugt davon, dass ein lebensweltlicher Zugang allein kein Garant für eine hohe Motivation und Beteiligung ist.
Deutlich wird in diesem Gesprächsausschnitt auch, dass Didaktik nicht bloß eine Vermittlungskompetenz von Lehrerinnen und Lehrern ist, auch Schülerinnen und Schüler verfügen über didaktische Vorstellungen. Aus der Schülerperspektive lassen sich „Lernerdidaktiken" rekonstruieren. Das kann in diesem Fall am Schüler Karl erkannt werden, der den erfolgten Unterricht als „einfach schlecht" beschreibt. Auch wenn Karl wenig Anhaltspunkte dafür liefert, was an der Stunde schlecht war und wie sie hätte besser gestaltet werden sollen, unterstellt seine Äußerung, dass er eine Vorstellung von gutem und schlechtem Unterricht und bestimmte didaktische Ansprüche hat. Zumindest äußert er eine Bedingung für gelungenen Unterricht zum Thema ‚Ausländer': „wenn wir keine Ausländer in der Klasse hätten, wäre es ein guter Unterricht." In der vorhandenen Konstellation einer Lerngruppe, in der auch ‚Ausländer' sind, besteht für ihn anscheinend also keine Chance, einen guten Unterricht über das Thema ‚Ausländer' durchzuführen. Warum dieses als Gelingensbedingung eines guten Unterrichts zu diesem Thema formuliert wird, bleibt offen, nähere didaktische Vorstellungen äußert Karl tatsächlich nicht.
Die Interviewerin zitiert zu Beginn eine Schüleräußerung aus einem vorherigen Interview. In dieser Äußerung ist sinngemäß unterstellt, dass „man", die Schülerinnen und Schüler der Schulklasse, nicht auf den Lehrer hört „der da vorne redet". Entworfen ist damit das Bild eines frontalen Unterrichts, in dessen Verlauf dem Lehrer und seiner Rede niemand aufmerksam folgt, vielmehr gilt die Aufmerksamkeit anderem bzw. anderen. Dies wird von einem der beiden Schüler, die am Gruppengespräch teilnehmen, bestätigt. Der Schü-

ler Karl qualifiziert anschließend den Sozialkundeunterricht pauschal als „sowieso total schlecht“. Martina ergänzt erklärend, „das ist unruhig“, wenn – wie es hier geschieht – zwei Klassen gemeinsam unterrichtet werden. Sie setzt nach einer kurzen Pause an, so als wolle sie sich selber argumentativ begegnen („aber“) und bringt dann ein neues Argument an. War zuvor von der Klassengröße als struktureller Bedingung die Rede, so stellt sie nun mit Bezug auf den Inhalt des Unterrichts klar: „die Themen irgendwie interessiert's keinen“.

Dem widerspricht Karl vehement: „das Thema Ausländer interessiert schon jeden“ und er besteht im Grunde auf dem, was er schon vorher sagte, der Unterricht sei „einfach schlecht“, vielleicht schlecht gemacht. Martina und Karl fallen sich offensichtlich gegenseitig ins Wort, die jeweiligen Beiträge werden nicht zu Ende geführt. Zwischendurch reklamiert Paul: „ja, es wird tot geschwiegen“. Indem er in dieser Weise auf ein Tabu verweist, setzt er gleichzeitig die Tabuisierung fort: Was verschwiegen oder tot geschwiegen wird, sagt er nicht.

Betrachtet man nun die anschließende Äußerung der Schülerin Martina, „bis jetzt ham wir halt denkt man dann halt nur wenn man jetzt Ausländer hört kann man mal drüber reden aber irgendwie immer nur so oberflächlich wenn der Herr *** eh dann was weiß ich tief da reingeht irgendwann interessierts dann keinen mehr wirds dann langweilig mit der Zeit“, lässt sich fragen, ob auf Seiten der Schülerinnen und Schüler kein Interesse an einer detaillierten Betrachtung oder an einer inhaltlichen Differenzierung besteht. Es könnte sein, dass das Thema aus Sicht der Schülerin zu sehr ausgedehnt wurde. Möglicherweise ist mit „tief da reingehen“ eine persönliche, eindringliche Redeweise, vielleicht auch eine sehr direkte Ansprache Einzelner durch den Lehrer gemeint. Dann wären Langeweile und Interesselosigkeit eher vorgeschoben und verwiesen auf eine Abwehrhaltung. Sie könnte daraus resultieren, dass das „tief da reingehen“ als unzumutbarer Eingriff in die persönliche Sphäre empfunden wird.

Denkbar ist, dass der Versuch des Lehrers, persönliche Betroffenheit zu erzeugen (um die Jugendlichen zur Mitarbeit zu animieren), als Motivationstaktik von den Schuljugendlichen betrachtet wird. Martina beschreibt die Unmöglichkeit, sich im Sinne einer persönlichen Stellungnahme eingehend mit dem Thema ‚Ausländer' auseinanderzusetzen. Sie und die anderen, für die sie stellvertretend zu sprechen scheint, sehen sich nicht in der Lage, ihre eigenen Gedanken der unterrichtlichen Situation und den dort an sie gestellten Erwartungen entsprechend zu formulieren. Es gibt aber offenbar das Wissen um diese Umstände, es gibt eine Ahnung von einem spezifisch in diesem Unterricht erwarteten Wissen und das, was der Lehrer hören möchte. Aus Sicht der Schülerinnen und Schüler wird dies in dem Moment problematisch, in dem

sie ihr lebensweltliches Interesse und ihre persönliche Betroffenheit nicht in Einklang mit den erwarteten Antworten bringen können.
Deutlich wird auch mit der nächsten Äußerung von Karl „das kann sowieso keiner interessant finden weil sich einfach keiner traut richtig seine Meinung zu sagen wenn jetzt da jemand ist der wirklich was gegen Ausländer hat ja dann sagt der das natürlich nicht das ist ganz klar", dass die Kommunikation aus seiner Sicht nicht als eine offene Auseinandersetzung, sondern eher verhalten ablief (vgl. Knigge 1988). Als sozial unerwünscht antizipierte Ansichten wurden (absichtsvoll) zurückgehalten. Die Schüler sehen sich offenbar auf das Reagieren beschränkt. Ein Denken in eindeutigen Dichotomien wird kritisiert und gleichzeitig eingeführt. Diskussionswürdige Gegenhorizonte bleiben auch im weiteren Verlauf der Gruppendiskussion im Raum stehen: „dann kriegt man beigebracht was weiß ich darüber worüber wir geredet ham die Skinheads sind halt immer die Schlimmen aber auf die Türken die hier Rabatz machen kommt keiner zu sprechen traut sich keiner anzufangen das zu besprechen". Die Ansprüche der Schuljugendlichen zielen hier offenbar auf Enttabuisierungen, auf Äußerung aller Meinungen, das Austragen von Kontroversen und eine Weiterführung etwa von subjektiver Betroffenheit in objektive Bedeutsamkeiten (vgl. Weißeno 1989, 2007).
Die Heterogenität innerhalb der Schulklasse stellt sich nicht nur als pädagogische Herausforderung dar, sondern erfordert auch sensible und spezifische inhaltliche und didaktische Entscheidungen, die es allen Schülerinnen und Schülern ermöglichen können, mit ihren Voreinstellungen und persönlichen Sichtweisen anzusetzen. Es könnte darum gehen – das legen die Äußerungen der Schüler und der Schülerin als impliziter Anspruch nahe – kulturelle Muster und kulturelle Kontexte zu verstehen und zu deuten, ohne nahe gelegt zu bekommen, was als politisch korrekt zu gelten hat: „Die Lerner(innen) erwarten Orientierungen, Hilfestellungen bei der eigenständigen gedanklichen Auseinandersetzung und keine (angeblich) konsensuellen Vorgaben […] (Weißeno 1989, 299). Ob und wie dieses im Unterricht überhaupt gelingen kann, ohne andere zu verletzen oder auszugrenzen und ohne einen Dünkel der Betroffenheit an den Tag zu legen (Fetscher 1989), bleibt eine wichtige didaktische Frage.
Das hier abgedruckte Beispiel eines Schülergesprächs außerhalb des Unterrichts über unterrichtliche Themen führt Möglichkeiten und Grenzen didaktischer Entscheidungen und des politischen Unterrichts vor Augen. Es verweist darauf, dass im Unterricht nicht einfach lebensweltliche Erfahrungen, die Einstellungen der Schüler und Schülerinnen und herrschende Normen zu vermitteln sind, sondern immer wieder Tabuisierungen und Ausschlüsse erzeugt werden. Offen bleiben muss hier, wie sinnvolle unterrichtliche Formen der Auseinandersetzung mit politischen Themen wie dem hier angesprochenen

aussehen können, in denen es gelingt, die Erfahrungen der Schüler und Schülerinnen, deren Voreinstellungen, ihren subjektiven Bezug und ihre Emotionalität sowohl aufzugreifen wie auch zum Gegenstand einer kognitiven Distanznahme zu machen.

Folgende Fragen können zur weiteren Bearbeitung des Falles gestellt werden: An welche Kriterien wird der Unterricht aus Sicht der Schülerin und aus Sicht der Schüler geknüpft? Was wollen die Schülerin und die Schüler, wie und wozu lernen?

Wie wird hier über den Mitschüler, die Mitschülerin geredet und was lässt sich daraus für den Unterricht schließen?

Inwiefern sind – ausgehend von den im abgedruckten Gesprächsprotokoll geäußerten Schülererfahrungen – subjektive Betroffenheit und Fremdheitszumutungen als Lernchancen zu betrachten?

„Indem Schülerinnen und Schüler selbst an Schul- und Unterrichtsentwicklung partizipieren können, reflektieren sie ihren Schul- und Unterrichtsalltag und sind somit an der zukünftigen Gestaltung desselben beteiligt – wenn die Einstellungen und Meinungen der Schülerinnen und Schüler von Lehrenden und den Schulleitungen ernst genommen und in den Veränderungsprozess der jeweiligen Schule einbezogen werden“ (Reinhardt 2004, 5f.). Die Schülerinnen leisten mit „ihren Ansichten, Einstellungen und Verbesserungsvorschlägen“, so Reinhardt, „in Bezug auf Unterrichts- und Schulentwicklung einen wichtigen und basalen Beitrag, können sie doch langjährige eigene Erfahrungen aus der Schul- und Unterrichtswirklichkeit einbringen“ (ebd.).

Wie müssen diese Aussagen zur Schülerpartizipation vor dem Hintergrund des vorliegenden Falles diskutiert werden?

Literatur

Baecker, D. (1999): Organisation als System. Frankfurt/Main

Becker, G. (1975): Human Capital. A theoretical and empirical analysis with special reference to education. Chicago

Bellman, J. (2001): Knappheit als Bildungsproblem. Die Konstruktion des Ökonomischen im Diskurs Allgemeiner Pädagogik. Weinheim

Diederich, J. (1988): Didaktisches Denken. Eine Einführung in Anspruch und Aufgabe, Möglichkeiten und Grenzen der Allgemeinen Didaktik. Weinheim und München

Diehm, I./ Radtke, F.-O. (1999): Erziehung und Migration. Eine Einführung. Stuttgart u.a.

Döpfner, M./ Frölich, J./ Lehmkuhl, G. (2000): Hyperkinetische Störungen. Göttingen

Fetscher, S. (1989): Das Dritte Reich und die Moral der Nachgeborenen. Vom Dünkel der Betroffenheit. In: Neue Sammlung, 29 (2), 161-185

Foucault, M. (2004): Geschichte der Gourvernementalität II. Die Geburt der Biopolitik. Vorlesungen am Collège de France 1978-1979.

Grosse, K.-P. (2003): ADHS – Multimodale Therapie: Altersabhängige Therapieformen. In: Mitteilungen der Arbeitsgemeinschaft Aufmerksamkeitsdefizit-Hyperaktivitäts-Störung der Kinder- und Jugendärzte e.V. Nr. 1, Beilage zur Zeitschrift „Der Kinder- und Jugendarzt“ 34 (12)

Hahn, A.(1989): Verständigung als Strategie. In : Kultur und Gesellschaft. Frankfurt a. M./New York, 346-359

Horster, L. (2006): Unterricht analysieren, beurteilen, planen. In: Buchen, H./ Rolff, H.-G. (Hrsg.): Professionswissen Schulleitung. Weinheim und Basel, 810-867

Knigge, V. (1988): „Triviales“ Geschichtsbewußtsein und verstehender Geschichtsunterricht. Pfaffenweiler

Kolbe, F.-U./ Reh, S. (2009): Adressierungen und Aktionsofferten. Möglichkeiten und Grenzen der Bearbeitung der Differenz von Aneignen und Vermitteln in pädagogischen Praktiken von Ganztagsschulen. Zwischenergebnisse aus dem Projekt Lernkultur- und Unterrichtsentwicklung an Ganztagsschulen „LUGS“. In: Stecher, L./ Allemann-Ghionda, C./ Helsper, W./ Klieme, E. (Hrsg.): Ganztägige Bildung und Betreuung. Weinheim u. Basel, 54. Beiheft der Zeitschrift für Pädagogik, 168-187

Leuzinger-Bohleber, M./ Brandl, Y./ Hüther, G. (Hrsg.) (2006): ADHS – Frühprävention statt Medikalisierung. Theorie. Forschung. Kontroversen. Göttingen

Mutzeck, W. (2002): Kooperative Beratung. Grundlagen und Methoden der Beratung und Supervision im Berufsalltag. 4. überarbeitete und erweiterte Auflage. Weinheim und Basel

Parsons, T. (1968): Die Schulklasse als soziales System. Einige ihrer Funktionen in der amerikanischen Gesellschaft. In: ders: Sozialstruktur und Persönlichkeit. Frankfurt/Main, 161-193

Reh, S. (2004): Abschied von der Profession, von Professionalität oder vom Professionellen? In: Zeitschrift für Pädagogik, 50 (3), 358-372

Reh, S. (2008a): „Reflexivität der Organisation“ und Bekenntnis. Perspektiven der Lehrerkooperation. In: Helsper, W./ Busse, S./ Hummrich, M./ Kramer, R.T. (Hrsg.): Pädagogische Professionalität in Organisationen. Neue Verhältnisbestimmungen am Beispiel der Schule. Wiesbaden, 163-183

Reh, S. (2008b): Vom “deficit of moral control“ zum “attention deficit”. Über die Geschichte der Konstruktion des unaufmerksamen Kindes. In: Kelle, H./ Tervooren, A. (Hrsg.): Ganz normale Kinder. Heterogenität und Standardisierung kindlicher Entwicklung. Weinheim und München, 109-125

Reinhardt, V. (2004): Partizipative Schul- und Unterrichtsentwicklung. Baltmannsweiler

Schelle, C. (1995): Schülerdiskurse über Gesellschaft. „Wenn Du ein Ausländer wärst“. Untersuchung zur Neuorientierung schulisch-politischer Bildungsprozesse. Schwalbach/Ts

Schelle, C. (2003): Politisch-historischer Unterricht hermeneutisch rekonstruiert. Von den Ansprüchen Jugendlicher sich selbst und die Welt zu verstehen. Bad Heilbrunn

Terhart, E./ Klieme, E. (2006): Kooperation im Lehrerberuf – Forschungsprobleme und Gestaltungsaufgabe. Zur Einführung in den Thementeil. In Zeitschrift für Pädagogik, 52 (2), 163-166

Weißeno, G. (1989): Lernertypen und Lernerdidaktiken im Politikunterricht. Ergebnisse einer fachdidaktisch motivierten Unterrichtsforschung. Frankfurt/Main

Weißeno, G. (1999): Lernerdidaktik. In: ders. (Hrsg.) Lexikon der politischen Bildung. Didaktik und Schule. Bd 1. Schwalbach/Ts., 146-157

Weißeno, G. (2007): Lerner/-in. In: Wörterbuch Politische Bildung. Schwalbach/Ts, 199-205

Wernet, A. (2003): Pädagogische Permissivität. Opladen